LE LIVRE DE
Noël
COUP DE POUCE

LE LIVRE DE Noël

COUP DE POUCE

PAR Elizabeth Baird et Anna Hobbs
ET LES RÉDACTEURS DU
MAGAZINE Coup de pouce

UNE PRODUCTION
COUP DE POUCE / QUANTUM

Données de catalogage avant publication (Canada)

Le livre de Noël Coup de pouce

Publié aussi en anglais sous le titre: The Canadian Living Christmas Book.
Comprend un index.
ISBN 1-895892-03-1
1. Noël.   2. Décorations de Noël.   3. Cuisine de Noël.   4. Artisanat.
I. Baird, Elizabeth. II. Hobbs, Anna.
TT900.C4B3514 1993   745.594'12   C93-093902-6

Une production de Madison Press Books
pour The Quantum Book Group Inc.
149, avenue Lowther, Toronto, Ontario, Canada M5R 3M5
Imprimé au Canada

Table des matières

La plus belle fête de Noël !

Noël - ce moment magique de l'année où les coeurs vibrent à l'unisson. Ce moment privilégié où parents et amis partagent dans la joie, rires et chansons, bonne chère et traditions.

Pour toutes les personnes qui ont travaillé à ce livre, Noël est devenu l'événement d'une année. Comme tous ceux qui se préparent bien avant le grand jour, nous avons commencé tôt. En premier, il y a eu, bien sûr, la planification, puis le choix des recettes les plus irrésistibles et, enfin, celui des décorations et cadeaux maison les plus originaux.

Ainsi ce livre a vu le jour bien avant le tourbillon et le branle-bas du temps des fêtes, lorsque le temps nous permet de donner libre cours à notre imagination créatrice. C'est le moment de remplir les jolis pots de petits délices gourmands, de mettre la touche finale à une couronne ou à une décoration de Noël, et de se faire des réserves de bons plats pour toutes les réceptions des fêtes. C'est aussi le moment idéal pour laisser les petites mains s'affairer à créer des merveilles pour les êtres chers.

Alors vient enfin le temps des réjouissances. Nos nombreuses recettes et suggestions vous aideront à passer paisiblement à travers la mêlée dans tous vos préparatifs. Le festin de Noël vous enchantera, vous et tous vos invités, avec sa merveilleuse dinde rôtie, ses plats de légumes savoureux, fin prêts, et ses desserts magnifiques.

Une fois le grand jour passé,
vous pourrez vous reposer à
loisir. Nous vous offrons des petits
déjeuners, des brunchs et des menus
sans prétention pour recevoir sans souci ni fatigue. Même les restes
de dinde ont été transformés en délices appétissants. Puis c'est le
Nouvel An, avec ses petites bouchées et ses grands dîners !

Notre premier désir a été de vous rendre la vie facile et agréable. Nos
décorations artisanales sont à la portée de tous. Et nos recettes sont infail-
libles, un atout des plus précieux durant cette période mouvementée de l'année.

Nous espérons que vous trouverez dans ce livre tout ce dont vous avez
besoin pour planifier et organiser sans peine vos réceptions, et faire de ce Noël,
et de tous ceux qui suivront, la plus mémorable des fêtes.

Un très joyeux Noël ! de Elizabeth Baird, Anna Hobbs,
et de toute l'équipe de Coup de pouce.

DES GOURMANDISES DE RÊVE

❧

SIGNES AVANT-COUREURS DES FESTIVITÉS, DES ODEURS ENVOÛTANTES
ENVAHISSENT ET EMBAUMENT TOUTE LA MAISON.

Gâteau aux fruits à l'orange et aux amandes

❧

Même ceux qui ne raffolent pas des gâteaux aux fruits ne pourront résister à ce gâteau léger à l'orange et aux amandes.

3 tasses	fruits confits mélangés	750 ml
2 tasses	raisins secs dorés	500 ml
1 1/2 tasse	cerises confites coupées en deux	375 ml
1 1/2 tasse	ananas confit haché gros	375 ml
1 1/2 tasse	amandes mondées hachées fin	375 ml
1 tasse	zestes de cédrat confits	250 ml
2 tasses	farine tout usage	500 ml
2 c. à thé	levure chimique	10 ml
1/2 c. à thé	sel	2 ml
1/2 tasse	beurre, ramolli	125 ml
1 tasse	sucre	250 ml
3	oeufs	3
1 c. à table	écorce d'orange râpée	15 ml
1 c. à thé	extrait d'amande	5 ml
1/2 tasse	liqueur ou jus d'orange	125 ml

Graisser deux moules à pain de 9 x 5 po (2 L); tapisser le fond et les parois d'une double épaisseur de papier kraft. Graisser le papier.

❧ Dans un grand bol, mélanger les fruits confits, les raisins, les cerises, l'ananas, les amandes et les zestes de cédrat; enrober de 1/2 tasse (125 ml) de la farine et mettre de côté. Mélanger le reste de la farine, la levure et le sel; mettre de côté.

❧ Dans un grand bol, battre le beurre avec le sucre jusqu'à ce que le mélange soit léger; incorporer en battant les oeufs, un à un, l'écorce d'orange et l'extrait d'amande. Ajouter la farine (en trois temps) en alternant avec la liqueur (en deux temps); mélanger juste pour incorporer. Incorporer les fruits confits en pliant la préparation. Répartir dans les deux moules et lisser la surface.

❧ Déposer un plat peu profond à demi rempli d'eau bouillante sur la grille inférieure du four. Cuire les gâteaux sur la grille du milieu à 250°F (120°C) pendant 2 1/2 heures ou jusqu'à ce qu'un cure-dent inséré au centre en ressorte propre; couvrir lâchement de papier kraft graissé si les gâteaux commencent à se fendiller.

❧ Laisser refroidir complètement dans les moules sur des grilles. *(Se conserve bien enveloppé pendant 1 mois.)* Donne 2 gâteaux, soit environ 90 petits morceaux.

LES FRUITS CONFITS

Il n'y a pas si longtemps encore, la préparation des gâteaux aux fruits et des poudings de Noël nécessitait des heures et des heures de travail pour hacher les zestes d'agrumes, écaler les noix et épépiner les raisins. De nos jours, on peut trouver facilement tous ces produits dans le commerce.

❧ Achetez-les dans les supermarchés ou les magasins d'aliments en vrac. Les zestes doivent être tendres et avoir un frais arôme aigrelet; les cerises et les raisins secs doivent dégager une douce odeur parfumée.

❧ Les fruits confits mélangés comprennent des zestes de citron et d'orange, du cédrat et des cerises; les zestes confits mélangés comprennent seulement des zestes de citron, d'orange et de cédrat. Le cédrat confit, assez cher, est parfois remplacé par du rutabaga confit.

Gâteau aux fruits aux raisins et au xérès

❧

Ce gâteau aux fruits, riche et moelleux, peut être dégusté dès trois jours après sa cuisson sans s'émietter. Toutefois, le goût de xérès sera plus prononcé si vous le laissez mûrir plus longtemps.

2 tasses	raisins de Smyrne foncés	500 ml
1 tasse	raisins sans pépins (Lexia)	250 ml
1 1/2 tasse	raisins de Corinthe	375 ml
2/3 tasse	xérès	150 ml
1/2 tasse	carotte râpée	125 ml
1 c. à table	écorce de citron râpée	15 ml
1 c. à table	écorce d'orange râpée	15 ml
2 tasses	farine tout usage	500 ml
1 c. à thé	levure chimique	5 ml
1/2 c. à thé	cannelle, muscade, gingembre et sel (chacun)	2 ml
1 tasse	beurre, ramolli	250 ml
1 tasse	cassonade tassée	250 ml
4	oeufs	4
2 c. à table	mélasse	30 ml
1 1/2 c. à thé	vanille	7 ml
3/4 tasse	amandes moulues	175 ml

Dans un grand bol, mélanger tous les raisins, le xérès, la carotte râpée et les écorces d'orange et de citron; couvrir et laisser reposer pendant une nuit. Enrober de 1/4 tasse (60 ml) de la farine.

❧ Graisser un moule à parois amovibles de 8 po (2 L); tapisser le fond et les parois d'une double épaisseur de papier kraft. Graisser le papier. Mettre de côté. Mélanger le reste de la farine, la levure et les épices; mettre de côté.

❧ Dans un grand bol, battre le beurre avec la cassonade jusqu'à ce que le mélange soit léger; incorporer un à un les oeufs en battant. Incorporer la mélasse et la vanille; ajouter les amandes. Incorporer la farine, un tiers à la fois; incorporer les fruits. Transvaser dans le moule et lisser la surface.

❧ Déposer un plat peu profond à demi rempli d'eau bouillante sur la grille inférieure du four. Cuire le gâteau sur la grille du milieu à 250°F (120°C) pendant environ 5 heures ou jusqu'à ce qu'un couteau inséré au centre en ressorte propre; couvrir lâchement de papier kraft graissé si le gâteau commence à se fendiller.

❧ Laisser refroidir dans le moule sur une grille jusqu'à ce que le centre soit complètement froid. Démouler et retirer le papier. *(Se conserve bien enveloppé pendant 1 mois.)* Donne environ 30 tranches.

Gâteau aux fruits superfruité

❧

Ce gâteau aux fruits, cuit dans un grand moule, peut devenir six gâteaux à offrir à vos parents et amis qui n'ont pas le temps de cuisiner. Riche en fruits et en noix, il peut être dégusté dès le lendemain de sa cuisson.

3 tasses	raisins sans pépins (Lexia)	750 ml
1 1/2 tasse	raisins de Smyrne foncés	375 ml
1 1/4 tasse	cerises confites coupées en deux	300 ml
1 tasse	ananas confit haché gros	250 ml
3/4 tasse	raisins de Corinthe	175 ml
2/3 tasse	zestes confits mélangés hachés	150 ml
1/3 tasse	rhum, cognac, xérès ou jus de fruit	75 ml
1 3/4 tasse	farine tout usage	425 ml
1/2 c. à thé	cannelle, sel et levure chimique (chacun)	2 ml
1/4 c. à thé	muscade	1 ml
1 tasse	cassonade tassée	250 ml
1/2 tasse	beurre, ramolli	125 ml
1/2 tasse	gelée de groseille	125 ml
4	oeufs	4
1 c. à thé	extrait d'amande	5 ml
1 1/2 tasse	demi-pacanes	375 ml

Dans un contenant en plastique ou dans un bol, mélanger tous les raisins, les cerises, l'ananas, les zestes confits et le rhum; couvrir et laisser reposer pendant une nuit ou au plus 2 jours, en remuant de temps à autre.

❧ Graisser un moule de 13 x 9 po (3,5 L); tapisser le fond et les parois d'une double épaisseur de papier kraft. Graisser le papier.

❧ Mélanger la farine, la cannelle, le sel, la levure et la muscade; en enrober les fruits de 1/2 tasse (125 ml).

❧ Dans un grand bol, battre le beurre avec la cassonade et la gelée jusqu'à ce que le mélange soit léger; incorporer en battant les oeufs, un à un, et l'extrait d'amande. Incorporer la farine; incorporer les fruits et les pacanes. Transvaser dans le moule et frapper sur le comptoir pour éliminer les poches d'air; lisser la surface. Couvrir lâchement le moule de papier d'aluminium, côté brillant sur le dessus.

❧ Déposer un plat peu profond à demi rempli d'eau bouillante sur la grille inférieure du four. Cuire le gâteau sur la grille du milieu à 300°F (150°C) pendant 2 à 2 1/2 heures ou jusqu'à ce qu'un cure-dent inséré au centre en ressorte propre.

❧ Laisser refroidir dans le moule sur une grille; démouler et retirer le papier. Couper en travers en 6 rectangles. *(Se conserve enveloppé dans une pellicule de plastique, dans un contenant hermétique, et rangé dans un endroit frais et sec pendant 1 an.)* Donne 6 petits gâteaux de 14 tranches environ.

LES GÂTEAUX AUX FRUITS

PRÉPARATION DES MOULES

❧ Préparez les moules avant de commencer la recette.

❧ Utilisez des moules traditionnels ronds ou carrés, ou des moules ayant au moins 2 po (5 cm) de profondeur.

❧ Sauf indication contraire, tapissez les moules graissés de papier kraft, de façon que les bords ne soient pas trop cuits et que les gâteaux puissent être démoulés facilement; graissez aussi le papier.

❧ Versez la préparation jusqu'à 3/4 po (2 cm) des bords du moule; égalisez et lissez la surface de la préparation.

LA CUISSON

❧ Pour que le gâteau soit moelleux, déposez un plat d'eau bouillante sur la grille inférieure du four et faites cuire le gâteau sur la grille du milieu. Assurez-vous que l'air circule bien entre les deux moules.

❧ Vérifiez la cuisson du gâteau en insérant un cure-dent au centre; bien qu'il puisse être collant, avec un peu de fruits, le cure-dent doit être propre.

❧ Évitez que le dessus du gâteau ne brunisse trop en le recouvrant lâchement de papier d'aluminium.

LA CONSERVATION

Le fait de laisser mûrir un gâteau aux fruits permet aux saveurs de se mêler et de se développer. Plus il contient de fruits, plus le temps de mûrissement doit être long (3 à 8 semaines). Pour activer le mûrissement, faites tremper les fruits et les noix dans de l'alcool pendant une nuit; après la cuisson, faites des trous dans le gâteau avec une brochette et versez-y un peu d'alcool chaud.

❧ Enveloppez les gâteaux refroidis dans une étamine humectée de cognac, de xérès, de rhum ou de whisky. Enveloppez dans du papier ciré ou de la pellicule de plastique, puis dans du papier d'aluminium.

❧ Mettez dans un contenant hermétique et rangez dans un endroit frais et sec ou au réfrigérateur, en humectant l'étamine à toutes les deux semaines si nécessaire.

❧ Après mûrissement, les gâteaux aux fruits se conservent pendant 1 an au congélateur. Faites décongeler au réfrigérateur pendant 24 heures.

Gâteau aux fruits au chocolat et aux pacanes

❧

Le gâteau aux fruits des grands jours !

4 1/2 tasses	cerises et ananas confits (environ 2 lb/1 kg)	1,125 L
2 tasses	pacanes grillées hachées gros (voir p. 30)	500 ml
4 oz	chocolat non sucré, haché fin	125 g
3 oz	chocolat mi-sucré, haché fin	90 g
1 tasse	raisins secs dorés	250 ml
2 tasses	farine tout usage	500 ml
2 c. à thé	levure chimique	10 ml
1/2 c. à thé	sel	2 ml
3/4 tasse	beurre doux	175 ml
1 tasse	sucre	250 ml
6	oeufs	6
3/4 tasse	cognac	175 ml
1 c. à thé	vanille	5 ml

> *Petit truc*: Le gâteau aux fruits se tranchera plus facilement si vous le conservez au réfrigérateur. Tranchez-le toujours avec un couteau bien affilé et essuyez la lame avec un linge humide après chaque tranche.

Dans un grand bol, mélanger l'ananas, les cerises, les pacanes, les chocolats et les raisins; mélanger avec la moitié de la farine, de la levure et du sel. Mettre de côté.

❧ Dans un grand bol, battre le beurre avec le sucre jusqu'à ce que le mélange soit léger et de couleur claire; incorporer un à un les oeufs en battant. Incorporer 1/4 tasse (60 ml) du cognac et la vanille en battant. Incorporer graduellement la farine. Incorporer les fruits. Mettre dans un moule graissé de 13 x 9 po (3,5 L) et frapper sur le comptoir pour éliminer les poches d'air; lisser la surface.

❧ Cuire au four à 300°F (150°C) pendant environ 1 1/2 heure ou jusqu'à ce qu'un cure-dent inséré au centre en ressorte propre. Laisser refroidir dans le moule sur une grille.

❧ Couper en travers en 6 rectangles. Chauffer (sans faire bouillir) le reste du cognac. Faire des trous dans le gâteau avec une brochette; verser le cognac dans les trous.

❧ Humecter des étamines de cognac; envelopper individuellement les gâteaux. Envelopper dans du papier ciré et du papier d'aluminium; ranger dans un contenant hermétique, dans un endroit frais et sec, pendant au moins 1 semaine ou jusqu'à 2 mois en vérifiant et en ajoutant du cognac si le gâteau commence à sécher. Donne 6 petits gâteaux de 14 tranches environ.

Pain aux fruits et aux noix du Brésil

❧

Ce gâteau de Noël se prépare en un tournemain et peut être dégusté dès le lendemain de sa cuisson. Il est encore meilleur coupé en petits morceaux.

1 1/2 tasse	figues sèches	375 ml
1 1/2 tasse	abricots secs	375 ml
1 tasse	ananas confit	250 ml
1/2 tasse	cerises confites	125 ml
1/2 tasse	gingembre confit haché	125 ml
3 tasses	noix du Brésil entières écalées	750 ml
1 tasse	farine tout usage	250 ml
1 tasse	cassonade tassée	250 ml
1 c. à thé	levure chimique	5 ml
4	oeufs	4
1 c. à thé	vanille	5 ml

Tapisser deux moules à pain de 8 x 4 po (1,5 L) de papier d'aluminium; bien graisser et mettre de côté.

❧ Faire tremper les figues et les abricots dans de l'eau bouillante pendant 5 minutes. Égoutter et hacher en gros morceaux. Couper les cerises en deux.

❧ Dans un grand bol, mélanger les figues, les abricots, l'ananas, les cerises, le gingembre et les noix. Mélanger la farine, la cassonade et la levure; mélanger avec les fruits.

❧ Dans un autre bol, bien battre les oeufs; incorporer la vanille. Ajouter à la préparation aux fruits et bien mélanger; verser avec une cuiller dans les moules. Cuire au four à 350°F (180°C) pendant 1 heure ou jusqu'à ce qu'un cure-dent inséré au centre en ressorte propre.

❧ Laisser refroidir dans les moules sur des grilles pendant 10 minutes; démouler et laisser refroidir complètement sur les grilles. *(Se conserve bien enveloppé au réfrigérateur pendant 2 semaines.)* Donne 2 pains.

Pouding aux fruits et aux carottes

❦

*Les ingrédients de base de ce pouding de Noël
sont des plus traditionnels. Ce sont les abricots,
les carottes et les pommes râpées qui lui donnent
un goût tout à fait particulier. Servez-le avec la
Sauce au Grand Marnier (recette, p. 18).*

1 tasse	raisins sans pépins (Lexia)	250 ml
3/4 tasse	raisins de Corinthe	175 ml
3/4 tasse	cerises confites coupées en quatre	175 ml
1/2 tasse	zestes confits mélangés hachés	125 ml
1/3 tasse	abricots secs hachés	75 ml
1/4 tasse	écorce d'orange râpée gros	60 ml
1 1/2 tasse	farine tout usage	375 ml
1 c. à thé	bicarbonate de sodium	5 ml
1 c. à thé	cannelle	5 ml
1/2 c. à thé	sel	2 ml
1/2 c. à thé	muscade	2 ml
1/4 c. à thé	piment de la Jamaïque	1 ml
1/2 tasse	beurre, ramolli	125 ml
1 1/4 tasse	cassonade tassée	300 ml
1 tasse	carottes râpées	250 ml
1 tasse	pommes pelées râpées	250 ml
2 c. à table	liqueur ou jus d'orange	30 ml

Dans un bol, mélanger les raisins, les cerises, les zestes confits, les abricots et l'écorce d'orange. Mélanger la farine, le bicarbonate de sodium, le sel et toutes les épices; saupoudrer les fruits du quart des ingrédients secs et mélanger légèrement. Mettre de côté.

❦ Dans un grand bol, battre le beurre avec la cassonade jusqu'à ce que le mélange soit léger et de couleur claire; incorporer la moitié des ingrédients secs restants. Incorporer les carottes et les pommes. Incorporer la liqueur d'orange, puis le reste des ingrédients secs. Incorporer les fruits sans trop mélanger.

❦ Tapisser le fond d'un moule à pouding de 6 tasses (1,5 L) graissé d'un cercle de papier ciré graissé. Verser la préparation; tasser et égaliser.

❦ Couvrir la préparation d'un cercle de papier ciré graissé. Faire un pli de 1 po (2,5 cm) au milieu d'un grand morceau de papier d'aluminium et déposer sur le moule. Abaisser les côtés en pressant; couper le bord en laissant 2 po (5 cm) de papier. Fixer le papier avec une ficelle au haut du moule et replier le papier par-dessus la ficelle.

❦ Déposer le moule sur une grille dans une grande casserole et y verser de l'eau bouillante jusqu'aux deux tiers du moule. Couvrir et faire mijoter à feu moyen-doux, en ajoutant de l'eau au besoin, pendant 2 1/2 à 3 heures ou jusqu'à ce qu'un cure-dent inséré au centre en ressorte propre.

❦ Laisser reposer pendant 10 minutes. Détacher des parois du moule avec un couteau et démouler dans un plat de service. Donne 10 à 12 portions.

> *Truc: Les quantités de fruits et de noix peuvent être diminuées ou augmentées selon vos goûts, mais la quantité totale de ces ingrédients doit être identique à celle donnée dans la recette.*

LES RAISINS SECS

Les raisins secs les plus communs sont les raisins de Smyrne (sultana, Thompson), ovales et dodus, sans pépins, dont les teintes varient de doré à brun foncé. Utilisez-les pour la préparation des biscuits, des gâteaux et des poudings.

❦ Les raisins muscats, une fois épépinés et séchés, sont plats et collants; ils ont une saveur délicieusement parfumée. Utilisez-les lorsqu'une recette requiert des raisins sans pépins, Lexia ou muscats, surtout pour les gâteaux et les poudings de Noël. Vous les trouverez dans les magasins d'aliments en vrac. Ils sont un peu plus chers, mais vous ne le regretterez pas.

❦ Il y a enfin le petit raisin foncé, le raisin de Corinthe, un ingrédient essentiel pour la préparation du mincemeat et des poudings de Noël.

❦ Les raisins de Smyrne et de Corinthe doivent être humides et tendres; s'ils sont secs et cassants, laissez-les tremper pendant 10 minutes dans de l'eau bouillante. Égouttez et asséchez-les bien.

Le dimanche du "brassage"

Au Canada, la fête de Noël emprunte aux traditions de plusieurs pays. L'une de ces traditions est le "Stir-Up Sunday" (dimanche du "brassage"), expression populaire donnée par les paroissiens de l'Église anglicane au dimanche qui précède l'Avent. Le nom est tiré des mots qui ouvrent la prière de ce jour. La tradition veut que le dimanche qui précède l'Avent, lequel tombe généralement à la fin de novembre, soit consacré à la préparation des poudings si l'on veut qu'ils soient bien moelleux pour les festivités de Noël.

❧ Tous les membres de la famille, même le plus petit, devaient mélanger les poudings et faire en même temps un voeu. Pour aider davantage la chance, on mettait des porte-bonheur en argent dans la préparation: une pièce de monnaie pour la richesse, un anneau pour le mariage et un dé à coudre pour les grâces de la vie.

❧ La préparation des gâteaux de Noël, bien que la tradition en soit beaucoup plus récente, se faisait peu de temps après parce qu'ils nécessitaient eux aussi un temps de mûrissement, mais on leur accordait beaucoup moins d'importance.

(à gauche) Pouding aux canneberges et Sauce sabayon (p. 18); Gâteau aux fruits aux raisins et au xérès (p. 12).

Pouding aux canneberges

Ce pouding aux canneberges a tout pour plaire: il se prépare assez facilement et il est juste assez léger pour terminer en beauté un repas des fêtes.

3/4 tasse	sucre	175 ml
3 c. à table	cognac	45 ml
4 c. à thé	écorce d'orange râpée	20 ml
1 c. à table	jus d'orange	15 ml
2 tasses	canneberges	500 ml
1/2 tasse	raisins secs dorés	125 ml
1 1/4 tasse	farine tout usage	300 ml
2 c. à thé	levure chimique	10 ml
1/2 c. à thé	muscade	2 ml
1/2 c. à thé	sel	2 ml
1/2 tasse	amandes moulues	125 ml
1/3 tasse	beurre, ramolli	75 ml
2	oeufs	2
1 c. à thé	vanille	5 ml
1/4 tasse	lait	60 ml

Sirop

1 c. à table	cognac	15 ml
1 c. à table	sirop de maïs	15 ml
	Sauce sabayon (recette ci-contre)	

Dans un bol, mélanger 1/3 tasse (75 ml) du sucre, le cognac, l'écorce et le jus d'orange; mélanger avec les canneberges et les raisins. Laisser reposer, en remuant de temps à autre, pendant 2 heures.

❧ Graisser un moule à pouding profond de 6 tasses (1,5 L); saupoudrer le fond avec 1 c. à table (15 ml) du reste du sucre.

❧ Dans un petit bol, mélanger la farine, la levure, la muscade et le sel; incorporer les amandes. Dans un autre bol, bien battre le beurre avec le reste du sucre; incorporer un à un les oeufs et la vanille en battant. Incorporer les ingrédients secs (en trois temps) en alternant avec le lait (en deux temps).

❧ Mettre 1/2 tasse (125 ml) de la préparation aux fruits dans le moule; incorporer le reste des fruits à la pâte et verser dans le moule. Déposer dans un moule à tarte et cuire au four à 350°F (180°C) pendant 60 à 75 minutes ou jusqu'à ce qu'un cure-dent inséré au centre en ressorte propre.

❧ Laisser refroidir dans le moule sur une grille pendant 10 minutes. *(Se conserve bien enveloppé au réfrigérateur pendant 1 jour; démouler et réchauffer au micro-ondes à intensité moyenne-maximale (70 %) pendant 7 à 9 minutes.)* Détacher le bord du pouding du moule avec une spatule et démouler sur un plat de service.

❧ SIROP: Chauffer le cognac et le sirop de maïs et verser sur le pouding. Servir avec la sauce sabayon. Donne 8 portions.

Sauce sabayon

Cette sauce accompagne merveilleusement bien le pouding de Noël traditionnel et le pouding aux canneberges.

1/3 tasse	sucre	75 ml
2 c. à thé	écorce d'orange râpée fin	10 ml
3 c. à table	cognac ou xérès	45 ml
2 c. à table	jus d'orange	30 ml
1 tasse	crème à fouetter	250 ml

Dans un bol profond, broyer le sucre avec l'écorce d'orange; incorporer 2 c. à table (30 ml) du cognac et le jus d'orange. Faire refroidir au réfrigérateur. Incorporer la crème.

❧ Battre à vitesse moyenne jusqu'à ce que la sauce nappe légèrement une cuiller; incorporer le reste du cognac avec une cuiller. Transvaser dans un bol de service; réfrigérer pendant au moins 4 heures et au plus 24 heures. Donne environ 2 1/2 tasses (625 ml).

Sauce chaude au rhum

Cette sauce à l'ancienne est tout aussi délectable apprêtée avec du cognac.

1 tasse	cassonade tassée	250 ml
2 c. à table	fécule de maïs	30 ml
1 1/2 tasse	eau	375 ml
1/4 tasse	rhum brun ou cognac	60 ml
2 c. à table	beurre	30 ml
1/4 c. à thé	muscade	1 ml
1 c. à thé	vanille	5 ml

Dans une casserole à fond épais, mélanger la cassonade et la fécule; incorporer l'eau et amener à ébullition en remuant constamment.

❧ Réduire le feu à doux et incorporer le rhum, le beurre et la muscade; faire mijoter pendant 2 minutes. Incorporer la vanille. Servir chaud. Donne environ 2 tasses (500 ml).

VARIANTE

❧ SAUCE AU GRAND MARNIER: Réduire la quantité de cassonade à 1/2 tasse (125 ml) et ajouter 1 c. à thé (5 ml) de sel. Remplacer le rhum par du Grand Marnier ou une autre liqueur d'orange. Éliminer la muscade et la vanille.

Pouding de Noël

Le pouding de Noël, apprêté avec des fruits trempés dans du rhum et des épices douces, est le nec plus ultra des poudings traditionnels ! Servi avec le beurre à l'orange, vous vous en régalerez jusqu'à la dernière bouchée.

1/2 tasse	beurre, ramolli	125 ml
3/4 tasse	cassonade tassée	175 ml
2	oeufs	2
1 c. à table	écorce d'orange râpée	15 ml
1 tasse	farine tout usage	250 ml
1 tasse	petites miettes de pain rassis (non sec)	250 ml
1 c. à thé	bicarbonate de sodium	5 ml
1/2 c. à thé	sel, cannelle et muscade (chacun)	2 ml
1/4 c. à thé	clou de girofle et gingembre (chacun)	1 ml
1 tasse	zestes confits mélangés hachés	250 ml
1 tasse	raisins secs sans pépins	250 ml
3/4 tasse	cerises confites coupées en deux	175 ml
1/2 tasse	raisins secs dorés	125 ml
1/2 tasse	amandes en lamelles	125 ml
1/3 tasse	rhum, cognac ou jus d'orange	75 ml
1/4 tasse	rhum ou cognac (pour flamber)	60 ml
	Beurre à l'orange (voir recette)	

Dans un grand bol, bien battre le beurre avec la cassonade. Incorporer un à un les oeufs en battant; ajouter l'écorce d'orange.

❧ Dans un autre bol, mélanger la farine, le pain, le bicarbonate de sodium, le sel et les épices; incorporer les zestes confits, les raisins, les cerises et les amandes.

❧ Avec une cuiller de bois, incorporer la moitié des ingrédients secs à la préparation crémeuse; incorporer 1/3 tasse (75 ml) de rhum, puis le reste des ingrédients secs.

❧ Tapisser le fond d'un moule à pouding de 6 tasses (1,5 L) graissé d'un cercle de papier ciré graissé. Verser la préparation; tasser et égaliser.

❧ Couvrir la préparation d'un cercle de papier ciré graissé. Faire un pli de 1 po (2,5 cm) au milieu d'un grand morceau de papier d'aluminium et déposer sur le moule. Abaisser les côtés en pressant; couper le bord en laissant 2 po (5 cm) de papier. Fixer le papier au haut du moule avec une ficelle et replier le papier par-dessus la ficelle.

❧ Déposer le moule sur une grille dans une grande casserole et y verser de l'eau bouillante jusqu'aux deux tiers du moule.

❧ Couvrir et faire mijoter à feu moyen-doux, en ajoutant de l'eau au besoin, pendant 2 1/2 à 3 heures ou jusqu'à ce qu'un cure-dent inséré au centre en ressorte propre. Laisser reposer pendant 5 minutes. Retirer le papier et démouler dans un plat de service.

❧ Dans une casserole, chauffer 1/4 tasse (60 ml) de rhum à feu moyen-doux (ne pas faire bouillir). Retirer du feu. Enflammer le rhum avec une longue allumette et verser sur le pouding. Servir avec le beurre à l'orange. Donne 10 à 12 portions.

Beurre à l'orange

1/2 tasse	beurre, ramolli	125 ml
1 1/2 tasse	sucre glace tamisé	375 ml
3 c. à table	écorce d'orange râpée	45 ml
2 c. à table	jus d'orange	30 ml
1 c. à thé	jus de citron	5 ml

Dans un bol, battre le beurre en crème avec le sucre; incorporer en battant l'écorce d'orange et les jus d'orange et de citron. Façonner en forme de petit rouleau ou en rosettes avec une poche à douille. Faire raffermir au réfrigérateur. Couper le rouleau en tranches de 1 po (2,5 cm) d'épaisseur. Donne 1 1/2 tasse (375 ml).

COMMENT RÉCHAUFFER LES POUDINGS DE NOËL

Les poudings de Noël cuits à la vapeur peuvent être préparés deux mois avant les fêtes et rangés, bien enveloppés, dans un endroit frais et sec ou au congélateur.

❧ Au micro-ondes: Démoulez le pouding sur un plat de service, recouvrez-le avec un grand bol allant au micro-ondes et faites-le réchauffer à intensité maximale pendant 5 à 10 minutes.

❧ Sur la cuisinière: Mettez une grille dans le fond d'une grande casserole. Déposez le pouding dans son moule, recouvert de papier d'aluminium, sur la grille; versez de l'eau bouillante jusqu'à mi-hauteur du moule. Couvrez la casserole et amenez l'eau à ébullition. Réduisez le feu et laissez bouillir doucement pendant 1 à 1 1/2 heure.

Biscuits au chocolat et aux noisettes

❧

La pâte de ces biscuits croquants peut être tranchée ou façonnée en petits croissants.

1 tasse	beurre, ramolli	250 ml
1 tasse	sucre glace	250 ml
1 1/2 tasse	farine tout usage	375 ml
1/3 tasse	cacao non sucré	75 ml
1/2 tasse	noisettes ou amandes moulues	125 ml

Décoration

6 oz	chocolat mi-sucré	175 g
3/4 tasse	noisettes moulues	175 ml

Dans un bol, battre le beurre avec le sucre jusqu'à ce que le mélange soit léger. Mélanger la farine, le cacao et les noisettes; ajouter au beurre et mélanger jusqu'à ce que la pâte soit lisse.

❧ Façonner la pâte en boule et diviser en deux. Déposer chaque boule sur une feuille de papier ciré; à l'aide du papier, façonner la pâte en un rouleau de 1 po (2,5 cm) de diamètre. Envelopper dans le papier et faire raffermir au réfrigérateur.

❧ Couper les rouleaux en tranches de 1/4 po (5 mm) d'épaisseur. Cuire au four, sur des plaques non graissées, à 325°F (160°C) pendant 15 minutes ou jusqu'à ce qu'ils soient fermes. Retirer des plaques et laisser refroidir sur des grilles. (*À cette étape, les biscuits peuvent être congelés bien enveloppés pendant 1 mois.*)

❧ DÉCORATION: Dans un bol, au-dessus d'une eau chaude mais non bouillante, faire fondre le chocolat. Tremper les bords des biscuits dans le chocolat, puis dans les noisettes. Laisser refroidir sur une grille. (*Se conservent enveloppés dans du papier ciré, dans un contenant hermétique, pendant 1 semaine.*) Donne environ 60 biscuits.

VARIANTE

❧ CROISSANTS AU CHOCOLAT ET AUX NOISETTES: Mettre la pâte dans un bol au réfrigérateur pendant 30 minutes. Façonner en croissant avec 1 c. à table (15 ml) de pâte; réfrigérer sur des plaques pendant 30 minutes. Cuire pendant environ 30 minutes; tremper les extrémités dans le chocolat fondu et les noisettes. Donne 36 croissants.

Losanges glacés

❧

Ces biscuits sablés garnis de façon royale sont absolument divins.

1 3/4 tasse	farine tout usage	425 ml
2 c. à table	sucre	30 ml
1/2 c. à thé	levure chimique	2 ml
1/2 tasse	beurre	125 ml
1	oeuf, légèrement battu	1
3 c. à table	crème aigre	45 ml

Garniture

3/4 tasse	sucre	175 ml
3/4 tasse	cassonade tassée	175 ml
1/2 tasse	beurre	125 ml
1/2 tasse	crème aigre	125 ml
1/2 tasse	miel liquide	125 ml
2 tasses	amandes tranchées	500 ml
1/3 tasse	cerises confites hachées	75 ml

Dans un bol, mélanger la farine, le sucre et la levure; incorporer le beurre avec un coupe-pâte jusqu'à ce que la préparation soit grumeleuse. Incorporer l'oeuf et la crème sans trop mélanger.

❧ Étendre en pressant dans un moule à gâteau roulé de 15 x 10 po (40 x 25 cm); cuire au four à 375°F (190°C) pendant 10 minutes.

❧ GARNITURE: Dans une grande casserole, amener à ébullition, à feu moyen, le sucre, la cassonade, le beurre, la crème et le miel. Ajouter les amandes; laisser bouillir jusqu'à ce que le thermomètre à confiserie indique 240°F (115°C), ou que 1/2 c. à thé (2 ml) du sirop plongée dans de l'eau très froide forme une boule molle qui s'aplatit entre les doigts.

❧ Retirer immédiatement du feu et verser sur le biscuit. Parsemer des cerises. Cuire pendant 15 à 20 minutes ou jusqu'à ce que la garniture soit ferme et de couleur caramel.

❧ Laisser refroidir pendant 15 minutes; couper en diagonale en losanges. Laisser refroidir pendant 30 minutes et recouper. (*Se conservent enveloppés dans du papier ciré, dans un contenant hermétique, pendant 1 semaine dans un endroit frais ou 3 mois au congélateur.*) Donne environ 50 losanges.

Sur la photo, dans le sens des aiguilles d'une montre, à partir du haut: Biscuits sucre-épices (p. 62) en forme de sapins et décorés au pochoir de flocons de neige en cacao (méthode, p. 62); Truffes au chocolat et à l'orange et Gâteaux au chocolat miniatures (p. 28); Carrés au citron (p. 21); Losanges glacés (sur cette page); Biscuits sucre-épices en forme d'ours, de bas de Noël et d'étoiles décorés de Glace royale (p. 60).

Carrés au citron

❧

La garniture au citron de ces carrés peut aussi être préparée avec de l'écorce râpée et du jus de lime ou d'orange.

1 tasse	farine tout usage	250 ml
1/2 tasse	beurre	125 ml
1/4 tasse	cassonade tassée	60 ml

Garniture

1 tasse	sucre	250 ml
1 c. à thé	écorce de citron râpée	5 ml
3 c. à table	jus de citron	45 ml
2 c. à table	farine tout usage	30 ml
1/2 c. à thé	levure chimique	2 ml
2	oeufs, légèrement battus	2

Décoration

	Sucre glace	
1 c. à thé	écorce de citron râpée	5 ml

À l'aide du robot culinaire ou d'un coupe-pâte, mélanger la farine, le beurre et la cassonade jusqu'à ce que la préparation soit grumeleuse. Étendre en pressant dans un moule carré de 9 po (2,5 L) non graissé. Cuire au four à 350°F (180°C) pendant 15 minutes.

❧ GARNITURE: Mélanger le sucre, l'écorce et le jus de citron, la farine, la levure et les oeufs; verser sur le biscuit.

❧ Cuire au four à 325°F (160°C) pendant 25 à 30 minutes ou jusqu'à ce que la garniture soit ferme et légèrement dorée. Laisser refroidir complètement dans le moule. (*À cette étape, les carrés peuvent être enveloppés et conservés au réfrigérateur, dans un contenant hermétique, pendant 1 semaine, ou au congélateur pendant 3 mois; faire décongeler complètement avant de décorer.*)

❧ DÉCORATION: Juste avant de servir, couper en carrés. Saupoudrer de sucre glace et parsemer d'écorce de citron râpée. Donne 36 carrés.

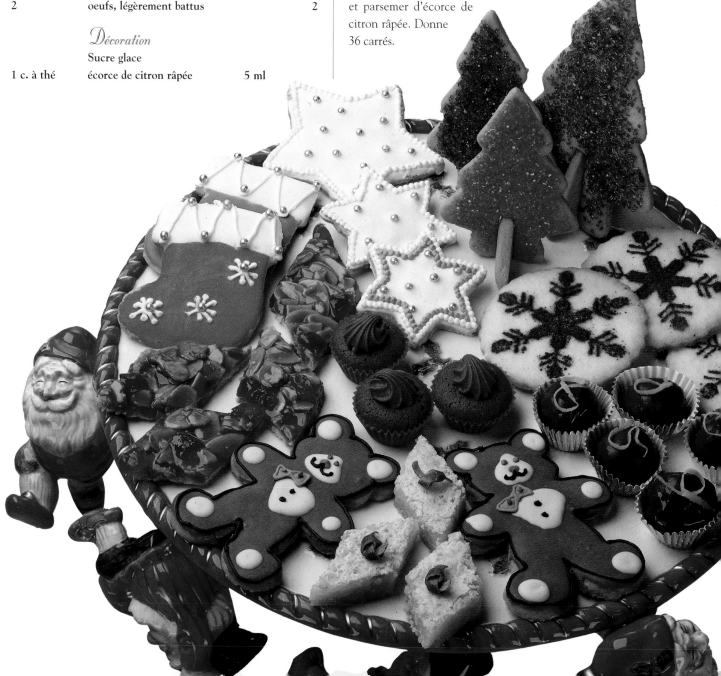

Super sablés

❦

*Ces sablés super tendres et super délicieux
n'ont tout simplement pas leurs pareils !*

1 tasse	beurre, ramolli	250 ml
3 c. à table	fécule de maïs	45 ml
1/4 tasse	sucre	60 ml
1 3/4 tasse	farine tout usage	425 ml

Dans un grand bol, battre le beurre jusqu'à ce qu'il soit léger. Ajouter graduellement en battant la fécule de maïs, puis le sucre. Avec une cuiller en bois, incorporer la farine, environ 1/4 tasse (60 ml) à la fois.

❦ Sur une surface légèrement farinée, abaisser la pâte sur 1/4 po (5 mm) d'épaisseur. Découper les biscuits avec un emporte-pièce rond cannelé de 2 po (5 cm) fariné. Déposer sur des plateaux tapissés de papier ciré; piquer chacun trois fois avec une fourchette. Faire durcir au congélateur. *(À cette étape, les sablés peuvent être congelés dans des sacs pendant 1 mois.)*

❦ Mettre les biscuits congelés sur une plaque à pâtisserie et cuire au four à 275°F (140°C) pendant 40 à 50 minutes ou jusqu'à ce qu'ils soient fermes au toucher. Retirer de la plaque et laisser refroidir sur des grilles. *(Se conservent dans des contenants hermétiques pendant 2 semaines.)* Donne environ 24 biscuits.

LA PÂTE À BISCUITS

Battez le beurre, le sucre, les oeufs et les substances aromatiques avec un batteur électrique. Faites fonctionner l'appareil à faible vitesse, ou utilisez une cuiller en bois, pour incorporer les ingrédients secs.

❦ Lorsque vous abaissez la pâte, évitez le plus possible que la farine sur la surface de travail ou le rouleau n'adhère à la pâte.

❦ Utilisez un rouleau à pâtisserie recouvert d'une gaine de jersey de coton, ou abaissez la pâte entre deux feuilles de papier ciré.

❦ N'abaissez qu'une partie de la pâte à la fois en gardant le reste au réfrigérateur.

❦ Si vous utilisez des emporte-pièce, découpez le plus possible de biscuits dans la pâte et n'abaissez qu'une seule fois toutes les retailles de pâte.

❦ Faites refroidir les biscuits découpés au réfrigérateur avant de les cuire. Ils garderont mieux leur forme à la cuisson et ils seront plus tendres.

❦ Mettez les biscuits non cuits sur des plaques froides. Sauf indication contraire, laissez un intervalle de 1 1/2 po (4 cm) entre les biscuits. Plus une pâte est épaisse, moins elle s'étend à la cuisson.

Sablés au citron

❦

*Garnis de graines de pavot, ces sablés
fondent littéralement dans la bouche.*

1 tasse	beurre, ramolli	250 ml
1 tasse	sucre glace	250 ml
2 c. à table	graines de pavot	30 ml
2 c. à table	écorce de citron râpée	30 ml
2 tasses	farine tout usage	500 ml
2 c. à table	sucre	30 ml

Dans un bol, battre le beurre avec le sucre glace jusqu'à ce que le mélange soit léger; incorporer les graines de pavot et l'écorce de citron. Ajouter graduellement la farine. Façonner la pâte en boule; réfrigérer pendant 30 minutes si la pâte est collante.

❦ Sur une surface légèrement farinée, abaisser la pâte sur 1/4 po (5 mm) d'épaisseur; découper les biscuits avec un emporte-pièce rond de 2 po (5 cm) et déposer sur des plaques non graissées. Saupoudrer de sucre.

❦ Cuire au four à 300°F (150°C) pendant 20 à 25 minutes ou jusqu'à ce qu'ils soient fermes et légèrement dorés. Laisser refroidir sur une grille. *(Se conservent dans des contenants hermétiques pendant 5 jours ou au congélateur pendant 1 mois.)* Donne environ 40 biscuits.

Barres chocolatées au gingembre

❦

Ces délicieuses gâteries ne nécessitent aucune cuisson.

1/3 tasse	beurre	75 ml
8 oz	chocolat mi-sucré	250 g
3 c. à table	sirop de maïs	45 ml
1/2 lb	biscuits au gingembre	250 g
2 c. à table	gingembre confit haché	30 ml
	Sucre glace	

Dans une casserole, faire fondre le beurre avec le chocolat et le sirop de maïs à feu doux.

❦ Avec le robot culinaire, hacher les biscuits de façon à obtenir 2 tasses (500 ml) de grosses miettes; incorporer avec le gingembre confit à la préparation liquide.

❦ Étendre dans un moule à gâteau carré de 8 po (2 L) graissé; réfrigérer pendant 2 heures. Couper en carrés; saupoudrer de sucre glace. *(Se conservent enveloppées dans du papier ciré, dans un contenant hermétique, pendant 1 semaine au réfrigérateur et 2 mois au congélateur.)* Donne environ 20 barres.

Couronnes de meringue

❀

Décorez ces jolies couronnes de lamelles de cerises confites, de sucre coloré ou de petits morceaux de canne de Noël avant de les faire cuire. Elles sont idéales pour ceux qui suivent une diète faible en matières grasses ou sans gluten.

2	blancs d'oeufs	2
1 c. à thé	jus de citron	5 ml
1/4 c. à thé	crème de tartre	1 ml
2/3 tasse	sucre à fruits	150 ml

*D*ans un petit bol profond, battre les blancs d'oeufs avec le jus de citron jusqu'à ce qu'ils soient mousseux. Ajouter la crème de tartre. Ajouter graduellement le sucre en battant, 1 c. à table (15 ml) à la fois, jusqu'à ce que les blancs forment des pics fermes et brillants. (Le sucre doit être complètement dissous.)

❀ Avec une poche à douille, façonner des petites couronnes de 1 1/2 po (4 cm) sur des plaques tapissées de papier parchemin ou de papier d'aluminium. Cuire au four à 250°F (120°C) pendant 1 1/4 heure ou jusqu'à ce qu'elles soient fermes. Éteindre le four et y laisser les meringues pendant 1 heure. *(Se conservent enveloppées dans du papier ciré dans un contenant hermétique pendant 2 semaines.)* Donne 24 couronnes.

Boules aux pacanes

❀

Ces biscuits fondants au beurre et aux pacanes sont irrésistibles !

2 tasses	pacanes grillées (voir p. 30)	500 ml
1 tasse	beurre, ramolli	250 ml
1/4 tasse	sucre glace	60 ml
1 1/2 c. à thé	vanille	7 ml
2 tasses	farine tout usage	500 ml
1/2 c. à thé	sel	2 ml

*H*acher finement les pacanes et mettre de côté.

❀ Dans un bol, battre en crème le beurre avec le sucre; incorporer la vanille. Avec une cuiller en bois, incorporer la farine, le sel et les noix; façonner la pâte en boule avec les mains. Envelopper dans de la pellicule de plastique et réfrigérer pendant 30 minutes.

❀ Avec les mains, façonner en boules de 1 po (2,5 cm); déposer sur des plaques non graissées à 1 po (2,5 cm) d'intervalle. Cuire au four à 325°F (160°C) pendant 18 à 20 minutes ou jusqu'à ce qu'elles soient légèrement dorées. Laisser refroidir sur des grilles pendant 5 minutes.

❀ Rouler dans du sucre glace; remettre sur les grilles et laisser refroidir complètement. Rouler de nouveau dans le sucre glace.

(Se conservent enveloppées dans du papier ciré dans un contenant hermétique pendant 1 semaine ou au congélateur pendant 3 mois.) Donne environ 40 boules.

Couronnes de meringue

Bonbons aux abricots

❦

Choisissez des abricots secs bien tendres pour préparer ces succulentes friandises. Et, si cela est possible, confectionnez-les au moins deux jours avant de les emballer.

1/2 lb	abricots secs	250 g
1 c. à thé	écorce de tangerine râpée	5 ml
1/4 tasse	jus de tangerine	60 ml
2 c. à table	miel liquide	30 ml
2 oz	gingembre confit, haché gros	60 g
1 tasse	sucre glace tamisé	250 ml
3/4 tasse	noix de coco en flocons	175 ml

Couper les abricots en fines lanières. Dans une petite casserole à fond épais, mélanger les abricots, l'écorce et le jus de tangerine, et le miel; couvrir et amener à faible ébullition. Réduire le feu à doux et cuire en remuant souvent pendant 10 minutes ou jusqu'à ce que les abricots soient très tendres et brillants.

❦ Découvrir et cuire en remuant pendant 3 à 4 minutes ou jusqu'à ce que le liquide soit absorbé; laisser refroidir légèrement. À l'aide du robot ou du mélangeur, réduire en purée avec le gingembre; laisser refroidir.

❦ Mettre le sucre glace et la noix de coco dans des bols séparés. Laisser tomber par cuillerée (5 ml) la pâte d'abricots dans la noix de coco. Avec les mains, façonner en boules; rouler dans le sucre glace.

❦ Déposer sur un plateau légèrement saupoudré de sucre glace. Couvrir lâchement de papier ciré et laisser reposer dans un endroit frais et sec pendant 2 jours. Donne environ 30 bonbons.

Afin d'éviter que vos cadeaux gourmands ne se retrouvent en miettes, voici quelques bonnes idées d'emballages aussi jolis que pratiques.

❦ Ne mettez pas ensemble les biscuits croquants avec les biscuits mous, ou les biscuits épicés avec ceux qui ont une saveur délicate.

❦ Utilisez des petites boîtes profondes, des boîtes en fer-blanc de cacao ou de café, des petits paniers ou des contenants de plastique transparent.

❦ Tapissez les boîtes de papier absorbant, puis de papier de soie de couleur. Enveloppez dans de la pellicule de plastique ou de la cellophane de couleur (vendue dans les boutiques d'artisanat).

❦ Procurez-vous des petites boîtes avec des fenêtres de cellophane dans les boutiques d'articles de cuisine.

❦ Dressez les biscuits sur des petites assiettes de carton aux motifs de Noël et enveloppez dans de la cellophane transparente.

❦ Emballez les biscuits dans des petits sacs pour congélation et décorez de rubans et d'auto-collants de Noël.

EMBALLAGES JOLIS JOLIS!

Ce joli emballage de friandises maison contient des Biscuits éclair décorés (au centre) et des Bonbons aux abricots (en haut à gauche et à droite).

Boules au cognac

Ces friandises ne nécessitent aucune cuisson. Préparez-en un assortiment en les enrobant de sucre glace, de cacao, de noix de coco et de noix hachées très finement.

3 oz	chocolat mi-sucré	90 g
1/2 tasse	sucre	125 ml
1/3 tasse	cognac ou rhum	75 ml
1/4 tasse	sirop de maïs	60 ml
2 1/2 tasses	gaufrettes à la vanille broyées	625 ml
3/4 tasse	pacanes ou noix de Grenoble hachées fin	175 ml
3/4 tasse	fruits confits mélangés (facultatif)	175 ml
	Sucre	

Dans un bol, au-dessus d'une eau chaude mais non bouillante, faire fondre le chocolat; incorporer le sucre, le cognac et le sirop. Incorporer les gaufrettes, les noix et les fruits; bien mélanger.

❧ Faire raffermir au réfrigérateur et façonner en boules de 1 po (2,5 cm). Rouler dans le sucre. Disposer en couches, séparées par du papier ciré, dans un contenant hermétique et ranger dans un endroit frais et sec (non au réfrigérateur) pendant quelques jours avant de les servir. Donne environ 48 boules.

Macarons aux noisettes

Ces macarons peuvent aussi être apprêtés avec des pacanes ou des amandes.

2 tasses	noix de coco en flocons	500 ml
2/3 tasse	sucre	150 ml
1/4 tasse	farine tout usage	60 ml
1/4 c. à thé	sel	1 ml
4	blancs d'oeufs	4
1 1/2 tasse	noisettes hachées	375 ml
1/4 tasse	cerises confites émincées	60 ml
1 c. à thé	vanille	5 ml

Dans un grand bol, mélanger la noix de coco, le sucre, la farine et le sel. Fouetter les blancs d'oeufs jusqu'à ce qu'ils soient mousseux; incorporer à la noix de coco avec les noisettes, les cerises et la vanille.

❧ Laisser tomber par grosse cuillerée (15 ml) sur des plaques graissées. Cuire au four à 325°F (160°C) pendant 20 à 25 minutes ou jusqu'à ce que les bords soient bien dorés. Laisser refroidir sur des grilles. Donne environ 40 macarons.

Bouchées gourmandes

Si vous avez une folle envie de quelque chose de sucré, ces bouchées tendres et collantes vous combleront.

1 1/2 tasse	grains de chocolat	375 ml
1 tasse	grains de caramel	250 ml
1/2 tasse	beurre	125 ml
1/4 tasse	beurre d'arachides crémeux	60 ml
2 tasses	nouilles sèches pour chow mein	500 ml
1 tasse	arachides salées	250 ml
	Demi-cerises confites	

Dans un bain-marie, au-dessus d'une eau chaude mais non bouillante, faire fondre les grains de chocolat et de caramel avec le beurre et le beurre d'arachides en remuant souvent.

❧ Dans un bol, mélanger les nouilles et les arachides; incorporer à la préparation au chocolat.

❧ Avec une cuiller, déposer par petits monticules de 1 po (2,5 cm) sur des plaques tapissées de papier ciré; garnir chacun d'une demi-cerise. Laisser reposer pendant 30 minutes ou réfrigérer pendant 20 minutes. (*Se conservent bien enveloppées dans du papier ciré, dans un contenant hermétique, pendant 1 semaine au réfrigérateur et 3 mois au congélateur. Servir à la température de la pièce.*) Donne environ 48 bouchées.

Biscuits éclair

Façonnés avec une presse à biscuits, ils se préparent en un tournemain. Avant de les faire cuire, décorez-les de fruits confits hachés ou de sucre coloré.

1 tasse	beurre, ramolli	250 ml
1/2 tasse	sucre	125 ml
1	oeuf	1
1 c. à thé	vanille	5 ml
1 3/4 tasse	farine tout usage (environ)	425 ml

Dans un grand bol, battre le beurre avec le sucre jusqu'à ce que le mélange soit léger; incorporer l'oeuf et la vanille en battant. Incorporer graduellement la farine.

❧ Remplir la presse à biscuits de pâte; confectionner les biscuits en formes diverses et déposer sur des plaques non graissées. Décorer si désiré. Cuire au four à 350°F (180°C) pendant 8 à 10 minutes ou jusqu'à ce qu'ils soient à peine dorés. Laisser refroidir sur des grilles. Donne environ 40 biscuits.

Petits feuilletés aux noix

❧

Ces rondelles de pâte phyllo dorée sont généreusement garnies de pistaches, de noix et de zestes d'orange.

1 lb	pâte phyllo	454 g
1 tasse	beurre, fondu	250 ml

Garniture

1 1/2 tasse	noix de Grenoble en morceaux	375 ml
1/2 tasse	pistaches ou amandes en lamelles	125 ml
1/4 tasse	zestes d'orange confits hachés	60 ml
1/4 tasse	sucre	60 ml
1 c. à table	eau de fleur d'oranger (ou 1 c. à thé/5 ml d'extrait d'amande)	15 ml
1/2 c. à thé	cannelle et clou de girofle (chacun)	2 ml

Sirop

1	citron	1
2 tasses	sucre	500 ml
1 1/2 tasse	eau	375 ml

GARNITURE: À l'aide du robot culinaire, hacher finement les noix avec les pistaches, les zestes confits, le sucre, l'eau de fleur d'oranger, la cannelle et le clou de girofle.

❧ Déposer une feuille de pâte phyllo sur une surface de travail (recouvrir les autres feuilles d'un linge humide pour ne pas qu'elles sèchent). Badigeonner légèrement de beurre fondu. Couvrir d'une autre feuille, badigeonner de beurre, couvrir avec une troisième feuille et badigeonner encore de beurre. Parsemer de 1/3 tasse (75 ml) de la préparation aux noix.

❧ Couvrir de trois autres feuilles de pâte phyllo en badigeonnant chacune de beurre et parsemer encore de 1/3 tasse (75 ml) de noix. Répéter toutes ces opérations une autre fois.

❧ Badigeonner de beurre les côtés les plus longs de la pâte. Rouler fermement à partir d'un côté long. Badigeonner entièrement de beurre; tailler les extrémités. Couper en tranches de 3/4 po (2 cm) d'épaisseur; déposer sur une plaque graissée. Faire un second rouleau avec le reste de la pâte et de la garniture.

❧ Cuire au four à 350°F (180°C) pendant 18 à 20 minutes, ou jusqu'à ce que la pâte soit dorée, en retournant les feuilletés à mi-cuisson. Laisser refroidir pendant 5 minutes et déposer sur des grilles.

❧ SIROP: Entretemps, avec un couteau à éplucher, prélever l'écorce du citron en lanières épaisses. Dans une casserole, mélanger le sucre, l'eau et l'écorce de citron; amener à ébullition. Réduire le feu à moyen-doux et laisser mijoter pendant 25 à 30 minutes; filtrer.

❧ Napper les rondelles de pâte de la moitié du sirop chaud; laisser reposer pendant 15 minutes. Napper du reste de sirop et laisser refroidir complètement. *(Se conservent enveloppés dans du papier ciré, dans un contenant hermétique, pendant 3 jours.)* Donne 42 feuilletés.

Biscuits croquants aux amandes

❧

Ces longs biscuits à l'italienne sont délicieusement croquants parce qu'ils ont subi une double cuisson.
Ils sont encore meilleurs servis avec une boisson chaude.

1 3/4 tasse	farine tout usage	425 ml
2 c. à thé	levure chimique	10 ml
3/4 tasse	amandes entières non mondées	175 ml
2	oeufs	2
3/4 tasse	sucre	175 ml
1/3 tasse	beurre, fondu	75 ml
2 c. à thé	vanille	10 ml
1/2 c. à thé	extrait d'amande	2 ml
1 1/2 c. à thé	écorce d'orange râpée	7 ml
1	blanc d'oeuf, légèrement battu	1

DANS un grand bol, mélanger la farine et la levure; ajouter les amandes. Fouetter les oeufs avec le sucre, le beurre, la vanille, l'extrait d'amande et l'écorce d'orange; ajouter à la farine et mélanger jusqu'à ce que la pâte soit souple et collante.

❧ Déposer la pâte sur une surface légèrement farinée; avec les mains, façonner en une boule lisse. Diviser en deux; façonner chaque boule en un rouleau de 12 po (30 cm) de longueur. Mettre sur une plaque non graissée.

❧ Badigeonner le dessus de blanc d'oeuf; cuire au four à 350°F (180°C) pendant 20 minutes. Retirer du four et laisser refroidir sur la plaque, sur une grille, pendant 5 minutes.

❧ Déposer les rouleaux sur une planche à découper; couper en diagonale en tranches de 3/4 po (2 cm) d'épaisseur. Remettre les biscuits sur la plaque en les déposant debout sur le côté et cuire de nouveau pendant 20 à 25 minutes ou jusqu'à ce qu'ils soient dorés. Laisser refroidir sur des grilles. *(Se conservent dans un contenant hermétique pendant 2 semaines.)* Donne environ 24 biscuits.

Biscuits croquants aux amandes

Gâteaux au chocolat miniatures

༃

Ces petits gâteaux au chocolat, cuits dans de minuscules moules en papier, se transforment en de délicieuses friandises (voir photo, p. 21). Décorez-les d'une rosette ou d'un gros grain de chocolat en guise de glaçage.

1/3 tasse	cassonade tassée	75 ml
1/4 tasse	beurre	60 ml
3 oz	chocolat mi-sucré	90 g
1/2 c. à thé	vanille	2 ml
1	oeuf, légèrement battu	1
1/3 tasse	farine tout usage	75 ml
24	rosettes de chocolat	24

Dans une casserole, chauffer la cassonade avec le beurre et le chocolat à feu doux, en remuant, jusqu'à ce que le chocolat soit fondu. Retirer du feu et laisser refroidir pendant 1 minute. Incorporer la vanille et l'oeuf en battant; incorporer délicatement la farine en pliant.

༃ Avec une cuiller, répartir la préparation dans 24 petits moules en papier. Cuire au four à 350°F (180°C) pendant 10 à 12 minutes. Retirer du four et décorer chaque gâteau d'une rosette de chocolat. Laisser refroidir. Donne 24 bouchées.

Truffes au chocolat

༃

Qui n'aime pas les truffes? Faites-en cadeau à des êtres chers ou servez-les au dessert avec un bon café.

Garniture

1 tasse	crème à fouetter	250 ml
1/2 lb	chocolat mi-sucré ou mi-amer, haché	250 g
2 c. à table	liqueur de chocolat (ou 1 c. à thé/5 ml de vanille)	30 ml
	Sucre glace	

Enrobage

3/4 lb	chocolat mi-sucré ou mi-amer, haché	375 g
1 tasse	cacao non sucré	250 ml

GARNITURE: Dans une petite casserole, chauffer la crème jusqu'à ce que des bulles apparaissent sur les bords de la casserole; retirer du feu. Ajouter le chocolat et remuer jusqu'à l'obtention d'une consistance onctueuse; incorporer la liqueur. Verser dans un bol; couvrir et réfrigérer pendant 1 heure ou jusqu'à ce que la préparation soit épaisse et froide.

༃ Avec un fouet (non un batteur électrique), battre la préparation jusqu'à ce qu'elle soit onctueuse et de couleur plus pâle. Ne pas trop battre.

༃ Avec une poche à pâtisserie munie d'une douille unie de 1/2 po (1 cm), façonner des boules de 1 po (2,5 cm) de diamètre sur deux plaques tapissées de papier ciré. Couvrir et faire raffermir au réfrigérateur pendant 30 minutes.

༃ Rouler légèrement les boules dans le sucre glace. Arrondir les boules en les roulant délicatement entre les bouts des doigts. Remettre sur les plaques et mettre au congélateur pendant 1 heure ou jusqu'à ce qu'elles soient dures et presque congelées.

༃ ENROBAGE: Dans un bain marie, au-dessus d'une eau chaude mais non bouillante, faire fondre le chocolat. Retirer du feu et laisser refroidir légèrement. Tamiser le cacao dans une assiette. Avec deux fourchettes, tremper les boules dans le chocolat en laissant couler l'excédent. (Si le chocolat épaissit, le réchauffer doucement au-dessus de l'eau chaude.) Déposer les boules dans le cacao.

༃ Avec deux autres fourchettes, rouler les truffes dans le cacao; faire durcir au réfrigérateur sur une plaque tapissée de papier ciré. Mettre les truffes dans des caissettes à confiserie et ranger dans un contenant hermétique au réfrigérateur jusqu'au moment de servir. (*Se conservent pendant 1 semaine au réfrigérateur et 3 mois au congélateur.*) Donne 48 truffes.

VARIANTE

༃ TRUFFES AU CHOCOLAT ET À L'ORANGE: Dans la garniture, remplacer la liqueur de chocolat par de la liqueur ou du jus d'orange; ajouter 1 c. à table (15 ml) d'écorce d'orange râpée fin. Ne pas rouler les truffes dans le cacao. Garnir avec des lanières d'écorce d'orange juste avant de servir.

Truffes au chocolat dans une boîte en chocolat

Petit truc: Utilisez une poche à pâtisserie plutôt qu'une cuiller pour manipuler les garnitures délicates. Si vous n'en possédez pas, fabriquez-en une avec un sac de plastique robuste en en coupant un petit coin.

Tortues de meringue

Vous vous amuserez comme un enfant à préparer ces tortues au chocolat et aux pacanes.

24	rosettes de chocolat	24
2 tasses	demi-pacanes (environ 8 oz/250 g)	500 ml
3	blancs d'oeufs	3
	Une pincée de crème de tartre	
	Une pincée de sel	
3/4 tasse	sucre à fruits	175 ml
1/2 c. à thé	vanille	2 ml
	Cacao non sucré	

Tapisser deux plaques de papier d'aluminium ou de papier parchemin. Disposer sur les plaques 1 rosette pour la tête et 4 demi-pacanes pour les pattes de chaque tortue en laissant un espace d'environ 1 po (2,5 cm) entre les noix.

❧ Dans un bol, battre les blancs d'oeufs avec la crème de tartre et le sel jusqu'à ce qu'ils soient mousseux. Incorporer le sucre en battant, 1 c. à table (15 ml) à la fois, jusqu'à la formation de pics fermes. Incorporer la vanille.

❧ Avec une poche à pâtisserie ou une cuiller, déposer une boule de meringue en couvrant partiellement les noix et la rosette; lisser le dessus avec un doigt. Cuire au four à 225°F (105°C) pendant 1 heure. Éteindre le four et y laisser les tortues pendant 1 heure. Saupoudrer de cacao. *(Se conservent enveloppées dans du papier ciré, dans un contenant hermétique, à la température de la pièce pendant 3 semaines.)* Donne 24 tortues.

LES NOIX GRILLÉES

Le fait de griller les noix accentue leur saveur et donne aux mets un goût encore plus savoureux.

❧ AU FOUR: Étendez les noix écalées (pacanes, noix de Grenoble, amandes, noisettes, arachides, pistaches, noix de cajou ou du Brésil) sur une plaque et faites griller à 350°F (180°C) pendant 10 minutes ou jusqu'à ce qu'elles soient odorantes. Si ce sont des noisettes, mettez-les dans un linge dès leur sortie du four et frottez vigoureusement pour enlever le plus possible de peaux.

❧ AU MICRO-ONDES: Étendez les noix sur un plat allant au micro-ondes; faites cuire à intensité maximale pendant 8 à 10 minutes (5 à 7 minutes pour les noix de cajou et du Brésil), ou jusqu'à ce qu'elles soient dorées et odorantes, en remuant à toutes les 2 minutes.

Chocolats aux arachides

Ces petites gâteries disparaîtront comme neige au soleil !

1 tasse	grains de chocolat mi-sucré	250 ml
1/2 tasse	grains de caramel	125 ml
1 c. à thé	beurre	5 ml
2 tasses	arachides salées	500 ml

Dans un bain-marie, au-dessus d'une eau chaude mais non bouillante, faire fondre les grains de chocolat et de caramel avec le beurre; retirer du feu.

❧ Avec une cuiller en bois, remuer jusqu'à ce que la préparation soit onctueuse. Incorporer les arachides.

❧ Laisser tomber par cuillerée à thé (5 ml) bien ronde sur des plaques tapissées de papier ciré. Faire raffermir au réfrigérateur. *(Se conservent enveloppés dans du papier ciré, dans un contenant hermétique, au réfrigérateur pendant 3 semaines.)* Donne 48 chocolats.

Écorce de chocolat blanc aux amandes

Cette friandise se prépare en un rien de temps et ne demande que deux ingrédients, des amandes et du chocolat. Simplement délicieux !

1 1/2 lb	chocolat blanc, haché fin	750 g
1 tasse	amandes entières non mondées, grillées et refroidies (voir l'encadré ci-contre)	250 ml

Dans la partie inférieure d'un bain-marie, amener de l'eau à faible ébullition; retirer du feu. Déposer par-dessus la casserole contenant le chocolat et remuer jusqu'à ce qu'il soit fondu. Incorporer les amandes.

❧ Étendre uniformément dans une plaque à rebord de 15 x 11 po (40 x 28 cm) tapissée de papier ciré. Faire durcir au réfrigérateur pendant 1 heure. Casser en morceaux. *(Se conserve enveloppée dans du papier ciré, dans un contenant hermétique, au réfrigérateur pendant 3 semaines.)* Donne 1 3/4 lb (875 g).

Truc: Vous pouvez confectionner l'écorce de chocolat avec du chocolat mi-sucré ou mi-amer (non avec du chocolat non sucré), ou avec moitié chocolat blanc et moitié chocolat mi-sucré que vous mélangerez en formant des volutes.

Fondant au lait de poule

Offert dans le commerce uniquement durant la période des fêtes, le lait de poule donne au fondant une saveur vanillée bien particulière.

3 tasses	sucre	750 ml
1 tasse	lait de poule	250 ml
1 c. à table	sirop de maïs	15 ml
2 c. à table	beurre	30 ml
1 c. à thé	vanille	5 ml
1/2 tasse	noix de Grenoble hachées	125 ml

Décoration

1/4 tasse	grains de chocolat mi-sucré	60 ml
1 c. à thé	beurre	5 ml

Graisser les parois d'une grande casserole à fond épais. Mettre le sucre dans la casserole; incorporer le lait de poule et le sirop de maïs. Amener à ébullition à feu moyen en remuant constamment.

⁂ Cuire, en remuant seulement si nécessaire (pour éviter que la préparation ne colle au fond), jusqu'à ce que le thermomètre à confiserie indique entre 234° et 240°F (112° et 115°C), ou jusqu'à ce que 1/2 c. à thé (2 ml) du sirop plongée dans de l'eau très froide forme une boule molle qui s'aplatit entre les doigts.

⁂ Retirer immédiatement du feu; laisser tiédir (110°F/43°C) sans remuer.

⁂ Avec une cuiller en bois, incorporer le beurre et la vanille en battant jusqu'à ce que la préparation soit très épaisse et perde son brillant; incorporer rapidement les noix. Étendre dans un moule carré de 8 po (2 L) graissé.

⁂ DÉCORATION: Faire fondre les grains de chocolat avec le beurre et en arroser le fondant.

⁂ Couper en surface en carrés de 1 po (2,5 cm) alors que le fondant est encore tiède; laisser refroidir complètement et couper en carrés. *(Se conserve enveloppé dans du papier ciré dans un contenant hermétique pendant 2 semaines.)* Donne 64 morceaux.

Caramel au beurre aux graines de sésame

Cette friandise se déguste à toute heure du jour et en tout temps de l'année.

1 tasse	graines de sésame	250 ml
1 tasse	beurre	250 ml
1 tasse	sucre	250 ml
1/2 tasse	cassonade tassée	125 ml
3 c. à table	eau	45 ml
3/4 c. à thé	bicarbonate de sodium	4 ml

Étendre les graines de sésame sur une plaque; cuire au four à 350°F (180°C) pendant 15 minutes ou jusqu'à ce qu'elles soient dorées. Mettre de côté la moitié des graines; parsemer un moule à gâteau de 13 x 9 po (3,5 L), bien graissé, du reste des graines; mettre de côté.

⁂ Dans une casserole, amener à ébullition le beurre, le sucre, la cassonade et l'eau en remuant constamment. Cuire en remuant souvent jusqu'à ce que le thermomètre à confiserie indique 285°F (140°C), ou jusqu'à ce que 1/2 c. à thé (2 ml) de sirop plongée dans de l'eau très froide se sépare en fils durs mais non cassants.

⁂ Retirer immédiatement du feu et incorporer le bicarbonate de sodium. Verser sur les graines de sésame dans le moule; laisser refroidir pendant 5 minutes.

⁂ Parsemer de l'autre moitié des graines et presser légèrement dans le caramel. Laisser refroidir. Casser en morceaux. *(Se conserve enveloppé dans du papier ciré dans un contenant hermétique pendant 1 mois.)* Donne environ 30 morceaux.

LA CONFISERIE

La réussite de la confiserie se résume à une chose: le degré de cuisson du sucre. Un bon thermomètre à confiserie est donc un instrument indispensable. Avant de faire de la confiserie, vérifiez la précision de votre thermomètre.

⁂ Mettez le thermomètre dans une casserole d'eau et amenez lentement à ébullition (pour éviter qu'il ne brise). Laissez bouillir doucement pendant 10 minutes. Il devrait indiquer 212°F (100°C).

⁂ S'il y a une différence, ajoutez ou soustrayez le nombre de degrés nécessaire pour rendre sa lecture conforme à une échelle standard et tenez compte de cette différence lorsque vous aurez à vérifier la température d'un sirop.

DES CADEAUX MAISON

❧

JOLIS POTS DE CONFITURE ET DE SAUCE, EMBALLAGE-
CADEAU DE FRIANDISES OU DE PRÉPARATION POUR BISCUITS, IL N'Y
A RIEN DE PLUS PRÉCIEUX QUE LES PETITS DÉLICES MAISON.

Marmelade de canneberges au micro-ondes

❧

*Cette marmelade au petit goût piquant égaiera tous
vos petits déjeuners du temps des fêtes. Faites-en
provision et offrez-en à vos amis et à vos hôtes.*

2	oranges	2
1	citron	1
1 1/2 tasse	eau	375 ml
4 tasses	canneberges	1 L
6 1/2 tasses	sucre	1,625 L
1 sachet	pectine liquide	85 ml

Couper les oranges et le citron en quartiers, puis en tranches très fines. Dans une casserole de 12 tasses (3 L), mélanger les oranges, le citron et l'eau; cuire au micro-ondes, à couvert, à intensité maximale pendant 20 à 25 minutes, ou jusqu'à ce que l'écorce soit tendre, en remuant deux fois.

❧ Incorporer les canneberges et cuire à couvert à intensité maximale pendant 2 minutes. Incorporer le sucre et cuire à découvert à intensité maximale pendant 12 à 14 minutes, ou jusqu'à ébullition, en remuant de temps en temps. Ajouter la pectine et remuer pendant 5 minutes en écumant.

❧ Verser dans des pots stérilisés chauds en laissant un espace de 1/4 po (5 mm); sceller avec des couvercles stérilisés. *(Se conserve au réfrigérateur pendant 1 mois. Pour une conservation plus longue, faire bouillir les pots pendant 10 minutes; voir L'a b c de la conservation, p. 34.)* Donne 8 tasses (2 L).

Confiture de canneberges et de framboises

❧

*Cette confiture se prépare avec des canneberges
fraîches et des framboises congelées.*

6 tasses	canneberges	1,5 L
1	citron, en morceaux	1
1 tasse	eau	250 ml
2 paquets	framboises congelées non sucrées, décongelées (non égouttées)	600 g
4 1/2 tasses	sucre	1,125 L

Mettre deux assiettes dans le congélateur pour la vérification de la cuisson.

❧ Dans une grande casserole peu profonde, amener à ébullition les canneberges, le citron et l'eau. Réduire le feu à moyen, couvrir et cuire pendant 15 minutes. Passer à travers un tamis. Jeter le citron et l'écorce.

❧ Remettre la purée dans la casserole; ajouter les framboises et écraser. Incorporer le sucre. Amener à ébullition en remuant constamment; faire bouillir pendant 2 minutes en remuant souvent.

❧ Retirer du feu et vérifier la cuisson en laissant tomber 1 c. à thé (5 ml) dans une assiette refroidie; laisser reposer pendant 1 minute. Passer un doigt dans la confiture; si la surface se ride, la confiture est prête. Si elle est trop sirupeuse, poursuivre la cuisson et refaire le test avec une assiette propre à toutes les 2 ou 3 minutes.

❧ Verser avec une louche dans des pots stérilisés chauds en laissant un espace de 1/4 po (5 mm). Sceller avec des couvercles stérilisés. *(Se conserve au réfrigérateur pendant 1 mois. Pour une conservation plus longue, faire bouillir les pots pendant 10 minutes; voir L'a b c de la conservation, p. 34.)* Donne environ 7 tasses (1,75 L).

Un joli panier de cadeaux gourmands maison

Sauce chili

❧

Apprêtée rapidement avec des tomates en conserve, cette sauce chili a le même bon goût piquant que celle de la belle saison.

2	boîtes de 28 oz (796 ml) de tomates (non égouttées)	2
1	boîte de 5 oz (156 ml) de pâte de tomate	1
2 tasses	pommes pelées hachées	500 ml
2 tasses	oignons hachés	500 ml
1 1/2 tasse	cassonade tassée	375 ml
1 1/2 tasse	vinaigre de cidre	375 ml
1 tasse	poivron vert haché	250 ml
1 tasse	céleri haché	250 ml
2 c. à thé	graines de moutarde	10 ml
2 c. à thé	cannelle	10 ml
1 1/2 c. à thé	sel	7 ml
1 c. à thé	clou de girofle	5 ml
1 c. à thé	gingembre	5 ml
1/2 c. à thé	flocons de piment fort	2 ml

Dans une grande casserole à fond épais, broyer les tomates. Incorporer la pâte de tomate, les pommes, les oignons, la cassonade, le vinaigre, le poivron, le céleri, la moutarde, la cannelle, le sel, le clou de girofle, le gingembre et les flocons de piment fort. Amener à ébullition; réduire le feu à moyen-doux et cuire en remuant souvent pendant 55 à 65 minutes ou jusqu'à ce que la sauce soit épaisse.

❧ Verser dans des pots stérilisés chauds en laissant un espace de 1/4 po (5 mm). Sceller avec des couvercles stérilisés. Faire bouillir les pots pendant 10 minutes (voir L'a b c de la conservation). Donne environ 10 tasses (2,5 L).

Salsa d'hiver

❧

Un rayon de soleil sur votre table hivernale! Pour réaliser une version plus piquante de ce condiment, augmentez la quantité de piment jusqu'à 2 c. à table (30 ml).

1	boîte de 28 oz (796 ml) de tomates (non égouttées), hachées	1
1	boîte de 14 oz (398 ml) de sauce tomate	1
3	tiges de céleri, en dés	3
2	oignons, hachés fin	2
2	gousses d'ail, hachées très fin	2
1 c. à thé	piment jalapeño mariné haché fin	5 ml
1/3 tasse	sucre	75 ml
1/4 tasse	vinaigre de cidre	60 ml
1/4 tasse	jus de lime	60 ml
1 1/2 c. à thé	coriandre séchée broyée	7 ml
1 1/2 c. à thé	sel	7 ml

Dans une grande casserole à fond épais, mélanger les tomates, la sauce tomate, le céleri, les oignons, l'ail et le piment. Amener à ébullition; cuire pendant 5 minutes ou jusqu'à ce que les oignons soient translucides.

❧ Incorporer le sucre, le vinaigre, le jus de lime, la coriandre et le sel. Réduire le feu et laisser bouillir doucement, en remuant souvent, pendant 45 minutes ou jusqu'à ce que la sauce ait légèrement épaissi.

❧ Verser dans des pots stérilisés chauds en laissant un espace de 1/4 po (5 mm). Sceller avec des couvercles stérilisés. Faire bouillir les pots pendant 10 minutes (voir L'a b c de la conservation). Donne 5 tasses (1,25 L).

L'A B C DE LA CONSERVATION

1 Chauffer des pots propres au four à 225°F (110°C) pendant 15 minutes; laisser dans le four jusqu'à leur utilisation. Faire bouillir les rondelles de métal pendant 5 minutes juste avant de remplir les pots.

2 Remplir d'eau aux deux tiers un stérilisateur à eau bouillante; amener à faible ébullition.

3 Remplir les pots en laissant un espace de 1/4 po (5 mm) pour les confitures, gelées, marmelades et conserves, et 1/2 po (1 cm) pour les marinades, relishs et chutneys.

4 Déposer les rondelles stérilisées sur les pots et bien visser les colliers de serrage.

5 Mettre les pots remplis dans le stérilisateur; verser de l'eau bouillante jusqu'à 2 po (5 cm) au-dessus des pots. Faire bouillir le temps requis. Laisser refroidir sur une grille. Vérifier l'étanchéité. Si la rondelle ou le couvercle est concave, le pot est bien étanche. Sinon, ranger le pot au réfrigérateur et l'utiliser avant 3 semaines.

6 Ranger les pots dans un endroit frais et sec, à l'abri de la lumière. Une fois les pots ouverts, les réfrigérer.

La Sauce épicée aux fruits et au cognac est la sauce idéale pour le temps des fêtes. On peut la servir simplement sur de la crème glacée ou avec de la crème fouettée sur un pouding; on peut aussi en napper joliment une coupe de chocolat garnie de crème glacée.

Sauce épicée aux fruits et au cognac

Cette merveilleuse sauce s'apprête en cinq minutes! Laissez les saveurs se mêler pendant quatre jours et vous pourrez alors en faire de jolis présents.

1 tasse	zestes confits hachés	250 ml
1 tasse	cerises rouges confites coupées en quatre	250 ml
1 tasse	raisins secs foncés sans pépins (Thompson)	250 ml
1/4 tasse	gingembre confit en dés	60 ml
3	clous de girofle	3
3	grains de piment de la Jamaïque	3
1	bâton de cannelle, en morceaux	1
1 1/2 tasse	cognac ou rhum (environ)	375 ml

Dans un pot stérilisé de 4 tasses (1 L), mélanger les zestes confits, les cerises, les raisins et les dés de gingembre.

Envelopper les grains de piment, les clous et la cannelle dans une étamine et mettre dans la préparation aux fruits. Verser assez de cognac pour couvrir les fruits. Sceller et ranger dans un endroit frais et sec, à l'abri de la lumière, pendant 4 jours. Retirer le sachet d'épices. Transvaser dans des petits pots. *(Se conserve dans un endroit frais et sec, à l'abri de la lumière, pendant 3 mois.)* Donne environ 3 tasses (750 ml).

Sauce épicée aux fruits et au cognac

Gelée piquante à l'orange

La meilleure façon de réussir cette gelée rafraîchissante à l'orange est d'utiliser un robot culinaire pour bien hacher les poivrons.

2 tasses	poivrons rouges hachés très fin	500 ml
1 1/4 tasse	vinaigre blanc	300 ml
1/4 tasse	écorce d'orange râpée	60 ml
1/4 tasse	jus d'orange	60 ml
5 tasses	sucre	1,25 L
1/2 c. à thé	sauce au piment fort	2 ml
2	sachets de 85 ml de pectine liquide	2

Dans une grande casserole, amener à ébullition les poivrons, le vinaigre, l'écorce et le jus d'orange; réduire le feu et laisser mijoter à couvert pendant 10 minutes ou jusqu'à ce que l'écorce soit ramollie.

Incorporer le sucre. Amener à ébullition à feu vif. Laisser bouillir en remuant souvent pendant 5 minutes; retirer du feu. Ajouter la sauce piquante et la pectine; remuer pendant 5 minutes en écumant.

Verser dans des pots stérilisés chauds en laissant un espace de 1/4 po (5 mm); sceller avec des couvercles stérilisés. Faire bouillir les pots pendant 5 minutes (Voir L'a b c de la conservation, p. 34). Donne environ 5 tasses (1,25 L).

TARTES ET TARTELETTES AU MINCEMEAT

CONFECTION DES TARTES: Mélanger 3 1/2 tasses (875 ml) de mincemeat avec 1/2 tasse (125 ml) de poires ou de pommes hachées et 2 c. à table (30 ml) de rhum. Verser la préparation dans un moule à tarte de 9 po (23 cm) foncé d'une abaisse; humecter le bord de la pâte avec de l'eau. Couvrir d'une abaisse, tailler les bords et pincer. Badigeonner la pâte de crème ou de lait; entailler la pâte en forme de sapin pour laisser s'échapper la vapeur.
CONFECTION DES TARTELETTES: Foncer 12 moules à tartelettes de

petites abaisses découpées avec un emporte-pièce dentelé. Remplir les moules aux trois quarts de préparation au mincemeat. Avec un emporte-pièce dentelé plus petit, découper 12 abaisses et les déposer sur la préparation. Badigeonner de crème ou de lait.
CUISSON DES TARTES ET TARTELETTES: Cuire au four à 425°F (220°C) pendant 15 minutes; réduire la température à 350°F (180°C) et cuire la tarte pendant encore 30 minutes et les tartelettes pendant 10 minutes, ou jusqu'à ce que la pâte soit bien dorée.

Mincemeat aux poires

Cette recette de mincemeat tout à fait originale est préparée avec des poires Anjou. Elle est agréablement épicée avec du gingembre, de la cannelle et de la muscade, et garnie de cerises et de zestes confits. Ajoutez-y un filet de rhum avant de sceller les pots et faites-en cadeau à vos amis.

1	grosse clémentine ou mandarine (non pelée), en morceaux	1
1/2	citron (non pelé), en morceaux	1/2
10 tasses	poires pelées et râpées (environ 5 lb/2,5 kg)	2,5 L
2 tasses	raisins secs dorés	500 ml
2 tasses	raisins secs sans pépins (Lexia)	500 ml
2 tasses	sucre	500 ml
3/4 tasse	zestes confits hachés	175 ml
3/4 tasse	vin blanc	175 ml
1/2 tasse	cerises confites coupées en deux	125 ml
1/4 tasse	beurre	60 ml
1 c. à thé	cannelle, gingembre et muscade (chacun)	5 ml
3/4 c. à thé	piment de la Jamaïque	4 ml
1/2 c. à thé	clou de girofle	2 ml
1/4 tasse	rhum brun	60 ml

À l'aide du robot culinaire, hacher grossièrement la clémentine et le citron en utilisant l'interrupteur marche-arrêt.

Dans une grande casserole à fond épais, mélanger les agrumes, les poires, les raisins secs, le sucre, les zestes, le vin, les cerises, le beurre et toutes les épices. Amener à faible ébullition à feu moyen; réduire le feu et laisser mijoter en remuant souvent pendant 45 minutes ou jusqu'à ce que la préparation soit épaisse et d'un brun caramel. Incorporer le rhum.

Verser dans des pots stérilisés chauds en laissant un espace de 1/2 po (1 cm). Sceller avec des couvercles stérilisés. (*Se conserve au réfrigérateur pendant 2 mois. Pour une conservation plus longue, faire bouillir les pots pendant 25 minutes; voir L'a b c de la conservation, p. 34.*) Donne environ 10 tasses (2,5 L).

QUELLE BONNE IDÉE!

LE MINCEMEAT MAGIQUE

Le mincemeat apprêté sans graisse de rognon peut être utilisé comme sauce chaude sur de la crème glacée après avoir été allongé avec du rhum, du cognac ou du jus de pomme. On peut aussi l'étendre dans une tarte à la crème glacée (voir p. 107) ou dans un diplomate, le mélanger avec des poires ou des pommes dans un croustillant (p. 103) ou en farcir des crêpes (p. 166).

Préparation pour pain à la bière aux herbes

Ce pain moelleux à la croûte dorée accompagne à merveille les soupes et les salades.
Au petit déjeuner, il est délicieux rôti, servi avec des oeufs brouillés. Laissez-le refroidir un peu avant de le trancher.

2 3/4 tasses	farine tout usage	675 ml
2 c. à table	sucre	30 ml
2 c. à table	levure chimique	30 ml
1 c. à thé	sel	5 ml
1/4 c. à thé	origan et thym séchés (chacun)	1 ml
	Une pincée d'aneth séché	

Dans un grand bol, mélanger la farine, le sucre, la levure, le sel, l'origan, le thym et l'aneth. Conserver dans un contenant hermétique ou un sac. *(Se conserve pendant 1 mois à la température de la pièce.)* Donne 1 pain.

Pain à la bière aux herbes

	Préparation pour pain à la bière aux herbes	
1	cannette (355 ml) de bière	1
	(à la température de la pièce)	
1 c. à thé	beurre, fondu	5 ml

Mettre la préparation pour pain à la bière aux herbes dans un grand bol. Avec une cuiller en bois, incorporer la bière sans trop mélanger. Mettre la pâte dans un moule à pain graissé de 8 x 4 po (1,5 L).

❧ Cuire au four à 375°F (190°C) pendant 45 à 50 minutes ou jusqu'à ce qu'il soit croustillant et bien doré. Laisser reposer dans le moule pendant 5 minutes; démouler sur une grille et badigeonner de beurre. Donne 1 pain.

Préparation pour biscuits aux flocons d'avoine

Tous raffolent de ces biscuits à l'ancienne. Offrez-en la recette sur du papier parchemin avec un généreux pot de la préparation.
Un excellent cadeau, que tous vos amis s'empresseront de cuisiner et de dévorer!

6 tasses	flocons d'avoine	1,5 L
4 tasses	farine tout usage	1 L
3 tasses	cassonade tassée	750 ml
2 c. à thé	cannelle	10 ml
2 c. à thé	levure chimique	10 ml
1 c. à thé	bicarbonate de sodium	5 ml
1 1/2 c. à thé	sel	7 ml
1 lb	graisse végétale	500 g
2 tasses	raisins secs	500 ml
1 1/2 tasse	noix de coco râpée	375 ml
1 tasse	grains de chocolat	250 ml
1 tasse	pacanes hachées	250 ml

Dans un grand bol, mélanger les flocons d'avoine, la farine, la cassonade, la cannelle, la levure chimique, le bicarbonate de sodium et le sel. Avec un coupe-pâte, incorporer la graisse végétale jusqu'à ce que la préparation soit friable.

❧ Incorporer les raisins, la noix de coco, les grains de chocolat et les pacanes. *(Se conserve au réfrigérateur dans un contenant hermétique pendant 10 semaines.)* Donne environ 20 tasses (5 L), soit 5 recettes de biscuits.

Biscuits aux flocons d'avoine

4 tasses	préparation pour biscuits aux flocons d'avoine	1 L
1	oeuf, légèrement battu	1
2 c. à table	lait	30 ml
2 c. à thé	vanille	10 ml
	Sucre	

Dans un bol, mélanger la préparation pour biscuits aux flocons d'avoine avec l'oeuf, le lait et la vanille jusqu'à l'obtention d'une consistance pâteuse; façonner en boules de 1 1/2 po (4 cm). Déposer sur des plaques graissées ou tapissées de papier parchemin; aplatir avec une fourchette enrobée de sucre.

❧ Cuire au four à 375°F (190°C) pendant 15 à 18 minutes ou jusqu'à ce qu'ils soient dorés. Laisser refroidir sur des grilles. Donne 24 biscuits.

Préparation pour salade César

❧

Une bonne vinaigrette, de la romaine bien croquante, et le tour est joué!

1 c. à table	écorce de citron râpée	15 ml
2/3 tasse	parmesan frais râpé	150 ml
1 c. à table	origan	15 ml
1 1/2 c. à thé	moutarde en poudre	7 ml
1 c. à thé	poivre noir	5 ml
1 c. à thé	poudre d'ail	5 ml
1/4 c. à thé	cayenne	1 ml

Étendre l'écorce de citron sur du papier absorbant; faire sécher au micro-ondes à intensité maximale pendant 4 à 4 1/2 minutes en remuant à plusieurs reprises, ou laisser sécher à la température de la pièce pendant une journée.

❧ Dans un contenant fermant hermétiquement, mélanger l'écorce, le fromage, l'origan, la moutarde, le poivre, l'ail et le cayenne. *(Se conserve au réfrigérateur pendant 1 mois.)* Donne 3/4 tasse (175 ml), assez pour 3 salades.

Salade César

1/3 tasse	huile végétale	75 ml
1/4 tasse	préparation pour salade César	60 ml
3 c. à table	jus de citron	45 ml
2 c. à table	mayonnaise légère	30 ml
1 c. à thé	pâte d'anchois	5 ml
12 tasses	romaine déchiquetée	3 L

Fouetter l'huile avec la préparation pour salade César, le jus de citron, la mayonnaise et la pâte d'anchois; mélanger à la romaine dans un saladier. Donne 6 à 8 portions.

Préparation pour cidre chaud épicé

Offrez cette délicieuse préparation dans des petits pots joliment décorés à tous vos amis amateurs de sports d'hiver. Et joignez-y la recette de Cidre chaud épicé.

3/4 tasse	bâtons de cannelle broyés	175 ml
3/4 tasse	écorce d'orange hachée et séchée	175 ml
1/3 tasse	grains de piment de la Jamaïque	75 ml
1/4 tasse	clous de girofle	60 ml

Dans un pot, mélanger tous les ingrédients de la préparation. Donne environ 2 tasses (500 ml). N.B. Utiliser un rouleau à pâtisserie pour broyer les bâtons de cannelle.

Cidre chaud épicé

4 tasses	jus de pomme (ou moitié jus de pomme, moitié jus de canneberge)	1 L
2 c. à table	préparation pour cidre chaud épicé	30 ml

Dans une casserole, mettre le jus de pomme et la préparation pour cidre chaud épicé; couvrir et amener à faible ébullition. Laisser mijoter pendant 20 minutes; tamiser dans de grosses tasses ou des chopes. Si désiré, remplacer le jus de pomme par du vin rouge et ajouter un peu de miel. Donne 4 portions.

Tartinade de fromage aux herbes

Ce délicieux mélange de fromages, assaisonné de fines herbes et parfumé au porto, peut être dressé dans une terrine et recouvert de persil haché, ou être façonné en boule pour une présentation originale.

1 lb	cheddar fort râpé	500 g
4 oz	fromage à la crème	125 g
1/4 tasse	porto, cognac ou xérès	60 ml
1 c. à table	estragon, marjolaine ou origan séché émietté	15 ml
	Une pincée d'aneth séché	
1/4 tasse	persil frais haché	60 ml

Au robot culinaire ou dans un bol avec une fourchette, mélanger les fromages, le porto, l'estragon et l'aneth jusqu'à ce que la préparation soit homogène. Façonner le pâté en boule.

Étendre le persil haché sur une feuille de papier ciré et rouler la boule de fromage dans le persil pour l'enrober. Envelopper dans de la pellicule de plastique et faire refroidir au réfrigérateur. *(Se conserve au réfrigérateur pendant 2 semaines.)* Donne 1 1/4 lb (625 g).

Préparation pour sauce tomate aux herbes

Tous vos amis aimeront recevoir un joli pot de cette préparation d'herbes et de tomates sèches. N'oubliez pas d'y joindre la recette de Sauce tomate.

1 tasse	tomates sèches (2 oz/60 g)	250 ml
2 c. à table	persil séché	30 ml
1 c. à table	basilic séché	15 ml
2 c. à thé	marjolaine séchée	10 ml
1/2 c. à thé	flocons de piment fort	2 ml

Avec des ciseaux, couper les tomates en lamelles; mélanger dans un contenant hermétique avec les herbes et les flocons de piment fort. Donne environ 1 tasse (250 ml).

Sauce tomate aux herbes

2 c. à table	huile d'olive	30 ml
1	oignon, haché	1
2	gousses d'ail, hachées très fin	2
1/2 tasse	préparation pour sauce tomate	125 ml
1	boîte de 19 oz (540 ml) de tomates (non égouttées)	1
	Sel et poivre	

Dans une casserole, chauffer l'huile à feu moyen; cuire l'oignon et l'ail pendant 3 minutes ou jusqu'à ce qu'ils soient ramollis.

Ajouter la préparation pour sauce tomate et les tomates; défaire les tomates en morceaux avec une cuiller de bois. Faire mijoter pendant 15 minutes ou jusqu'à ce que la sauce soit épaisse. Saler et poivrer. Donne 3 tasses (750 ml), soit 4 portions.

Emballage-cadeau gourmand

Pour un cadeau original, qui plaira à tous, emballez dans un panier d'osier deux coupes en verre, une cuiller à crème glacée et deux petits pots de ces sauces onctueuses.

Sauce au chocolat au lait

8 oz	chocolat au lait ou sucré	250 g
1/2 tasse	crème à fouetter	125 ml
1/4 tasse	café infusé	60 ml
1/2 tasse	cassonade tassée	125 ml
1/4 tasse	sirop de maïs	60 ml
2 c. à table	liqueur d'orange, d'abricot ou de cerise	30 ml

Dans une casserole à fond épais, mettre le chocolat, la crème et le café; chauffer à feu moyen en remuant jusqu'à ce que le chocolat soit fondu et la sauce onctueuse.

Incorporer la cassonade et le sirop de maïs; amener à ébullition en remuant jusqu'à ce que la cassonade soit dissoute. Réduire le feu et laisser mijoter, en remuant une ou deux fois, pendant 8 minutes. Incorporer la liqueur.

Verser dans un pot stérilisé chaud et sceller. (*Se conserve dans un endroit frais et sec, à l'abri de la lumière, pendant 3 mois.*) Réfrigérer une fois ouvert. Servir chaud. Donne environ 1 1/2 tasse (375 ml).

Sauce aux pêches et à l'ananas

1	boîte de 14 oz (398 ml) d'ananas broyé, égoutté	1
1	boîte de 14 oz (398 ml) de pêches tranchées, égouttées et hachées fin	1
1 tasse	sucre	250 ml
1/4 tasse	jus d'orange concentré congelé	60 ml
1 c. à table	liqueur d'orange (facultatif)	15 ml

Dans une casserole à fond épais, mélanger l'ananas, les pêches, le sucre et le jus d'orange; amener à ébullition. Laisser bouillir en remuant de temps à autre pendant 12 minutes ou jusqu'à ce que la sauce ait légèrement épaissi. Incorporer la liqueur.

Verser dans un pot stérilisé chaud et sceller. (*Se conserve dans un endroit frais et sec, à l'abri de la lumière, pendant 3 mois.*) Réfrigérer une fois ouvert. Donne 2 tasses (500 ml).

Maïs soufflé croquant

La préparation de cette petite gâterie est un jeu d'enfant.

4 tasses	maïs éclaté	1 L
1 tasse	noix mélangées salées	250 ml
3/4 tasse	bananes sèches en tranches	175 ml

Sirop

3/4 tasse	sucre	175 ml
1/4 tasse	sirop de maïs	60 ml
2 c. à table	eau	30 ml
1/4 tasse	beurre	60 ml

Dans une plaque à rebord graissée, mélanger le maïs et les noix. Casser en morceaux les bananes; ajouter au maïs et aux noix. Mettre au four à 200°F (100°C) et préparer le sirop.

SIROP: Dans une casserole, amener à ébullition le sucre, le sirop et l'eau; couvrir et cuire pendant 3 minutes. Découvrir et faire bouillir pendant 4 minutes, jusqu'à ce que le thermomètre à confiserie indique entre 250° et 263°F (121°-128°C).

Ajouter le beurre et cuire en remuant pendant 1 minute. Verser dans la plaque et mélanger rapidement avec deux cuillers en bois graissées. Étendre et laisser prendre. Casser en morceaux. (*Se conserve pendant 1 semaine dans un contenant hermétique.*) Donne 6 tasses (1,5 L).

Noix épicées

Un délice incomparable pour tous les amateurs de noix!

2 tasses	arachides salées	500 ml
1 1/2 tasse	noix mélangées	375 ml
1/2 tasse	pistaches écalées	125 ml
1 c. à table	huile végétale	15 ml
1 c. à table	sauce Worcestershire	15 ml
2 c. à thé	sucre	10 ml
2 c. à thé	sauce teriyaki	10 ml
1 c. à thé	moutarde en poudre	5 ml
1/4 c. à thé	sauce au piment fort	1 ml

Dans un bol, mélanger toutes les noix. Mélanger tous les autres ingrédients; incorporer aux noix. Laisser reposer pendant 10 minutes.

Étendre la préparation sur une plaque à revêtement anti-adhésif. Cuire au four à 350°F (180°C) pendant 15 minutes, en remuant à toutes les 5 minutes, ou jusqu'à ce que les noix soient légèrement collantes. (*Les noix se conservent dans un contenant hermétique pendant 2 semaines.*) Donne 4 tasses (1 L).

CADEAUX MIGNONS

À cadeau original, emballage original ! Voici quelques bonnes idées pour emballer les petits délices maison que vous désirez offrir à des parents ou amis.

❧ Mettez les petites gâteries dans des petits sacs de fête, attachez avec un joli ruban et décorez de petites pommes de pin ou boules de Noël.

❧ Tapissez un panier de papier de soie, ou de mousse de fleuriste, et remplissez de vos petits délices. Enveloppez avec de la pellicule de plastique et du papier de soie ou de la cellophane de couleur (vendue dans les boutiques d'artisanat).

❧ Décorez des boîtes de biscuits ou de café en fer-blanc avec du papier d'emballage, des boucles, de la peinture en vaporisateur ou des auto-collants.

❧ Réutilisez tous les contenants et pots de verre pour emballer les biscuits et préparations diverses, et de jolis bols ou grandes tasses pour les truffes et le fondant.

(à gauche) Maïs soufflé croquant; Noix épicées.

DÉCORATIONS ET MISE EN SCÈNE

❧

EN CE TEMPS DE L'ANNÉE, TOUTES LES
MAISONS SONT DÉCORÉES DE COURONNES ET AUTRES
JOLIS ORNEMENTS AUX COULEURS DE LA FÊTE.

Couronne de vigne en corbeille

❧

Dans un style au charme campagnard, cette jolie couronne de vigne est ornée de baies, d'oiseaux et de boucles aux couleurs vives.

Matériel:

Couronne de vigne de 16 po
  (40 cm) de diamètre
Branches de vigne, sarments ou
  joncs flexibles
Pièce de grillage d'environ
  16 x 12 po (40 x 30 cm)
Contenant de crème glacée ou de
  margarine en plastique, ou une
  corbeille basse en plastique
  (chez les pépiniéristes)
Mousse verte ou espagnole, écorce
  de bouleau et statice allemand
Branches de conifère naturel ou
  artificiel
3 ou 4 baies rouges
3 ou 4 plumes de faisan (dans
  les chapelleries)
Nid d'oiseau avec 2 oiseaux
  rouges et des oeufs d'oiseau
  en bois
Assortiment de noix non écalées
Ruban écossais de 1,5 m de
  longueur et 8 cm de largeur
Fil métallique de fleuriste
Pistolet-colleur électrique

*Une couronne annonce
joyeusement le temps des fêtes.*

Méthode:

1 Étendre le grillage par-dessus la moitié inférieure de la couronne. Replier les côtés autour de la vigne de façon qu'ils tiennent en place au dos de la couronne.

2 Coucher le contenant de plastique sur le grillage à l'intérieur de la couronne. Tresser les branches de vigne lâchement par-dessus le contenant, d'un côté à l'autre, en les faisant pénétrer et ressortir sur chaque côté de la couronne de façon à bien fixer et camoufler le contenant. Solidifier si nécessaire avec du fil métallique. Remplir les petits trous avec de la mousse.

3 Tortiller un sarment en forme de boucle et fixer avec du fil. Attacher avec du fil et coller la boucle sur le haut de la couronne en la décentrant légèrement.

4 Mettre les branches de conifère dans la corbeille.

5 Faire une grande et une petite boucle avec le ruban écossais. Attacher avec du fil et coller la grande boucle un peu décentrée sur le bord de la corbeille, et la petite boucle par-dessus la boucle de vigne. Placer les bouts des boucles et les coller en place.

6 Attacher le nid et les oiseaux au panier avec du fil métallique. Coller les brins de statice, les noix, les baies et les plumes.

Couronne de houx et de lierre

❧

Cette couronne traditionnelle nous rappelle les Noël d'antan.

Matériel:

Couronne de vigne de 12 po (30 cm) de diamètre

Gypsophile séchée, statice allemand, petites pommes de pin, menues branches de 8 à 12 po (20 à 30 cm)

3 ou 4 branches de lierre et

3 ou 4 branches de houx artificiels

6 petits grelots

Ruban de velours bordeaux de 0,75 m de long et de 7 cm de large et ruban de gros-grain bordeaux de 0,80 m de long et de 7 cm de large

Peinture acrylique rouge foncé en atomiseur

Fil métallique de fleuriste

Cure-pipes

Pistolet-colleur électrique

Méthode:

1 Enduire de colle et insérer les menues branches autour de la couronne . Vaporiser la couronne de peinture rouge.

2 Couper 34 cm de ruban de velours et 44 cm de ruban de gros-grain pour confectionner des boucles et garder le reste pour les bouts. Faire des boucles en pliant simplement les rubans.

3 Disposer la petite boucle sur la grande et par-dessus les bouts. Pincer au centre et fixer avec un cure-pipe. Entourer d'un bout de ruban le centre de la boucle, pour couvrir le cure-pipe, et coller. Attacher la boucle à la vigne avec du fil au bas de la couronne.

4 Tresser le lierre à travers la couronne; le coller au besoin.

5 Insérer les branches de houx. Attacher ensemble avec du fil des petits bouquets de gypsophile et de statice; enduire de colle et insérer dans la couronne.

6 Attacher les grelots ensemble avec du fil et fixer au centre de la boucle.

UN ÉCLAIRAGE CHALEUREUX

Cet attrayant centre de table embaumera la pièce d'un frais parfum de pomme et de branches de conifère fraîchement coupées. Il est peu dispendieux et facile à confectionner.

❧ *Garnissez des pommes évidées avec des cierges et insérez-les dans un bloc de polystyrène avec des bâtonnets. Décorez avec des petits oiseaux rouges et du ruban écossais.*

Décors de Noël scintillants

Cette décoration originale (à gauche) remplace de façon charmante la couronne à l'entrée de la maison.

❧ Vaporisez des branches menues de peinture blanche et disposez-les dans un porte-parapluies en céramique. Décorez de petites lumières scintillantes, de boucles rouges et d'étoiles découpées dans des feuilles d'acétate et fixées avec du fil de nylon.

Même le plus petit coin (ci-dessous) peut être décoré pour les fêtes.

❧ Attachez des boules argentées avec du ruban pailleté et suspendez-les à une tringle à ressort.

❧ Disposez en dessous des chandelles parfumées et des branches de conifère naturel… et laissez s'opérer la magie de Noël.

Centre de table de réception

Des éléments décoratifs naturels et artificiels composent de façon harmonieuse ce centre de table.

Matériel:

Couronne de
   polystyrène de 14 po
   (36 cm) de diamètre
Épingles en U
Mousse espagnole
Verdure naturelle ou
   artificielle coupée en
   morceaux de 6 po
   (15 cm)
Éléments décoratifs:
   ananas ornementaux,
   pommes de pin,
   raisins rouges,
   pommes rouges,
   grenades séchées,
lierre artificiel,
   branche de noisetier
   en spirale, roses de
   papier parchemin
   vaporisées de
   peinture dorée sur les
   bouts, petits oiseaux,
   ruban à bords
   métalliques
Fil métallique de
   fleuriste (#18) ou
   bâtonnets
Pistolet-colleur
   électrique
Chandelles

Méthode:

1 Couper la couronne de polystyrène en deux, en diagonale. Reformer en forme de S et attacher les deux morceaux ensemble avec des épingles.

2 Fixer la mousse au polystyrène avec des épingles. Insérer les branches de verdure au hasard et de biais en prenant soin de ne pas cacher la forme du S.

3 Insérer des éléments décoratifs au goût, en les fixant avec du fil métallique, des bâtonnets ou de la colle. Tailler en pointe la base des chandelles et des ananas pour les insérer facilement dans le polystyrène.

Petit pommier

Ce centre de table, assez imposant mais chaleureux, est idéal pour un buffet.

Matériel:

Grand bol d'environ 16 po
   (40 cm) de diamètre
10 blocs de polystyrène de
   fleuriste
Grillage
Épingles en U
1 boisseau de pommes
   (environ 45 lb/20 kg)
Branches de conifère
   naturel
Petits oiseaux ornementaux
Ruban, pour une boucle
Brochettes en bois

Méthode:

1 Dans le bol, empiler les blocs de polystyrène en forme de cône. Enrouler le grillage autour des blocs pour les faire tenir en place.

2 Imbiber d'eau les blocs. Y insérer les branches de façon qu'elles recouvrent le grillage; fixer avec des épingles.

3 Piquer les brochettes dans les pommes et, en commençant par la base de l'arbre, les

insérer dans le polystyrène pour le couvrir complètement.

4 Décorer avec des brins de verdure, des oiseaux et une boucle.

DES NARCISSES ODORANTS

Des pots de narcisses odorants posés sur le dessus de la cheminée, sur une table, sur une tablette de fenêtre ou dans le vestibule égaieront la maison de leur parfum printanier et contrasteront joliment avec les décorations rouges et vertes de Noël. Il est agréable aussi de les regarder croître jour après jour et, un beau matin, voir enfin les petites fleurs écloses.

❧ Il est facile de les cultiver à l'intérieur. Tout ce dont vous avez besoin ce sont des bulbes, des cailloux, de la terre et des pots à fleurs traditionnels, ou des contenants en verre ou en porcelaine non percés de trous. Pour une présentation attrayante, vous pouvez utiliser des soupières, des plats à légumes ou des bols en verre ayant au moins 4 po (10 cm) de diamètre.

❧ Mettez les bulbes en terre environ six semaines avant le moment où vous désirez les voir éclore. Si vous utilisez des cailloux, laissez un espace de 3 po (7,5 cm) sous les bulbes pour les racines. Ajoutez plusieurs morceaux de charbon d'horticulture avec les cailloux. Mettez les bulbes rapprochés, serrés même, et tassez les cailloux autour des bulbes pour les faire tenir en place. Ajoutez de l'eau jusqu'à la base des bulbes et gardez-la toujours à ce niveau.

❧ Mettez les pots dans un endroit frais et peu éclairé. Déplacez-les dans un endroit ensoleillé lorsque des petites feuilles apparaissent. Les fleurs dureront plus longtemps et seront plus odorantes si elles sont placées dans un endroit frais et humide.

❧ Si les plantes fleurissent trop vite, remettez-les dans un endroit frais, à l'abri de la lumière, pendant quelques jours.

Verdure et plantes de Noël

Les plantes à fleurs, les couronnes et les guirlandes naturelles sont peut-être les décorations les plus simples mais aussi les plus jolies que vous pouvez utiliser pour décorer votre maison durant le temps des fêtes. Elles font également de merveilleux cadeaux.

❧ Pour les conserver belles longtemps, suivez les conseils qui suivent sur leur entretien et leur arrosage. Et gardez-les dans une atmosphère très humide, à une température de 50° à 60°F (10° à 14°C), loin de toute source de chaleur.

Plantes à fleurs

❧ L'AMARYLLIS: Placez en plein soleil pour aider la floraison. Arrosez lorsque la terre est sèche.

❧ L'AZALÉE: Placez sous un soleil filtré (derrière un rideau translucide ou un store). Gardez la terre humide pour une floraison continue.

❧ LE CACTUS DE NOËL: Placez idéalement au soleil, mais supporte une lumière diffuse. Arrosez abondamment lorsque la terre est très sèche. Nécessite une température fraîche et une obscurité totale durant la nuit pour fleurir.

❧ LE CYCLAMEN: Placez au soleil et conservez le sol humide.

❧ PLANTE DE HOUX: Placez au soleil durant l'hiver. Arrosez lorsque le sol est sec. Requiert un haut taux d'humidité; vaporisez régulièrement.

❧ PIN DE NORFOLK: Nécessite de la lumière, mais filtrée ou diffuse. Arrosez modérément durant le reste de l'hiver. Conservez le sol humide le reste de l'année. Aime un haut taux d'humidité.

❧ POINSETTIA: Placez en plein soleil. Nécessite un haut taux d'humidité. Arrosez modérément.

Photo: Pots et panier de narcisses en croissance et narcisses en fleurs (à gauche).

Verdure de Noël

❧ Pour les couronnes et les guirlandes, choisissez le pin blanc (ses longues aiguilles retiennent l'humidité) ou le cèdre (pour son parfum).

❧ Conservez les guirlandes ou les branches de conifère à l'extérieur ou, mieux encore, enfouissez-les dans la neige (pas de vent, haut taux d'humidité) jusqu'à ce que vous les utilisiez pour décorer votre maison.

❧ Vaporisez chaque jour les couronnes et les guirlandes avec de l'eau fraîche.

Un chandelier sympathique

❧ Ce chandelier fabriqué avec un moule à muffins créera une ambiance chaleureuse dans un coin de votre cuisine.

❧ Coupez en deux horizontalement des cierges rouges et déposez la partie supérieure au centre des petits moules. Faites fondre le reste de la cire et versez autour de chaque cierge. Décorez le chandelier en collant ou en attachant une petite branche de verdure, garnie d'un ruban, dans le trou à une extrémité.

Quelques touches décoratives çà et là

❧ Parez les cadres des portes et des fenêtres et les escaliers avec des guirlandes de branches de cèdre, de grosses pommes de pin et de rubans rouges.

❧ Mettez dans les couloirs ou sur des petites tables des paniers ou des bols en bois remplis de noix, de pommes de pin et de bâtons de cannelle. Leurs douces couleurs et leurs merveilleux parfums vous raviront.

❧ Disposez des clémentines dans de jolis bols en verre ou en céramique et décorez de rubans aux couleurs vives.

❧ Placez un grand bol de noix assorties en écale sur le manteau de la cheminée.

❧ Égayez les fenêtres de la cuisine avec des pots de confitures ou de conserves maison aux couleurs vives.

❧ Garnissez un panier avec des rameaux de bouleau et d'églantier vaporisés de peinture blanche. Ornez d'un ruban écossais aux couleurs vives. Vous pourrez conserver cette décoration naturelle jusqu'à la fin de l'hiver.

DES CHANDELIERS ARTISANAUX

Ce Noël, enveloppez toute la maison de la douce lueur des chandelles. Si vous ne possédez pas assez de chandeliers, vous trouverez ici quelques bonnes idées pour en fabriquer. Décorez-les de rubans, de pommes de pin ou de verdure, et procurez-vous des chandelles qui ne coulent pas.

❧ Disposez plusieurs chandelles petites et rondes ou en forme de petits sapins de différentes grosseurs sur un miroir ou dans un plat en verre peu profond. Entourez-les de gros sel pour imiter la neige et saupoudrez le sel de sucre pour le rendre brillant.

❧ Faites un trou sur le dessus d'une orange. Découpez une tranche de l'écorce à la base. Piquez l'orange de clous de girofle et insérez une chandelle dans le trou.

❧ Avec un marteau et un clou, gravez un motif décoratif sur les côtés d'une petite boîte en fer-blanc. Vaporisez de peinture. Déposez-y un cierge ou une petite chandelle ronde.

❧ Vaporisez de peinture une brique percée de trous. Déposez des chandelles coniques dans les trous.

❧ Avec un couteau bien affilé, coupez la base d'une boule de polystyrène de 3 po (7,5 cm). Enduisez la boule de colle blanche et roulez-la dans des fleurs séchées de Noël broyées. Insérez une chandelle au centre.

Petites décorations

Aussi simples soient-elles, les décorations fabriquées à la main apportent toujours une touche spéciale au décor des fêtes. Tous s'amuseront à les confectionner et, peut-être, en feront de jolis présents.

Boule de calicot

Matériel:

Retailles de calicot assorties
Boule de polystyrène de 6 cm (2 3/8 po) de diamètre
Ruban de 1 m de longueur et 6 mm de largeur
Épingle à cheveux (en U)
Tournevis minuscule ou lime à ongles

Méthode:

1 Couper le calicot en 8 ou 9 petits morceaux de forme et de grandeur assorties pour couvrir la boule. Arrondir les coins de chaque morceau.

2 Étendre un morceau sur la boule. Avec le tournevis, faire pénétrer au moins 6 mm (1/4 po) des bords du tissu dans la boule en coupant le polystyrène au fur et à mesure.

3 Faire pénétrer un bord du deuxième morceau dans une des fentes du premier morceau. Enfoncer les autres bords dans la boule.

4 Recouvrir ainsi toute la boule de calicot en retaillant les morceaux de tissu au besoin.

5 Couper un bout de 35,5 cm (14 po) de ruban; plier en deux et attacher les extrémités ensemble pour former un anneau. Pour former une boucle, enrouler le reste du ruban autour de quatre doigts, retirer et pincer au centre. Mettre le centre de la boucle par-dessus le noeud de l'anneau. Glisser l'épingle par-dessus la boucle et l'anneau et enfoncer dans une des fentes de la boule.

Pomme de pin

Matériel:

Pomme de pin d'environ 7,5 cm (3 po) de longueur
Ruban de 18 cm de longueur et 13 mm de largeur
Verdure et fruits artificiels
Pistolet-colleur électrique ou colle blanche
Vernis en vaporisateur

Méthode:

1 Vaporiser la pomme de pin de vernis. Bien laisser sécher.

2 Superposer les extrémités du ruban et les coller pour former un anneau. Coller sur le dessus de la pomme de pin.

3 Coller les petites décorations artificielles à l'intérieur de l'anneau sur le dessus de la pomme de pin.

Bonhomme de neige

Matériel:

Boule de polystyrène de
   6,5 cm (2 1/2 po) de
   diamètre, pour le corps
Boule de polystyrène de
   3,8 cm (1 1/2 po) de
   diamètre, pour la tête
Pièce de tartan d'environ
   30 x 1,5 cm (12 x 5/8
   po), pour l'écharpe
Morceau de carton noir
   carré d'environ15 cm
   (6 po), pour le chapeau
Deux petits bouts de
   branche d'environ 9 cm
   (3 1/2 po) de longueur,
   pour les bras
Celluclay (vendu dans les
   boutiques d'artisanat)
Enduit de plâtre (vendu
   dans les magasins
   d'articles d'artiste)
Peinture acrylique noire et
   orange
Fil de nylon
Fil de fer fin
Cinq petits cailloux
Pinceau
Compas
Pistolet-colleur électrique

Méthode:

1 Couper trois bouts de
   5 cm (2 po) de fil de fer;
insérer une extrémité dans
la tête et l'autre dans le
corps de façon à les relier.
2 Avec le Celluclay,
   enduire le bonhomme
de neige et façonner un nez
en forme de carotte. Insérez
les bras dans le corps.
Laisser sécher.
3 Appliquer l'enduit de
   plâtre sur le bonhomme
et laisser sécher. Coller les
cailloux en place pour les
yeux et les boutons. Pein-

turer les yeux, les boutons
et le nez. Laisser sécher.
4 Dans le carton,
   découper un cercle de
5 cm (2 po) et un de 3 cm
(1 1/8 po) de diamètre, et
un rectangle de 11 x 2 cm
(4 3/8 x 3/4 po). Super-
poser les extrémités du rectangle sur 6 mm (1/4 po) et
coller ensemble pour former
un cylindre. Coller un cercle à chaque bout. Coller le
chapeau sur la tête.
5 Couper les bouts de
   l'écharpe pour faire des
franges et nouer autour du
cou. Passer un fil de nylon
sous l'écharpe au dos et
nouer les extrémités. Coller
l'écharpe en place.

Étoile de campagne

Matériel:

Morceau de carton ondulé
   de 35,5 x 20,5 cm
   (14 x 8 po)
Grand emporte-pièce en
   forme d'étoile
Colle blanche
Couteau "Exacto"
Petites pommes de pin,
   baies et feuilles séchées
Ficelle

Méthode:

1 Tracer deux étoiles sur
   le carton et les
découper. Coller ensemble
les côtés plats des étoiles.
Coller les petites décorations au centre d'une
pointe de l'étoile.

2 Faire un anneau avec la
   ficelle; coller au-dessus
des décorations.

QUELLE BONNE IDÉE!

PANIER DÉCORATIF

Remplir un minuscule panier de bois avec de la mousse et
de la gypsophile. Vaporiser de minuscules pommes de
pin de peinture dorée et coller sur le devant du panier. Orner
d'une boucle de satin rouge de 3 mm de largeur.

(en haut) Bonhomme de neige; (en bas) Étoile de campagne.

L'arbre de Noël

❧

*Que vous préfériez un sapin naturel aux branches irrégulières ou un
arbre artificiel rose ou blanc, Noël ne serait pas Noël sans un arbre dans la maison.
C'est pourquoi il est important de bien le choisir.*

PIN, SAPIN OU ÉPINETTE ?

❧ **Le pin** a une forme arrondie, mais peut être taillé pour avoir une silhouette plus allongée pour le marché des arbres de Noël. Ses longues aiguilles retiennent bien l'humidité.

❧ **Le sapin** (sapin baumier et sapin Douglas) possède un merveilleux arôme et une forme conique classique qui permet de le décorer facilement. Ses aiguilles, plates, courtes et piquantes, poussent sur les côtés des branches.

❧ **L'épinette** (noire, blanche ou de Norvège) ressemble beaucoup au sapin par sa forme et son odeur. Ses aiguilles (courtes et piquantes, qui poussent tout autour des branches) tombent rapidement si vous ne conservez pas le tronc bien immergé dans l'eau.

❧ Pour éviter que les aiguilles de votre arbre ne sèchent rapidement, gardez le tronc bien immergé dans l'eau.

AVANT DE QUITTER LA MAISON:

❧ Choisissez son emplacement. Désirez-vous un arbre avec

des branches sur tous les côtés ou préférez-vous qu'il soit plat sur un côté?

❧ Déterminez la hauteur de l'arbre en mesurant la hauteur de la pièce. Accordez environ 20 cm (8 po) pour le pied et mesurez la hauteur de votre décoration pour la cime de l'arbre.

❧ Choisissez la variété d'arbre que vous voulez. Si vous désirez le conserver plusieurs semaines, optez pour un pin ou un sapin baumier.

❧ Communiquez avec le ministère du Tourisme pour obtenir une liste des fermes où l'on peut aller couper son arbre.

❧ N'oubliez pas de prendre avec vous un ruban à mesurer.

SUR PLACE:

❧ Choisissez un arbre vert et frais. Si vous achetez un arbre sec, il sera déjà tout dénudé le jour de Noël.

❧ Retirez une aiguille et pliez-la; si elle casse, c'est que l'arbre est sec. Regardez le long des branches et près de la tige pour voir s'il ne manque pas d'aiguilles. Passez fermement votre main le long d'une branche pour voir si elle ne perd pas ses aiguilles. Enfin, donnez un gros coup sur le sol avec l'arbre et regardez si des aiguilles tombent.

❧ Si vous allez couper votre arbre dans une ferme, accordez-vous plusieurs heures pour trouver l'arbre parfait et n'oubliez pas qu'il fait noir dès 16 h 30 à cette époque de l'année.

LES ARBRES ARTIFICIELS

Les arbres artificiels sont maintenant très populaires. Ils se montent et se démontent facilement; la plupart sont hypoallergènes; ils se conservent pendant plusieurs années; et ils ne font aucune saleté...

❧ Vérifiez s'il s'agit d'un arbre fabriqué au Canada. La plupart des arbres fabriqués au Canada ont une garantie de 10 ans.

❧ En règle générale, plus le nombre de branches par pied ou par mètre est élevé, plus l'arbre est fourni.

Vérifiez sur l'emballage la hauteur de l'arbre et le nombre de branches.

❧ Si vous achetez un arbre d'occasion, vérifiez s'il est fabriqué dans une matière qui ralentit la propagation des flammes.

LE NOËL DES ENFANTS

❧

TOUT SPÉCIALEMENT POUR LES ENFANTS: MAISONS
EN PAIN D'ÉPICE, BISCUITS, MENUS DE FÊTE ET DÉCORATIONS...
TOUT POUR LEUR PLAIRE ET LES AMUSER !

Petits ornements à la cannelle

❧

Lorsque votre arbre sera décoré de ces petits ornements non comestibles, il embaumera la cannelle.

❧ Vous mélangez simplement de la compote de pommes et de la cannelle et, comme par magie, vous obtenez une pâte qui s'étend comme un charme et qui durcit merveilleusement bien.

❧ Découpez les petits ornements avec des emporte-pièce à biscuits et laissez chacun les décorer à sa guise avec des brillants, de la peinture, des paillettes ou des perles.

Matériel:

1/2 tasse (125 ml) de compote de pommes non sucrée du commerce

1/2 tasse (125 ml) environ de cannelle moulue

Sac de plastique

Emporte-pièce

Paille ou brochette

Ruban

Méthode:

1 Dans un sac de plastique robuste, mettre la compote de pommes et la cannelle; sceller le sac. Pétrir la préparation jusqu'à ce qu'elle ait la consistance d'une pâte à biscuits. Si elle est trop friable, ajouter de la compote, 1 c. à thé (5 ml) à la fois.

2 Étendre la pâte sur 1/8 po (3 mm) d'épaisseur. Y découper des petits modèles avec des emporte-pièce de Noël. Avec une paille, faire un trou en haut des ornements pour y passer un ruban.

3 Déposer sur une plaque tapissée de papier absorbant. Laisser sécher pendant 24 à 48 heures, jusqu'à ce qu'ils soient bien durs, en les retournant plusieurs fois. Décorer au goût. *(Les décorations peuvent être rangées dans un contenant hermétique et réutilisées. Environ 2 semaines avant de les suspendre, mettre des sachets de cannelle ouverts dans le contenant pour relever le parfum.)* Donne 18 ornements environ.

QUELLE BONNE IDÉE !

PETITS ORNEMENTS COMESTIBLES

Confectionnez des petites décorations comestibles avec la Pâte à pain d'épice (recette, p. 60). Préparez la pâte et abaissez-la. Découpez les décorations avec des emporte-pièce à biscuits; mettez sur des plaques graissées. Avec une paille, faites un trou en haut des petits ornements. Faites cuire; refaites le trou alors que les biscuits sont encore chauds. Décorez avec de la Glace liquide (p. 63) si désiré.

Petits ornements à la cannelle

Des maisons en pain d'épice

La fabrication de maisons en pain d'épice est une excellente occasion pour organiser une fête d'enfants. Vous trouverez ci-après toutes les informations nécessaires à leur réalisation. La pâte à pain d'épice peut être préparée et cuite plusieurs jours à l'avance.

Matériel:

Pâte à pain d'épice (recette, p. 60)
Glace royale (recette, p. 61)

DÉCORATIONS:

3/4 lb (375 g) de Smarties
2 paquets de 100 g de haricots multicolores
1 paquet de 4 oz (113 g) de coeurs à la cannelle
1 paquet de 4 oz (113 g) de petits bonbons multicolores
2 paquets de 4 oz (113 g) de cristaux de sucre rouges et verts
1 pot de 2 oz (60 g) de dragées argentées
12 gelées glacées vertes
12 petites cannes de Noël
12 oursons en gelée
12 bonbons assortis à la réglisse
1 paquet de 2 oz (60 g) de bonbons Sweet Tarts
1 paquet de 200 g de pastilles de menthe
1 paquet de 250 g de petites guimauves multicolores
1 paquet de 200 g de feuilles à la menthe verte
Autres bonbons, au goût

ACCESSOIRES:

5 assiettes de carton robuste
Papier ciré et pellicule de plastique
10 bâtonnets de bois
5 verres de carton
Cellophane teintée (2 mètres carrés/ 20 pieds carrés)
Ruban (5 m/15 pi)

Méthode:

1 Tremper un bâtonnet dans la glace royale, en enduire le dessous de la base et coller dans l'assiette de carton.

2 Enduire le dessous et les bords latéraux de la pièce du devant et un bord latéral d'un côté; coller ensemble, puis coller sur la base.

3 Faire de même avec la pièce du derrière et l'autre côté de la maison. Laisser sécher complètement pendant environ 20 minutes. (C'est le temps d'annoncer une pause pour le goûter.)

4 Enduire le dessus des quatre murs de glace royale et fixer une pièce du toit. Enduire le bord supérieur du toit; fixer l'autre pièce et laisser sécher pendant 10 minutes environ.

5 Décorer avec les bonbons en les fixant avec un peu de glace royale.

PRÉPARATION DE LA FÊTE

PLUSIEURS JOURS AVANT LA FÊTE:

❧ Préparer la pâte à pain d'épice.

❧ Pendant que la pâte refroidit au réfrigérateur, découper les pièces du modèle dans du papier ciré (p. 61).

❧ Cuire les pièces de pain d'épice; ranger dans des contenants hermétiques pendant au plus 3 semaines.

❧ Préparer la glace royale; réfrigérer dans un contenant hermétique pendant au plus 3 jours.

JUSTE AVANT LA FÊTE:

❧ Recouvrir la table d'une nappe de plastique. Mettre un dessous de plat en papier ciré à chaque place.

❧ Réunir les pièces d'une maison pour chaque enfant: la base, deux côtés, le devant et le derrière. (Mettre de côté les pièces du toit jusqu'à ce que les murs aient séché.) Mettre les pièces pour chaque enfant dans une assiette de carton à sa place.

❧ Répartir la glace royale dans les verres de carton, couvrir de pellicule de plastique et mettre un verre à chaque place avec deux bâtonnets de bois.

❧ Mettre toutes les décorations dans des bols séparés au centre de la table.

❧ Couper le ruban en bouts égaux et la cellophane en carrés de 60 cm (2 pi) pour emballer les maisons lorsqu'elles seront terminées.

❧ Déposer des linges humides et des essuie-tout sur la table.

DES IDÉES DE DÉCORATIONS

La fabrication de maisons en pain d'épice n'est pas seulement un jeu d'enfant... Agrandissez les pièces du modèle et fabriquez-en une très grande en famille. Pour vous mettre en train, voici quelques bonnes idées de décorations faciles à réaliser.

❧ POUR DES COULEURS VARIÉES: Teintez la glace royale avec divers colorants alimentaires. Les colorants en pâte donnent des couleurs plus éclatantes.

❧ POUR PEINTURER AVEC LA GLACE ROYALE: Ajoutez quelques gouttes d'eau à une petite quantité de glace, déjà teintée, jusqu'à consistance de crème épaisse. Utilisez un petit pinceau pour colorer le pain d'épice. (Cette glace liquide est idéale pour décorer des biscuits tel qu'illustré sur la photo, p. 21.)

❧ POUR IMITER LES BARDEAUX: Avec la glace royale, dessinez des festons sur le toit en les entrecroisant.

❧ POUR IMITER LES BRIQUES: Avec la glace, dessinez de petits rectangles sur les murs.

❧ POUR CACHER LES JOINTS: Avec la glace, dessinez des festons ou des rosettes le long des joints.

❧ POUR FAIRE DES COURONNES: Avec la glace, dessinez un cercle sur la porte ou le mur. Dessinez des rosettes de diverses couleurs sur le cercle. Laissez sécher. Faites des points et une boucle avec de la glace rouge.

❧ POUR FAIRE DES GLAÇONS: Laissez couler de fins traits de glace blanche de l'avant-toit.

❧ POUR FAIRE UN RÉVERBÈRE: Coupez un morceau de réglisse noire pour le poteau; insérez-y un cure-dent pour le faire tenir. Avec de la glace, collez une boule de gomme à mâcher sur le dessus; laissez sécher.

❧ POUR FAIRE UNE ALLÉE: Badigeonnez de glace diluée la surface de l'allée; parsemez de sucre de couleur.

Pâte à pain d'épice
❧

Parfaite pour fabriquer les petites maisons en pain d'épice, cette pâte peut aussi être utilisée pour confectionner de délicieux biscuits.

1 tasse	graisse végétale	250 ml
1 tasse	sucre	250 ml
2	oeufs, légèrement battus	2
3/4 tasse	mélasse de fantaisie	175 ml
1/2 tasse	mélasse pour la cuisine	125 ml
5 1/2 tasses	farine tout usage	1,375 L
2 c. à thé	gingembre	10 ml
1 c. à thé	bicarbonate de sodium, sel, clou de girofle et cannelle (chacun)	5 ml

Dans le grand bol du batteur électrique, battre la graisse végétale avec le sucre jusqu'à ce que le mélange soit léger; incorporer en battant les oeufs et les mélasses.

❧ Mélanger tous les ingrédients secs; avec une cuiller en bois, incorporer graduellement à la préparation crémeuse. Bien mélanger en utilisant les mains si nécessaire.

❧ Diviser la pâte en quatre rondelles; envelopper séparément dans de la pellicule de plastique et réfrigérer pendant au moins 2 heures ou au plus 1 semaine.

❧ Entretemps, conformément aux mesures du modèle (page suivante), tracer les pièces sur du papier ciré; identifier et découper.

❧ Abaisser une rondelle de pâte sur 1/4 po (5 mm) d'épaisseur entre deux feuilles de papier ciré. Enlever la feuille du dessus; déposer les pièces du modèle sur la pâte. Avec la pointe d'un couteau, tracer et découper les formes. Mettre sur une plaque tapissée de papier ciré et faire durcir au congélateur pendant 20 minutes.

❧ Mettre les pièces de pâte sur des plaques légèrement graissées ou tapissées de papier parchemin. Cuire au four à 325°F (160°C) pendant 12 à 15 minutes ou jusqu'à ce que les biscuits soient fermes et dorés. Déposer sur des grilles et laisser refroidir complètement. Donne 1 grande ou 5 petites maisons.

Glace royale

Comme cette glace sèche très rapidement, il est important de la couvrir d'une pellicule de plastique ou d'un linge humide.

4 tasses	sucre glace	1 L
1/2 c. à thé	crème de tartre	2 ml
3	blancs d'oeufs	3

*D*ans un bol, tamiser ensemble le sucre glace et la crème de tartre. Ajouter les blancs d'oeufs et, avec le batteur électrique, battre pendant 7 à 10 minutes ou jusqu'à ce que la glace soit assez épaisse pour se tenir. Donne environ 2 1/2 tasses (625 ml).

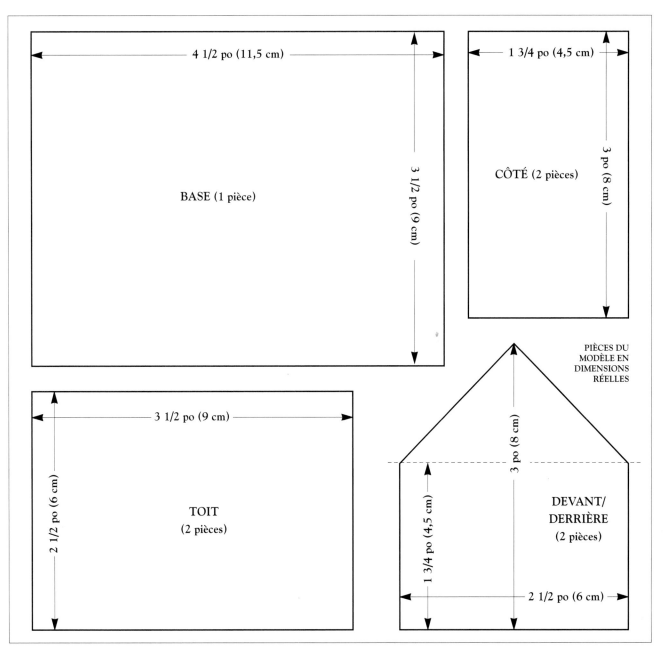

BASE (1 pièce)

4 1/2 po (11,5 cm)

3 1/2 po (9 cm)

CÔTÉ (2 pièces)

1 3/4 po (4,5 cm)

3 po (8 cm)

PIÈCES DU MODÈLE EN DIMENSIONS RÉELLES

TOIT
(2 pièces)

3 1/2 po (9 cm)

2 1/2 po (6 cm)

DEVANT/ DERRIÈRE
(2 pièces)

3 po (8 cm)

1 3/4 po (4,5 cm)

2 1/2 po (6 cm)

Souris au chocolat

❧

Les enfants se réjouiront de décorer ces petits animaux sympathiques en coupant les fils de réglisse pour les queues et en choisissant les plus belles amandes pour les oreilles.

4 oz	chocolat mi-sucré, fondu	125 g
1/3 tasse	crème aigre	75 ml
1 tasse	gaufrettes au chocolat (environ 24) en fines miettes	250 ml
1/2 tasse	sucre glace ou gaufrettes au chocolat en fines miettes	125 ml

Décoration
Dragées dorées ou argentées
Amandes émincées
Réglisse

Dans un bol, mélanger le chocolat et la crème. Ajouter les gaufrettes émiettées et bien mélanger. Couvrir et faire raffermir au réfrigérateur pendant 1 heure environ.

❧ Prendre une petite cuillerée à table (15 ml) de la préparation et la façonner en boule un peu pointue à une extrémité. Rouler légèrement dans le sucre glace. Déposer sur un plateau tapissé de papier ciré.

❧ DÉCORATION: Faire les yeux avec des dragées, les oreilles avec des amandes et la queue avec un petit bout de réglisse. Réfrigérer pendant 2 heures environ. (*Se conservent dans un contenant hermétique au réfrigérateur pendant 1 semaine.*) Donne 24 souris.

Biscuits sucre-épices

❧

Avec cette recette de pâte à biscuits ultra facile, les enfants s'amuseront pendant des heures à confectionner et à décorer de délicieux biscuits et des cartes pour indiquer la place des convives à la table.

1/2 tasse	beurre, ramolli	125 ml
1 tasse	cassonade tassée	250 ml
1	oeuf	1
1/2 c. à thé	vanille	2 ml
1 3/4 tasse	farine tout usage	425 ml
1 c. à thé	levure chimique	5 ml
1 c. à thé	cannelle	5 ml
1/4 c. à thé	muscade	1 ml
	Une pincée de clou de girofle	

Dans un bol, battre le beurre avec la cassonade jusqu'à ce que le mélange soit onctueux; incorporer l'oeuf et la vanille en battant. Mélanger tous les ingrédients secs et incorporer graduellement à la préparation. Façonner la pâte en boule; envelopper et réfrigérer pendant au moins 1 heure ou au plus 3 jours.

❧ Sur une surface légèrement farinée, abaisser la pâte sur 1/8 po (3 mm) d'épaisseur. Découper les biscuits avec un emporte-pièce de 2 po (5 cm). Déposer sur des plaques légèrement graissées et tapissées de papier parchemin. Décorer au goût.

❧ Cuire au four à 350°F (180°C) pendant 10 à 12 minutes ou jusqu'à ce que les bords des biscuits soient à peine dorés. Mettre sur des grilles et laisser refroidir. (*Se conservent dans des contenants hermétiques pendant 2 semaines.*) Donne 50 biscuits environ.

❧ BISCUITS PÈRE NOËL: Décorer des biscuits dentelés avec de la gelée décorative, des dragées argentées, des bonbons et des cristaux de sucre rouge (photo, à gauche).

❧ CARTES POUR LA TABLE: Découper les biscuits en forme de rectangle et écrire le nom des convives avec de la gelée décorative.

❧ BISCUITS FLOCON DE NEIGE: Déposer un pochoir en forme de flocon de neige sur des biscuits de 3 po (8 cm) de diamètre; saupoudrer de cacao non sucré (photo, p. 21). Retirer délicatement le pochoir.

Oursons dodus

*Ces mignons oursons deux tons sont confectionnés
avec de la pâte au chocolat et de la pâte au beurre
d'arachides, les saveurs favorites des enfants.*

1/2 tasse	beurre, ramolli	125 ml
1 tasse	cassonade tassée	250 ml
1/2 tasse	beurre d'arachides crémeux	125 ml
1/2 c. à thé	vanille	2 ml
1	oeuf	1
2 oz	chocolat mi-sucré, fondu	60 g
2 tasses	farine tout usage	500 ml
1/2 c. à thé	bicarbonate de sodium	2 ml
	Raisins secs (facultatif)	

Dans un bol, battre le beurre avec la cassonade, le beurre d'arachides et la vanille jusqu'à ce que la préparation soit légère. Incorporer l'oeuf en battant bien. Mettre environ 1 tasse (250 ml) de la préparation dans un bol et y incorporer le chocolat.

❧ Mélanger la moitié de la farine avec la moitié du bicarbonate de sodium; incorporer graduellement à la préparation au chocolat en remuant vigoureusement. Incorporer de la même façon le reste de la farine et du bicarbonate à la préparation au beurre d'arachides.

❧ En travaillant avec de petits morceaux de pâte à la fois et en recouvrant le reste de la pâte avec de la pellicule de plastique, façonner deux boules de 1 po (2,5 cm) pour la tête et le corps; presser ensemble. Déposer les oursons à intervalle de 2 po (5 cm) sur des plaques légèrement graissées et les aplatir légèrement.

❧ Façonner et fixer en pressant des petites boules de pâte pour les oreilles, les bras et les jambes. Confectionner les yeux, la bouche, les boutons et les pattes avec de minuscules boules de pâte ou des raisins secs. Couvrir avec de la pellicule de plastique et réfrigérer pendant 30 minutes.

❧ Cuire au four à 350°F (180°C) pendant 12 à 15 minutes ou jusqu'à ce qu'ils soient fermes et légèrement dorés. Laisser refroidir sur les plaques pendant 5 minutes; mettre sur des grilles et laisser refroidir complètement. *(Se conservent dans des contenants hermétiques au réfrigérateur pendant 1 semaine ou au congélateur pendant 3 mois.)* Donne 16 oursons environ.

GLACE LIQUIDE

Cette glace liquide s'étend merveilleusement bien et est idéale pour les jeunes enfants.

❧ Dans un bol, fouettez 4 tasses (1 L) de sucre glace tamisé avec 1/3 tasse (75 ml) d'eau, en ajoutant 2 c. à table (30 ml) d'eau si nécessaire. Avec un pinceau à pâtisserie, badigeonnez les biscuits d'un peu de glace; laissez sécher pendant 30 minutes et couvrez le bol avec un linge humide.

❧ Répartissez le reste de la glace dans 5 bols; teintez la glace avec 5 colorants alimentaires différents, en ajoutant un peu d'eau si nécessaire. Décorez joliment les biscuits avec les glaces; laissez sécher complètement avant de ranger dans des contenants hermétiques. Donne assez de glace pour décorer 48 biscuits.

Biscuits super chouettes

*Comme la pâte de ces biscuits se congèle bien, les enfants auront
tout le loisir de les confectionner quand bon leur semblera.*

1/2 tasse	beurre ou graisse végétale	125 ml
1 tasse	sucre	250 ml
1/2 tasse	beurre d'arachides crémeux	125 ml
1	oeuf	1
1 3/4 tasse	farine tout usage	425 ml
1/2 c. à thé	levure chimique	2 ml
1/4 c. à thé	sel	1 ml

Dans un bol, battre le beurre en crème avec le sucre et le beurre d'arachides jusqu'à ce que le mélange soit onctueux; incorporer l'oeuf en battant bien. Mélanger les ingrédients secs; incorporer graduellement à la préparation crémeuse jusqu'à l'obtention d'une pâte lisse.

❧ Façonner la pâte en boule; diviser en deux. Déposer chaque boule de pâte sur une feuille de papier ciré; à l'aide du papier, façonner la pâte en rouleau de 2 po (5 cm) de diamètre. Envelopper dans le papier et faire raffermir au réfrigérateur pendant au moins 4 heures. *(Se conserve au réfrigérateur pendant 1 semaine ou, dans un double emballage, au congélateur pendant 6 semaines; faire décongeler avant de cuire.)*

❧ Couper la pâte en tranches de 1/4 po (5 mm) d'épaisseur; déposer sur des plaques légèrement graissées. Décorer au goût.

❧ Cuire au four à 350°F (180°C) pendant 12 minutes ou jusqu'à ce qu'ils soient fermes et légèrement dorés. Mettre sur des grilles et laisser refroidir. *(Les biscuits se conservent dans des contenants hermétiques pendant 1 semaine.)* Donne 40 biscuits.

Pour fêter l'arrivée du père Noël

Ce menu sans prétention convient parfaitement pour recevoir des parents ou des amis avec leurs enfants.

Chaussons de tortilla

Pour les enfants, garnissez les tortillas de fromage; pour les adultes, ajoutez la salsa de pesto.

4	tortillas de 10 po (25 cm)	4
3 tasses	fromage fontina ou mozzarella râpé (6 oz/175 g)	750 ml

Salsa de pesto

1	tomate, épépinée, coupée en dés et égouttée	1
1/4 tasse	persil ou basilic frais haché	60 ml
1 c. à table	oignon vert haché	15 ml
1	gousse d'ail, hachée très fin	1
1 c. à table	parmesan frais râpé	15 ml
	Sel et poivre	

SALSA DE PESTO: Dans un bol, bien mélanger tous les ingrédients. Saler et poivrer.

❧ Sur une surface de travail, disposer les tortillas en une seule couche; parsemer uniformément une moitié des tortillas avec la moitié du fontina, en laissant une fine bordure.

❧ Avec une cuiller, étendre la salsa de pesto par-dessus le fromage; recouvrir avec le reste du fromage. Replier l'autre moitié des tortillas par-dessus la garniture en pressant les bords pour sceller.

❧ Faire griller les chaussons au four pendant 2 minutes sur chaque côté. Laisser refroidir pendant 5 minutes. Couper chaque chausson en 4 morceaux. Donne 8 portions.

MENU

Chaussons
de tortilla

❧

Spaghetti
avec boulettes
de viande

❧

Légumes croquants
et trempette

❧

Gâteau aux trois
chocolats
(recette, p. 107)

Spaghetti avec boulettes de viande; Légumes croquants et trempette.

Spaghetti avec boulettes de viande

❧

Les boulettes de viande sont en partie apprêtées avec des saucisses italiennes, mais vous pouvez aussi les préparer uniquement avec du boeuf.

1 1/2 lb	spaghetti	750 g
1/4 tasse	parmesan frais râpé	60 ml
1/4 tasse	persil ou basilic frais haché	60 ml
	Flocons de piment fort (facultatif)	

Boulettes de viande

1/2 lb	saucisses italiennes douces	250 g
1 1/2 lb	boeuf haché	750 g
2	oeufs	2
1/2 tasse	chapelure	125 ml
1 c. à thé	sel	5 ml
1/4 c. à thé	poivre	1 ml

Sauce

2 c. à table	huile d'olive	30 ml
1	gros oignon, haché	1
2	gousses d'ail, hachées très fin	2
1	carotte, en dés	1
1	tige de céleri, en dés	1
3 tasses	champignons tranchés (1/2 lb/250 g)	750 ml
2	boîtes de 28 oz (796 ml) de tomates, non égouttées	2
	Sel et poivre	

BOULETTES DE VIANDE: Retirer la chair des saucisses de leur enveloppe. Dans un bol, mélanger la chair à saucisse, le boeuf, les oeufs, la chapelure, le sel et le poivre; façonner en 48 boulettes de 1 po (2,5 cm). Cuire au four à 400°F (200°C), dans une plaque à rebord, pendant 15 à 20 minutes ou jusqu'à ce qu'elles aient perdu leur teinte rosée à l'intérieur; égoutter le gras.

❧ SAUCE: Entretemps, dans une grande casserole, chauffer l'huile à feu moyen-vif; y cuire l'oignon, l'ail, la carotte, le céleri et les champignons, en remuant de temps à autre, pendant 10 minutes ou jusqu'à ce qu'ils commencent à dorer.

❧ Ajouter les tomates en les écrasant avec une fourchette; cuire pendant 20 minutes environ, ou jusqu'à ce que la sauce ait épaissi, en remuant de temps à autre. Ajouter les boulettes de viande; réduire le feu et laisser mijoter pendant 15 minutes. Saler et poivrer. *(Une fois refroidie, la sauce peut être conservée au réfrigérateur pendant 1 jour.)*

❧ Dans une grande marmite d'eau bouillante salée, cuire les spaghetti pendant 8 à 10 minutes; bien égoutter et répartir dans les assiettes. Napper de sauce; parsemer de parmesan, de persil et, si désiré, de flocons de piment fort. Donne 8 portions.

Légumes croquants et trempette

❧

Les enfants raffolent des légumes crus servis avec une trempette. C'est l'occasion de leur faire plaisir.

1	chou-fleur, en bouquets	1
1	brocoli, en bouquets	1
3	carottes, en bâtonnets	3
1/2 lb	haricots verts, parés	250 g
3	poivrons (rouge, jaune, vert), tranchés	3
2	endives, les feuilles détachées	2

Trempette

1/2 tasse	yogourt	125 ml
1/4 tasse	mayonnaise	60 ml
2 c. à table	persil frais haché	30 ml
1 c. à table	jus de citron	15 ml
1 c. à thé	pâte d'anchois	5 ml
1 c. à thé	moutarde de Dijon	5 ml
1	petite gousse d'ail, hachée très fin	1
	Sel et poivre	

Dans une grande casserole d'eau bouillante, cuire le chou-fleur pendant 4 minutes. Retirer avec une écumoire et refroidir dans de l'eau froide; égoutter et éponger. Faire de même avec le brocoli en le blanchissant pendant 3 minutes.

❧ Disposer joliment tous les légumes sur un grand plat de service.

❧ TREMPETTE: Dans un bol, mélanger le yogourt, la mayonnaise, le persil, le jus de citron, la pâte d'anchois, la moutarde et l'ail; goûter et rectifier l'assaisonnement avec du sel et du poivre. Servir avec les légumes. Donne 8 portions.

POUR LES TOUT-PETITS

Les enfants adorent donner un coup de main lors d'une réception. Laissez-les mettre la table, confectionner des cartes avec les noms des convives ou décorer la maison.

❧ Préparez des mets qu'ils aiment.

❧ Servez peu d'amuse-gueule avant le repas afin qu'ils aient bon appétit pour le plat principal.

❧ Si vous servez des plats avec des sauces, gardez-en une partie nature.

❧ Ne préparez rien de trop épicé.

❧ Ne forcez pas les enfants à manger. S'ils ont faim, ils trouveront bien quelque chose qui leur convient. Ayez toujours du pain et des fruits pour les plus capricieux.

Une fête d'enfants

✤

Le menu de cette fête plaira à coup sûr à tous les jeunes enfants.

Plateau de sandwichs

✤

Des sandwichs roulés et découpés en petites spirales (voir recette) sont tout indiqués pour une fête d'enfants. Pour 8 enfants, préparez 32 petits sandwichs environ (3 ou 4 sortes). Utilisez plusieurs variétés de pains telles que du pain de seigle, du pain de blé, du pain de mie, ou de fines tranches de pain découpées avec des emporte-pièce ronds. Pour chaque sandwich, vous pouvez aussi utiliser deux pains différents.

Petites spirales

1	pain de mie non tranché	1
	Beurre ramolli (facultatif)	
	Garnitures (voir recettes)	

Décoration

Brins de verdure
Légumes crus ciselés

Couper la croûte du dessous; couper le pain dans le sens de la longueur en tranches de 1/3 po (8 mm) d'épaisseur. Couper les autres croûtes.

✤ Avec un rouleau à pâtisserie, aplatir les tranches de pain et, si désiré, les tartiner de beurre; couvrir d'une garniture. Rouler en partant d'une extrémité. Couvrir et réfrigérer jusqu'à l'heure du repas. Couper chaque rouleau en 6 à 8 tranches.

✤ Au moment de servir, disposer les sandwichs assortis en forme de couronne, ou simplement en jouant avec les couleurs, dans un grand plat de service. Décorer avec des brins de verdure et des légumes ciselés ou détaillés avec des emporte-pièce.

GARNITURES

✤ SPIRALES DE NOËL: Mélanger 4 oz (125 g) de fromage à la crème ramolli avec 1 c. à table (15 ml) de sirop de cerises au marasquin. Étendre en fine couche sur la tranche de pain. Mettre une rangée de cerises au marasquin en travers d'une extrémité de la tranche (ou incorporer des cerises hachées à la garniture); rouler.

✤ SPIRALES AU BEURRE D'ARACHIDES ET À LA BANANE: Tartiner la tranche de pain de beurre d'arachides crémeux ou croquant. Mettre une petite banane en travers d'une extrémité de la tranche; rouler.

✤ AUTRES GARNITURES FAVORITES DES ENFANTS: salade de thon, de saumon ou aux oeufs; poulet ou dinde hachée avec mayonnaise; jambon et mozzarella en tranches; salami doux.

MENU

Jus de pomme
✤
Plateau de sandwichs
✤
Biscuits de Noël
✤
Crème glacée et sauce au chocolat

DES CADEAUX D'AMOUR

Les cadeaux de Noël ne sont pas qu'une affaire de sous. Il y a aussi les cadeaux qui viennent du coeur. Donnez à vos enfants la chance de connaître la joie que l'on éprouve à donner sans rien dépenser.

❧ Donnez à chaque enfant des crayons et du papier de couleur et laissez-les fabriquer un livret de "coupons" pour un être cher, chaque coupon étant un "cadeau" à encaisser plus tard. Une fois le livret terminé (coupons et couverture), percez les pages de deux trous et assemblez-les avec un ruban et une étiquette-cadeau.

❧ Voici quelques bonnes idées de services que peuvent rendre les enfants. Leur générosité vous surprendra.

● Essuyer la vaisselle pendant deux semaines.
● Mettre la table pendant trois semaines.
● Déblayer la neige devant l'entrée pendant tout l'hiver.
● Faire dix gentillesses à un frère ou une soeur.
● Faire dix commissions.
● Donner vingt caresses (au moment où l'on s'y attend le moins).

Couronne de clémentines

❧

Après avoir réalisé cette couronne, les enfants vous diront fièrement: "Je l'ai faite tout seul !"

Matériel:

Papier crépon ou cellophane
6 clémentines ou mandarines
Ruban

Méthode:

1 Couper le papier crépon en un rectangle de 27 1/2 x 15 3/4 po (70 x 40 cm).

2 Déposer les clémentines en rang juste en deçà du milieu du rectangle. Enrouler le papier autour des clémentines. Attacher avec des boucles de ruban entre les clémentines.

3 Plier le rouleau en forme de couronne. Superposer les extrémités et attacher avec une boucle de ruban.

Pères Noël coquins

*Les tout-petits s'amuseront sagement
à fabriquer ces drôles de pères Noël.*

Matériel:

Papier construction rouge

Papier machine blanc

Crayons feutres rouge et
noir

Fil rouge

Colle blanche

Pince à linge

Aiguille à coudre

Compas

Méthode:

1 Avec le compas, tracer un cercle de 11 1/2 po (29 cm) de diamètre sur du papier construction rouge. Découper. Découper le cercle en quatre pointes égales.

2 Tel qu'illustré sur la photo, découper le visage et la barbe du père Noël dans du papier blanc. Dessiner les yeux et la bouche. Coller au centre d'une pointe.

3 Rouler les côtés de la pointe pour former un cône en faisant chevaucher les bords sur 1/2 po (13 mm). Coller. Fixer avec la pince à linge jusqu'à ce que la colle soit sèche.

4 Avec l'aiguille, passer du fil rouge à travers la pointe du cône et nouer les extrémités. Faire d'autres pères Noël de la même façon avec les trois autres pointes.

Cadres mignons

❦

Ces petits cadres sont fabriqués avec une pâte composée uniquement de farine, de sel et d'eau. Il n'y manque que la photo !

Matériel:

1 tasse (250 ml) de farine tout usage	Peinture acrylique et pinceau
1/2 tasse (125 ml) de sel	Petites photographies
1/2 tasse (125 ml) d'eau	Papier construction
Emporte-pièce	Ruban ou ficelle
Paille ou brochette	Colle blanche

Méthode:

1 Mélanger la farine, le sel et l'eau de façon à obtenir une pâte souple; diviser en deux. Couvrir la moitié de la pâte avec de la pellicule de plastique; pétrir l'autre moitié sur une surface farinée jusqu'à ce qu'elle soit bien lisse, pendant 8 à 10 minutes.

2 Abaisser la pâte sur 1/4 po (5 mm) d'épaisseur. Découper une forme avec un emporte-pièce; faire un trou au centre avec un emporte-pièce plus petit.

3 Mettre le cadre sur une plaque tapissée de papier d'aluminium. Avec une paille, percer un petit trou en haut du cadre. Cuire au four à 250°F (120°C) pendant 4 à 5 heures ou jusqu'à ce qu'il soit complètement sec. Laisser refroidir.

4 Peinturer le cadre et laisser sécher. Mettre la photographie derrière l'ouverture et découper l'excédent. Coller derrière le cadre. Tracer la forme du cadre sur du papier construction. Découper à l'intérieur du tracé. Coller derrière le cadre; percer un trou dans le papier vis-à-vis le trou du cadre. Passer un ruban dans le trou et nouer les extrémités.

Décorations en papier de soie

❦

Avec du papier de soie, de simples formes se transforment en décorations amusantes.

Matériel:

Carton	Pompons
Papier de soie rouge, vert et blanc	Colle blanche
	Cure-pipes rouge et vert

Méthode:

1 Découper un sapin et un bonhomme de neige dans du carton.

2 Découper des carrés de 2 po (5 cm) dans le papier de soie. Centrer chaque carré sur le bout d'un doigt, abaisser les côtés et chiffonner avec le bout des doigts. Coller sur le carton de façon à le recouvrir entièrement.

3 Décorer le sapin en collant des petits pompons ou des petites boules de papier de soie rouge.

4 Décorer le bonhomme avec une bouche et un noeud en cure-pipe, un chapeau de papier et des pompons pour les yeux et les boutons.

Guirlandes de bonbons

❦

Ces guirlandes tout à fait mignonnes se réalisent en un tournemain.

Matériel:

Bonbons enveloppés dans
des papillotes de
cellophane transparente
Fil de laine de couleur

Méthode:

1 Couper le fil en bouts de 6 po (15 cm).

2 Mettre les bonbons bout à bout en faisant chevaucher les extrémités des papillotes. Attacher ensemble les extrémités avec un bout de fil. Continuer ainsi jusqu'à ce que la guirlande soit de la longueur désirée.

Sacs scintillants

❦

Vos sacs bruns deviendront méconnaissables !

Matériel:

Petits sacs de papier kraft
Chemise de carton
Brillants de couleurs
assorties
Gouache ou marqueurs
Pinceaux
Petite éponge
Petits bouts de ruban ou de
fil
Poinçon
Ciseaux à denteler
Colle blanche

Méthode:

1 Faire le pochoir: Sur le carton, dessiner une forme simple comme une étoile, un arbre ou un coeur. Découper la forme à l'intérieur du tracé.

2 Déposer le pochoir sur le devant du sac. Avec l'éponge, enduire la surface découpée de colle en tapotant. Retirer le pochoir. Saupoudrer de brillants la surface enduite de colle. Secouer pour enlever l'excédent. Laisser sécher. Faire de même sur tous les côtés du sac.

3 Écrire des voeux sur le sac avec de la gouache. Tailler le bord du sac avec les ciseaux; replier le bord dentelé et faire deux trous avec le poinçon.

4 Mettre le cadeau dans le sac. Fermer avec une boucle.

UN SAPIN DE BALLONS

Fabriquez cet arbre de ballons à l'occasion d'une fête d'enfants.

❦ Fixez un manche à balai dans un pied d'arbre de Noël. Découpez un cercle d'environ 122 cm (4 pi) de diamètre dans du carton. Découpez un petit trou au centre du cercle; passez par-dessus le manche pour couvrir le pied. Le long d'une ficelle, attachez environ 75 ballons verts de différentes grosseurs en laissant un espace d'environ 1,5 cm (5/8 po) entre les ballons.

❦ À partir du bord du cercle de carton, fixez avec un ruban adhésif la guirlande de ballons autour du cercle en comblant les vides avec d'autres ballons. Enroulez la ficelle jusqu'au centre du cercle et remontez autour du tronc pour former un cône. Collez les ballons les uns aux autres avec du ruban adhésif.

❦ Décorez de ballons multicolores, de chapeaux et de serpentins.

QUELLE BONNE IDÉE !

PETITS RENNES SUCRÉS

Formez les bois du renne avec un cure-pipe enroulé autour d'une canne. Collez un petit pompon rouge pour le nez et deux yeux qui roulent. Faites une boucle autour du cou.

Emballage étincelant

❧

Comme la colle et les brillants rendent le papier rigide, il est préférable d'envelopper le cadeau avant de décorer l'emballage.

Matériel:

Cadeau enveloppé
Feuille de papier
Colle blanche
Brillants

Méthode:

1 Avec un crayon, faire des dessins sur tous les côtés du cadeau. Les jeunes enfants peuvent aussi utiliser un emporte-pièce.

2 Sur un côté du cadeau à la fois, repasser sur les traits avec de la colle. Saupoudrer de brillants les traits de colle et secouer au-dessus de la feuille de papier pour enlever l'excédent. Laisser sécher.

3 Décorer les autres côtés du cadeau de la même façon en utilisant plusieurs couleurs.

QUELLE BONNE IDÉE!

ÉTIQUETTE-CADEAU PETIT RENNE

Découpez un petit losange dans du papier construction. Pliez en deux pour former un triangle. Découpez deux bois en forme de feuille de houx dans du papier vert; collez en haut du triangle le long du pli. Dessinez deux yeux avec un marqueur; collez un petit pompon rouge pour le nez.

Emballage imprimé

❧

Le motif le plus simple est encore le meilleur.

Matériel:

Grande feuille de papier
Peinture "a tempera"
 (détrempe)

Grosse ficelle ou corde
Bloc de bois
Colle blanche
Assiettes en aluminium

Méthode:

1 Dessiner un motif sur un côté du bloc de bois. Coller la corde en suivant le tracé. Laisser sécher toute une nuit.

2 Remplir une assiette de peinture. Tremper le tampon dans la peinture pour bien imbiber la corde. Appliquer plusieurs fois sur un bout de papier pour enlever l'excédent de peinture, puis imprimer sur la grande feuille. Laisser sécher.

3 Laver le tampon dans de l'eau savonneuse avant de le réutiliser avec d'autres couleurs.

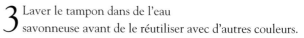

Étiquette-cadeau et décoration en dentelle

✄

Une façon originale de décorer le sapin… et les cadeaux.

Matériel:

Colle blanche

Peinture "a tempera" en
poudre

Tube de plastique à bout
rond pour la décoration
des gâteaux

Gobelet jetable et bâtonnet
de plastique

Sac de plastique transparent

Papier de couleur

Ruban

Méthode:

1 Dessiner un motif de Noël simple sur du papier et mettre sur une surface plane. Recouvrir du sac de plastique bien aplani.

2 Verser environ 1/4 tasse (60 ml) de colle dans le gobelet; incorporer de la peinture en poudre jusqu'à l'obtention de la couleur désirée. La poudre donnera à la colle une consistance de glaçage épais; ajouter quelques gouttes d'eau si nécessaire. Remplir le tube de plastique de colle colorée et insérer la pointe.

3 Extraire la colle du tube sur le sac de plastique en suivant le tracé du dessin d'en dessous; tracer aussi un anneau, au-dessus, pour passer le ruban. Dessiner des lignes entrecroisées au centre du motif de façon à imiter de la dentelle et à rendre plus rigide la décoration une fois sèche. Laisser sécher pendant 24 heures.

4 Enlever le plastique. Enfiler un ruban dans le trou pour suspendre la décoration.

5 Étiquette-cadeau: Avec un crayon, tracer le contour de la décoration sur le papier de couleur. Découper. Écrire des voeux au dos de l'étiquette et faire un trou au même endroit que la décoration. Passer un ruban dans le trou et attacher au cadeau.

Boîtes marquées d'empreintes

✄

Des emballages très personnels !

Matériel:

Boîte vide de céréales, de
détergent ou de sachets
de thé

Peinture acrylique blanche,
rouge et verte

Pinceaux

2 assiettes en aluminium

Bouts de ruban

Carton blanc, pour
l'étiquette-cadeau

Couteau "Exacto"

Poinçon

Journaux

Méthode:

1 Couvrir la surface de travail avec plusieurs journaux.

2 Sur la boîte de céréales ou de détergent, dessiner une poignée en haut de la boîte, sur chaque côté. Avec le couteau "Exacto" ou des ciseaux pointus, découper soigneusement le contour et le centre des poignées (l'aide d'un parent sera ici nécessaire).

3 Peinturer la boîte en blanc. Laisser sécher. Appliquer au besoin 2 ou 3 couches de plus pour bien couvrir la boîte.

4 Mettre la peinture rouge dans une assiette et la verte dans l'autre. Tremper la paume de la main dans l'une des couleurs. Appliquer sur les journaux pour enlever l'excédent et faire un test. Faire des empreintes sur tous les côtés de la boîte en la maintenant debout de l'intérieur avec l'autre main. Laisser sécher. Se laver les mains. Faire d'autres empreintes avec l'autre couleur.

5 Pour des éclaboussures, éclaircir la peinture avec un peu d'eau. Tremper un pinceau dans la peinture et en asperger la boîte. Laisser sécher.

6 Étiquette-cadeau: Couper un morceau de 4 x 2 3/8 po (10 x 6 cm) dans le carton blanc. Décorer de petites empreintes et d'éclaboussures. Laisser sécher. Faire un trou dans un coin. Enfiler un ruban à travers le trou. Écrire des voeux sur l'étiquette. Tapisser la boîte de papier de soie, mettre le cadeau et attacher l'étiquette.

LES RÉCEPTIONS DES FÊTES

❧

COCKTAIL, BUFFET, REPAS AMICAL, FESTIN... LE TEMPS DES FÊTES EST
UN TEMPS DE RÉJOUISSANCE OÙ IL EST AGRÉABLE DE RECEVOIR ET DE FAIRE BONNE CHÈRE.

Bâtonnets au fromage et aux poireaux

❧

Tous vos invités se laisseront tenter par ces savoureuses petites bouchées.

3 c. à table	beurre	45 ml
6 tasses	poireaux émincés	1,5 L
2/3 tasse	crème à fouetter	150 ml
1/3 tasse	parmesan frais râpé	75 ml
	Une pincée de sel et de poivre	
1	long pain plat, coupé en deux	1
1/4 lb	brie, en dés	125 g
	Persil frais haché	

Dans une casserole à fond épais, faire fondre le beurre à feu moyen-doux; cuire les poireaux pendant 15 minutes ou jusqu'à ce qu'ils soient ramollis. Ajouter la crème et amener à ébullition; laisser bouillir en remuant souvent pendant 2 minutes ou jusqu'à ce que la préparation ait épaissi et réduit de moitié. Incorporer le parmesan; saler et poivrer.

❧ Étendre la préparation aux poireaux sur le pain; parsemer des dés de brie. Cuire au four, sur une plaque, à 400°F (200°C) pendant 12 minutes ou jusqu'à ce que le pain soit croustillant et le fromage fondu. Parsemer de persil. Découper en bâtonnets. Donne 30 bouchées environ.

QUELLE BONNE IDÉE !

NACHOS AUX HARICOTS NOIRS ET À LA SALSA
Passez au tamis 2 tasses (500 ml) de salsa en gros morceaux de façon à obtenir 1 tasse (250 ml); mélangez avec 1 tasse (250 ml) de haricots noirs en conserve égouttés.
❧ Sur une plaque, disposez 34 nachos ronds en une couche; garnissez chacun de 2 c. à thé (10 ml) de la préparation. Râpez du cheddar blanc fort pour obtenir 3/4 tasse (175 ml); parsemez chaque nacho de 1 c. à thé (5 ml). Faites cuire au four à 400°F (200°C) pendant 4 minutes ou jusqu'à ce que le fromage fonde. Servez aussitôt. Donne 34 bouchées.

Tartelettes de pâte phyllo

❧

Ces amuse-gueule plairont particulièrement aux amateurs de mets épicés.

8	feuilles de pâte phyllo	8
1/3 tasse	beurre, fondu	75 ml

Garniture

3/4 tasse	fromage à la crème (6 oz/175 g)	175 ml
2 c. à table	beurre, ramolli	30 ml
1/2 tasse	gelée de jalapeño ou gelée de piment fort maison (recette, p. 35)	125 ml
	Brins d'aneth	

Déposer une feuille de pâte sur une surface de travail et recouvrir les autres feuilles d'un linge humide. Badigeonner légèrement de beurre fondu. Étendre une deuxième feuille par-dessus; badigeonner de beurre. Faire de même avec les autres feuilles.

❧ Couper en carrés de 2 po (5 cm) et façonner en pressant en mini tartelettes de 1 3/4 po (4,5 cm). Cuire au four à 350°F (180°C) pendant 10 à 15 minutes ou jusqu'à ce qu'elles soient dorées et croustillantes. Laisser refroidir. (*Se conservent dans des contenants hermétiques pendant 3 jours.*)

❧ GARNITURE: Dans un bol, bien mélanger le fromage à la crème et le beurre. Avec une cuiller ou une poche à pâtisserie, garnir les fonds de tartelettes. Mettre 1/4 c. à thé (1 ml) de gelée de jalapeño sur le dessus de chaque tartelette et décorer d'un brin d'aneth. (*Se conservent au réfrigérateur pendant 24 heures; laisser reposer à la température de la pièce pendant 45 minutes avant de servir.*) Donne 50 tartelettes environ.

VARIANTE

❧ TARTELETTES AU SAUMON FUMÉ: Au robot culinaire, incorporer environ 2 oz (60 g) de saumon fumé au fromage à la crème et au beurre. Ne pas mettre de gelée de piment.

(dans le sens des aiguilles d'une montre, à partir du haut) Légumes et trempette; Nachos aux haricots noirs et à la salsa; Tartelettes de pâte phyllo et Tartelettes au saumon fumé.

BOUCHÉES EXPRESS

(en bas, à gauche) Coquille crevette-champignon; (au centre) Cornet de saumon; (à droite) Sujet de Noël en pâté de foie.

Cornets de saumon

❦

Rouler des tranches de saumon fumé en petits cornets. Avec une poche à pâtisserie, garnir de fromage à la crème ramolli persillé. Décorer de caviar rouge.

Coquilles crevette-champignon

❦

Dans une grande poêle, faire dorer 3 1/2 tasses (750 ml) de champignons tranchés avec 2 c. à table (30 ml) de beurre, à feu vif, en remuant souvent, pendant 5 minutes environ. Retirer du feu; mélanger avec 3 c. à table (45 ml) de crème aigre. Saler et poivrer. Garnir les coquilles de la préparation, d'une petite crevette et d'un brin de persil ou d'aneth. Donne 20 bouchées.

❦ COQUILLES DE PAIN GRILLÉ: Avec un rouleau à pâtisserie, aplatir 20 tranches de pain de mie ou de blé sur 1/4 po (5 mm) d'épaisseur. Découper le pain avec un emporte-pièce rond ou carré de 3 po (8 cm) et en foncer des moules à tartelettes ou à muffins de 2 po (5 cm). Badigeonner d'huile végétale. Faire dorer au four à 350°F (180°C) pendant 10 à 15 minutes. Retirer des moules et laisser refroidir sur des grilles.

Sujets de Noël en pâté de foie

❦

Tartiner généreusement des tranches de pomme pelée et parée ou des tranches de navet pelé avec du pâté de foie. Badigeonner la surface et de la pomme et du pâté avec du jus de citron. Découper les bouchées avec des emporte-pièce de Noël et décorer. Sur la photo, la petite cloche est ornée d'oignon vert et de poivron rouge. La fleur est décorée de poivron vert et rouge.

Antipasto aux champignons

❧

Servez cette savoureuse garniture dans des coquilles de pain grillé (voir p. 76), dans des mini croustades (du commerce) ou sur des craquelins.

1 c. à table	huile d'olive	15 ml
5 tasses	champignons tranchés (environ 1 lb/500 g)	1,25 L
2 c. à table	jus de citron	30 ml
1/2 tasse	oignon haché	125 ml
2	grosses gousses d'ail, hachées fin	2
1	feuille de laurier	1
1/4 c. à thé	marjolaine, thym, poivre (chacun)	1 ml
	Une pincée de cayenne	
1	boîte de 19 oz (540 ml) de tomates, égouttées	1
2 c. à table	vinaigre de vin rouge	30 ml
	Une pincée de sucre	
2 c. à table	persil frais haché	30 ml
	Sel	

Dans une poêle, chauffer l'huile à feu moyen-vif; cuire les champignons pendant 7 à 10 minutes, jusqu'à ce qu'ils aient rendu leur eau. Égoutter en réservant le liquide. Dans un bol, mélanger les champignons et le jus de citron.

❧ Dans la même poêle, cuire l'oignon avec l'ail et 2 c. à table (30 ml) du jus des champignons, à feu moyen, pendant 3 à 5 minutes. Ajouter les assaisonnements et cuire en remuant pendant 1 minute.

❧ Incorporer les tomates, en les brisant avec une cuiller, le reste du jus des champignons, le vinaigre et le sucre; amener à ébullition. Réduire le feu, couvrir et laisser mijoter pendant 25 minutes. Découvrir et augmenter le feu à moyen-vif; cuire pendant 2 minutes, jusqu'à ce que le liquide ait réduit de moitié. Enlever la feuille de laurier.

❧ Incorporer la préparation aux tomates et le persil aux champignons. Saler. *(Se conserve au réfrigérateur pendant 5 jours.)* Servir à la température de la pièce. Donne 2 tasses (500 ml).

Spirales au saumon fumé

❧

Ayez toujours en réserve au congélateur un ou deux rouleaux de ces succulentes bouchées.

1/2 lb	saumon fumé émincé	250 g
1/2 lb	fromage à la crème léger, ramolli	250 g
1 c. à table	aneth frais haché	15 ml
1 c. à table	câpres	15 ml
1	concombre anglais, tranché	1
	Lanières d'oignon rouge et brins d'aneth	

Disposer le saumon sur de la pellicule de plastique en un rectangle de 12 x 8 po (30 x 20 cm). Mélanger le fromage et l'aneth haché et étendre sur le saumon.

❧ Faire pénétrer une rangée de câpres dans le fromage le long d'un grand côté du rectangle; rouler à partir du côté des câpres de façon que les câpres se retrouvent au centre du rouleau. Envelopper dans la pellicule de plastique en comprimant pour former un rouleau bien lisse; tordre le papier aux extrémités. Congeler pendant au moins 4 heures. *(Se conserve au congélateur pendant 1 mois.)*

❧ Faire décongeler pendant 10 minutes; émincer et disposer sur des tranches de concombre. Décorer d'oignon rouge et de brins d'aneth. Laisser reposer à la température de la pièce pendant 10 minutes. Donne 60 bouchées.

Mini soufflés à la salsa

❧

Essayez ces petites bouchées épicées au fromage et à la salsa.

1/2 tasse	fromage suisse râpé	125 ml
1/2 tasse	ricotta légère	125 ml
1/4 tasse	salsa épicée	60 ml
1 c. à table	coriandre fraîche hachée	15 ml
1 c. à table	jus de lime	15 ml
1/2 c. à thé	cumin et paprika (chacun)	2 ml
2	blancs d'oeufs	2
1	baguette	1

Dans un bol, mélanger le fromage suisse, la ricotta, la salsa, la coriandre, le jus de lime, le cumin et le paprika. Battre les blancs d'oeufs en neige ferme et incorporer en pliant à la préparation.

❧ Couper la baguette en 30 tranches; mettre sur une plaque et faire griller au four pendant 1 minute. Étendre 1 c. à thé (5 ml) de la préparation sur le côté non grillé des tranches; faire griller au four pendant 3 à 5 minutes ou jusqu'à ce qu'elles soient gonflées et dorées. Donne 30 bouchées.

Boulettes de viande à l'orientale

❧

Ces petites boulettes à la sauce piquante
sont toujours appréciées. Servez-les en fin
d'après-midi pour satisfaire une fringale .

1/3 tasse	ketchup	75 ml
2 c. à table	sauce hoisin	30 ml
2 c. à thé	jus de citron	10 ml
1/4 c. à thé	sucre	1 ml
1 1/2 lb	boeuf haché maigre	750 g
1/2 tasse	oignons verts hachés fin	125 ml
1/4 tasse	chapelure	60 ml
1	oeuf, battu	1
2	gousses d'ail, hachées fin	2
1 c. à table	racine de gingembre hachée fin	15 ml
1/2 c. à thé	moutarde en poudre	2 ml
1/2 c. à thé	sel	2 ml
1/4 c. à thé	poivre	1 ml

Dans un bol, fouetter le ketchup avec la sauce hoisin, le jus de citron et le sucre.

❧ Dans un grand bol, mélanger le boeuf, les oignons, la chapelure, l'oeuf, l'ail, le gingembre, la moutarde, le sel, le poivre et 1 c. à table (15 ml) de la sauce tomate. Façonner en boulettes par grosse cuillerée à table (15 ml). *(Les boulettes se conservent au réfrigérateur pendant 24 heures.)*

❧ Cuire au four, sur une plaque, à 1 po (2,5 cm) d'intervalle, à 400°F (200°C) pendant 20 à 25 minutes, ou jusqu'à ce qu'elles aient perdu leur teinte rosée à l'intérieur, en les retournant à mi-cuisson. Laisser refroidir pendant 2 minutes; enrober délicatement du reste de la sauce. Donne 36 boulettes environ.

QUELLE BONNE IDÉE !

TARTINADE DE FROMAGE AUX SARDINES

Cette tartinade est préparée avec des ingrédients simples. Elle est idéale si vous avez des visiteurs inattendus, car elle se conserve pendant cinq jours au réfrigérateur.

❧ À l'aide du mélangeur, réduisez en purée bien lisse 1 boîte (4 3/8 oz/124 g) de sardines égouttées, 1/2 lb (250 g) de fromage à la crème ramolli, 4 c. à thé (20 ml) de jus de citron, 1 c. à thé (5 ml) de cognac et un filet de sauce Worcestershire; faites raffermir au réfrigérateur.

❧ Façonnez la préparation en rouleau ou en boule; roulez dans 3/4 tasse (175 ml) de persil frais haché fin. Enveloppez dans du papier ciré et réfrigérez. Servez avec des toasts melba. Donne 2 tasses (500 ml) environ.

Quiche de Noël

❧

Tous apprécieront ces petites pointes de
quiche aux poivrons rouge et vert.

1 2/3 tasse	farine tout usage	400 ml
	Une pincée de sel	
1/2 tasse	beurre froid	125 ml
1/4 tasse	eau froide	60 ml
1	jaune d'oeuf	1
1 c. à table	huile végétale	15 ml

Garniture

1/3 tasse	mozzarella râpée	75 ml
1/2 tasse	fines lanières de poivrons rouge et vert (chacun)	125 ml
2	oeufs	2
1 tasse	lait ou crème 10 %	250 ml
1/2 c. à thé	origan et sel (chacun)	2 ml
1/4 c. à thé	poivre	1 ml

Dans un bol, mettre la farine et le sel; avec un coupe-pâte ou deux couteaux, incorporer le beurre jusqu'à ce que le mélange ressemble à de la chapelure plus ou moins fine. Battre ensemble l'eau, le jaune d'oeuf et l'huile; incorporer au premier mélange. Sur une surface farinée, pétrir la pâte en boule. Couvrir et réfrigérer pendant 1 heure ou au plus 5 jours.

❧ Sur une surface légèrement farinée, abaisser la pâte sur 1/8 po (3 mm) d'épaisseur; découper 5 abaisses de 6 po (15 cm) et en foncer des moules à fond amovible de 4 po (10 cm). Réfrigérer pendant 30 minutes.

❧ Tapisser les fonds de pâte de papier d'aluminium et recouvrir de haricots secs. Cuire au four, sur une plaque, à 375°F (190°C) pendant 15 minutes; retirer les haricots et le papier. Piquer la pâte avec une fourchette et poursuivre la cuisson pendant 10 minutes, jusqu'à ce que la pâte soit bien dorée. *(Les fonds de pâte refroidis et couverts se conservent à la température de la pièce pendant 1 jour.)*

❧ GARNITURE: Répartir la mozzarella dans les fonds de pâte; couvrir avec les poivrons. Dans un bol, fouetter les oeufs; incorporer, en fouettant, le lait, l'origan, le sel et le poivre. Verser dans les fonds.

❧ Cuire pendant 35 à 40 minutes ou jusqu'à ce qu'un couteau inséré au centre en ressorte propre. Laisser reposer pendant 10 minutes; couper chaque quiche en 6 pointes. Donne 30 amuse-gueule.

Feuilletés au prosciutto

Ces petits feuilletés peuvent être apprêtés à l'avance et conservés au réfrigérateur. Vous n'aurez plus qu'à les faire cuire avant de les servir à vos invités.

1	paquet (14 oz/397 g) de pâte feuilletée, décongelée	1
2 c. à table	moutarde douce	30 ml
1/4 tasse	parmesan frais râpé	60 ml
1/4 lb	prosciutto émincé (ou 6 oz/ 175 g de jambon fumé tranché)	125 g
1	oeuf, battu	1

Sur une surface légèrement farinée, abaisser la moitié de la pâte en un rectangle de 12 x 10 po (30 x 25 cm).

❧ Badigeonner de la moitié de la moutarde en laissant une bordure de 1/2 po (1 cm). Parsemer de la moitié du parmesan; couvrir de la moitié du prosciutto en une seule couche. Badigeonner la bordure d'eau.

❧ À partir d'une extrémité, rouler jusqu'au centre du rectangle. Faire de même à partir de l'autre extrémité; retourner les deux rouleaux. Avec un couteau bien affilé, tailler les bouts; couper en tranches de 1/2 po (1 cm) d'épaisseur. Déposer sur des plaques tapissées de papier parchemin; presser légèrement.

❧ Refaire les mêmes opérations avec le reste des ingrédients. Couvrir et réfrigérer pendant 1 heure. (*Les feuilletés non cuits se conservent au réfrigérateur pendant 1 jour.*)

❧ Badigeonner les feuilletés d'oeuf battu. Cuire au four à 400°F (200°C) pendant 15 à 18 minutes, jusqu'à ce que la pâte ait gonflé et soit légèrement dorée. Donne 34 feuilletés environ.

(dans le sens des aiguilles d'une montre, à partir du haut à gauche) Pois mange-tout garnis de fromage à la crème; Feuilletés au prosciutto; Boulettes de viande à l'orientale; Boulettes de fromage aux amandes; (au centre) Quiche de Noël et Tartelettes de pâte phyllo (p. 74).

Boulettes de fromage aux amandes

Ces bouchées croquantes seront meilleures si vous ne les préparez que quelques heures avant de les servir.

1/2 tasse	amandes mondées hachées	125 ml
1/3 tasse	biscuits soda non salés broyés	75 ml
1 tasse	fromage suisse râpé	250 ml
1 tasse	cheddar fort râpé	250 ml
1/4 tasse	farine tout usage	60 ml
1/4 c. à thé	cayenne et poivre noir (chacun)	1 ml
	Une pincée de sel	
2	blancs d'oeufs	2
1/2 tasse	huile végétale	125 ml

Mélanger les amandes et les biscuits sur une feuille de papier ciré.

❧ Dans un bol, mélanger les fromages, la farine, le cayenne, le poivre et le sel. Dans un autre bol, battre les blancs d'oeufs en neige ferme; incorporer aux fromages en pliant.

❧ Prélever 1 c. à table (15 ml) à la fois de la préparation et façonner en boulette. Rouler dans les amandes et les biscuits pour les enrober. Couvrir et réfrigérer pendant 1 heure ou au plus 1 jour.

❧ Dans une poêle, chauffer l'huile à feu moyen-vif; cuire les boulettes pendant 2 à 3 minutes ou jusqu'à ce qu'elles soient dorées, en les retournant souvent. Retirer avec une écumoire et égoutter sur du papier absorbant. Servir chaud.

(Refroidies et couvertes, les boulettes se conservent au réfrigérateur pendant 4 heures; réchauffer au four à 400°F (200°C) pendant 8 à 10 minutes.)

Donne 18 boulettes.

Tartinade au fromage bleu et aux noix

À la fois croquante et onctueuse, cette tartinade convient à tous les types de réceptions. Accompagnez-la de craquelins et de fruits.

1/4 lb	gorgonzola ou autre fromage bleu crémeux	125 g
1/4 lb	fromage à la crème	125 g
1/2 tasse	noix de Grenoble hachées	125 ml
2 c. à table	cognac	30 ml
	Poivre	
	Demi-noix de Grenoble	

*D*ans un bol, ou à l'aide du robot, battre ensemble les deux fromages jusqu'à ce que le mélange soit lisse, mais sans plus.

Truc: *Donnez du goût à une trempette en ajoutant 1 tasse (250 ml) de crème aigre au fromage.*

Incorporer en pliant les noix, le cognac et du poivre. Mettre dans un joli plat d'une capacité de 1 tasse (250 ml); lisser la surface et décorer avec des demi-noix. (*Se conserve au réfrigérateur pendant 10 jours.*) Donne 1 tasse (250 ml) environ.

LES NOIX EN ÉCALE: UN DÉLICE !

*D*urant le temps des fêtes, tous les magasins d'alimentation offrent des noix fraîches en écale: des noisettes de la côte ouest; des pacanes et des arachides du sud des États-Unis; des noix de Grenoble, des amandes et des pistaches de la Californie; et des noix du Brésil de la forêt amazonienne. Un bol de noix est un élément décoratif naturel. Et, contrairement aux noix salées écalées dont tous se gavent en un temps record (avec les calories en prime !), les noix en écale se laissent déguster et apprécier à leur juste valeur.

QUELLE BONNE IDÉE !

TARTINADE AUX HARENGS ET AUX POMMES

*C*ette tartinade au goût frais et piquant se sert avec des craquelins de seigle ou du craque-pain scandinave. Les harengs marinés avec des petits oignons sont vendus en pots dans les supermarchés et les épiceries fines. Égouttez et utilisez les harengs et les oignons pour préparer la tartinade.

Dans un bol, mélangez 6 oz (175 g) de fromage à la crème ramolli et 1/4 tasse (60 ml) de crème aigre. Incorporez 2/3 tasse (150 ml) de harengs marinés hachés fin, 2/3 tasse (150 ml) de pommes rouges (non pelées) hachées fin, 2 c. à table (30 ml) d'oignons marinés hachés et du poivre. Mettez dans un plat de service; couvrez et réfrigérez pendant au plus 3 jours. Donne 1 3/4 tasse (425 ml) environ.

Bruschetta aux tomates sèches et aux oignons

Ces petites bouchées de pain croustillant remportent toujours un succès fou.

5 tasses	oignons émincés (1 lb/500 g environ)	1,25 L
1 tasse	bouillon de poulet	250 ml
1/4 tasse	tomates sèches hachées	60 ml
1/3 tasse	parmesan frais râpé	75 ml
1/4 tasse	persil frais haché	60 ml
4 c. à thé	vinaigre balsamique	20 ml
	Sel et poivre	
1/2	baguette	1/2
4 c. à thé	huile d'olive	20 ml
1	gousse d'ail, hachée fin	1

*D*ans une poêle, amener à ébullition les oignons, le bouillon et les tomates; réduire le feu à doux et laisser mijoter pendant 45 minutes ou jusqu'à ce que les oignons soient tendres et qu'il ne reste plus que 1 c. à table (15 ml) de liquide. Incorporer la moitié du parmesan, le persil, le vinaigre, du sel et du poivre. Mettre de côté.

Couper le pain en tranches de 1/2 po (1 cm) d'épaisseur et mettre sur une plaque. Mélanger l'huile et l'ail et en badigeonner le pain. Faire griller au four à 350°F (180°C) pendant 5 minutes ou jusqu'à ce qu'il soit croustillant.

Étendre 1 c. à thé (5 ml) de la préparation sur chaque tranche de pain. Parsemer du reste du parmesan. Mettre sous le gril du four pendant 2 à 3 minutes. Donne 36 bouchées environ.

Brochettes de boeuf thaï

Apprêtées avec de fines tranches de boeuf maigre,
ces brochettes sont tout indiquées pour un cocktail.

1 lb	biffteck de flanc, de ronde ou d'aloyau	500 g
3 c. à table	coriandre ou persil frais haché	45 ml
2 c. à table	xérès sec ou jus de lime	30 ml
1 c. à table	vinaigre de vin	15 ml
1 c. à table	sauce de poisson ou sauce hoisin	15 ml
1 c. à table	huile de sésame foncée	15 ml
1 c. à table	miel liquide	15 ml
1 c. à table	sauce soya	15 ml
1 c. à table	racine de gingembre hachée fin	15 ml
1	grosse gousse d'ail, hachée fin	1
	Une pincée de flocons de piment fort	

Enlever le gras du boeuf; couper le boeuf dans le sens contraire des fibres en lanières de 1/4 po (5 mm) d'épaisseur.

Dans un bol, mélanger la coriandre, le xérès, le vinaigre, la sauce de poisson, l'huile de sésame, le miel, la sauce soya, le gingembre, l'ail et les flocons de piment. Ajouter le boeuf et remuer pour bien enrober. Couvrir et faire mariner au réfrigérateur pendant au moins 2 heures et au plus 8 heures.

Faire tremper des brochettes de bois dans l'eau pendant 15 minutes. Enfiler les lanières de boeuf sur les brochettes. Faire griller pendant 3 à 5 minutes. Donne 30 amuse-gueule environ.

(dans l'assiette) Bruschetta aux
tomates sèches et aux oignons
(p. 80) et Brochettes de boeuf thaï;
(au-dessus de l'assiette) sangria au
vin blanc et Spritzer fruité (p. 84).

*(à partir de la gauche) Punch aux canneberges et aux framboises et Couronne de houx glacée (p. 84);
Terrine de saumon; Pâté de guacamole et salsa; Trempette au fromage de chèvre.*

Pâté de guacamole et salsa

❧

*Ce pâté onctueux aux avocats est rehaussé d'une
salsa à la saveur fraîche et piquante.*

1 1/2	sachet (7 g chacun) de gélatine	1 1/2
1/4 tasse	eau froide	60 ml
2	avocats mûrs, parés	2
1 tasse	crème aigre	250 ml
1/2 tasse	mayonnaise	125 ml
3 c. à table	jus de citron	45 ml
1/2 c. à thé	sel	2 ml
1/4 c. à thé	poivre	1 ml
	Un filet de sauce au piment fort	
1	gousse d'ail, hachée fin	1
1	petite tomate, épépinée et hachée	1
1	petit piment jalapeño, épépiné et haché fin	1
1/4 tasse	coriandre ou persil frais haché	60 ml
2	oignons verts, hachés fin	2

Salsa

1	tomate, épépinée et hachée	1
1	poivron rouge, épépiné et haché	1
1	piment jalapeño, épépiné et haché	1
2 c. à table	coriandre ou persil frais haché	30 ml
2	oignons verts, hachés	2
1	gousse d'ail, hachée fin	1

D̲ans une petite casserole, saupoudrer l'eau de la gélatine; laisser reposer pendant 1 minute. Chauffer à feu doux pendant 2 à 3 minutes ou jusqu'à ce que la gélatine soit dissoute.

❧ À l'aide du robot, réduire les avocats en purée bien lisse avec la crème aigre, la mayonnaise, le jus de citron, le sel, le poivre, la sauce au piment et l'ail. Incorporer la gélatine dissoute. Incorporer la tomate, le piment, la coriandre et les oignons.

❧ Tapisser de pellicule de plastique un moule à pain de 8 x 4 po (1,5 L); remplir de la préparation aux avocats avec une cuiller et couvrir de pellicule de plastique. Réfrigérer pendant 3 heures ou jusqu'à ce que le pâté soit ferme. *(Se conserve au réfrigérateur pendant 1 jour.)*

❧ SALSA: Mélanger tous les ingrédients de la salsa.

❧ Démouler le pâté sur un plat de service; couper en tranches et garnir chaque tranche d'une cuillerée de salsa. Donne 10 à 12 portions.

Terrine de saumon

❧

Cette terrine de saumon est délicieuse avec des tranches de baguette et de pain de seigle noir (pumpernickel).

2	boîtes de 7 oz/213 g de saumon, égoutté	2
1/2 lb	saumon fumé, en dés	250 g
2 c. à table	persil frais haché	30 ml
3	oignons verts, hachés	3
1 c. à thé	estragon séché	5 ml
1/2 tasse	beurre, ramolli	125 ml
1/2 tasse	mayonnaise	125 ml
1 c. à table	moutarde de Dijon	15 ml
1 c. à table	jus de citron	15 ml
1/2 c. à thé	poivre	2 ml

Défaire en flocons le saumon en boîte; jeter la peau et les arêtes. Dans un bol, mélanger délicatement les flocons de saumon, le saumon fumé, le persil, les oignons et l'estragon.

❧ Dans un autre bol, battre en crème le beurre avec la mayonnaise, la moutarde, le jus de citron et le poivre. Incorporer délicatement la préparation au saumon.

❧ Tapisser de pellicule de plastique un moule à pain de 8 x 4 po (1,5 L); remplir de la préparation avec une cuiller et couvrir de pellicule de plastique. Faire raffermir au réfrigérateur pendant 3 heures environ. *(Se conserve pendant 5 jours au réfrigérateur ou 1 mois au congélateur.)* Démouler et couper en tranches. Donne 12 à 15 portions.

Trempette au fromage de chèvre

❧

Cette trempette accompagne à merveille des bâtonnets de légumes crus tels que des carottes, du céleri, du poivron rouge et des haricots verts.

6 oz	fromage de chèvre (genre crémeux)	175 g
1 1/2 tasse	crème aigre	375 ml
1	gousse d'ail, hachée fin	1
1/2 c. à thé	romarin séché émietté	2 ml
1/2 c. à thé	thym séché	2 ml
	Un filet de sauce au piment fort	
3 c. à table	tomates sèches (emballées dans l'huile) hachées	45 ml
2 c. à table	persil frais haché	30 ml
2	oignons verts, hachés	2

À l'aide du robot ou du batteur électrique, battre en crème le chèvre, la crème aigre, l'ail, le romarin, le thym et la sauce au piment.

❧ Incorporer les tomates, le persil et les oignons. Goûter et rectifier l'assaisonnement. *(Se conserve au réfrigérateur pendant 2 jours; laisser reposer à la température de la pièce pendant 30 minutes avant de servir.)* Donne 2 tasses (500 ml) environ.

Trempette César

❧

La salade se transforme ici en amuse-gueule. Il suffit simplement de tremper les petites feuilles du coeur d'une romaine, ou les grandes feuilles roulées en cylindres, dans la trempette César.

1/3 tasse	mayonnaise	75 ml
2 c. à table	jus de citron	30 ml
1 c. à table	sauce Worcestershire	15 ml
1 c. à thé	moutarde de Dijon	5 ml
1/4 c. à thé	poivre	1 ml
2	filets d'anchois, hachés fin (ou 1 c. à thé/5 ml de pâte d'anchois)	2
	Un filet de sauce au piment fort	
1	gousse d'ail, hachée fin	1
1/4 tasse	huile d'olive	60 ml
1/2 tasse	crème aigre	125 ml
1/4 tasse	parmesan frais râpé	60 ml

Dans un bol, fouetter la mayonnaise avec le jus de citron, la sauce Worcestershire, la moutarde, le poivre, les anchois, la sauce au piment fort et l'ail; incorporer l'huile graduellement en fouettant.

❧ Incorporer la crème aigre et le parmesan. Goûter et rectifier l'assaisonnement. *(Se conserve au réfrigérateur pendant 1 jour.)* Donne 1 1/4 tasse (300 ml).

Punch aux canneberges et aux framboises

Un punch savoureux sans alcool est toujours apprécié durant le temps des fêtes, mais vous pouvez aussi le préparer avec du vin rosé pétillant.

2	boîtes de 275 ml de cocktail aux canneberges concentré congelé	2
1	boîte de 12 oz/341 ml de jus de framboise concentré congelé	1
3	bouteilles de 40 oz/1,14 L de cocktail aux canneberges, bien froid	3
4	bouteilles de 750 ml de soda au gingembre et à la framboise, bien froid	4
2	paquets de 425 g de framboises congelées dans un sirop léger, décongelées	2
	Couronne de houx glacée (recette sur cette page)	

Peu de temps avant de servir, faire décongeler partiellement les deux concentrés.

❧ Mélanger les deux concentrés et le cocktail aux canneberges dans un bol à punch.

❧ Juste avant de servir, ajouter le soda au gingembre et à la framboise et les framboises dans le sirop en prenant soin de ne pas abîmer les framboises. Déposer la couronne de houx glacée dans le bol. Donne 40 portions de 3/4 tasse (175 ml) environ.

VARIANTE

PUNCH AUX CANNEBERGES ET AUX FRAMBOISES ALCOOLISÉ: Remplacer le soda au gingembre et à la framboise par du vin rosé pétillant bien froid.

QUELLE BONNE IDÉE!

SPRITZER FRUITÉ

Voici une délicieuse boisson sans alcool, pétillante et rafraîchissante, qui plaira à tous, petits et grands.

❧ *Dans un verre à vin, mélangez 2 c. à table (30 ml) de sirop de cassis, 1 c. à table (15 ml) de jus de citron et autant de jus de pomme. Ajoutez 1/4 tasse (60 ml) d'eau gazéifiée et de la glace concassée. Donne 1 portion.*

Couronne de houx glacée

Cette couronne gardera votre punch bien froid sans le diluer comme le feraient des glaçons. N'utilisez pas de vraies feuilles de houx car elles sont vénéneuses.

	Eau, bouillie et refroidie	
	Canneberges fraîches ou congelées	
1	**bouquet de menthe fraîche**	1
2	**citrons**	2

Dans un moule en couronne de 10 po (25 cm), verser l'équivalent de 1/4 po (5 mm) d'eau et congeler. Verser 1/8 po (3 mm) d'eau par-dessus; disposer 8 grappes de 3 canneberges autour du bord intérieur du moule et congeler.

❧ Ajouter de nouveau 1/8 po (3 mm) d'eau et des grappes de canneberges autour du bord extérieur du moule; congeler.

❧ Verser encore la même quantité d'eau; disposer de minuscules tiges de menthe et des feuilles simples (à l'envers) entre les grappes de canneberges de façon à imiter du houx. Congeler.

❧ Avec un zesteur, à partir du haut jusqu'en bas, faire 8 stries également espacées dans l'écorce de chaque citron; couper chaque citron en 8 rondelles fines. Verser 1/8 po (3 mm) d'eau dans le moule; disposer les rondelles de citron, en les faisant chevaucher, tout autour du bord extérieur du moule. Congeler.

❧ Verser la même quantité d'eau; disposer un anneau de canneberges contre le bord intérieur du moule. Insérer des feuilles de menthe, à l'envers; congeler.

❧ Verser encore de l'eau; disposer un anneau de canneberges contre le bord extérieur du moule et congeler. Si nécessaire, verser de l'eau jusqu'au bord du moule; congeler. (*La couronne se conserve au congélateur pendant 3 jours.*)

❧ Pour démouler, tremper le moule dans l'eau froide pendant 30 secondes; retourner sur un plat. Faire glisser la couronne dans le punch, le côté bombé sur le dessus. Donne 1 couronne.

Punch aux fruits

*Le jus de raisin blanc donne toute sa fraîche
saveur à ce punch non alcoolisé.*

3	bouteilles de 682 ml de jus de raisin blanc, bien froid	3
1	bouteille de 750 ml d'eau gazéifiée, bien froide	1
1	citron, tranché	1
1	lime, tranchée	1
1 c. à table	amers aromatiques	15 ml
	Anneau de glace	

Dans un grand bol à punch, mélanger le jus de raisin, l'eau gazéifiée, les tranches de citron et de lime, et les amers aromatiques. Déposer délicatement l'anneau de glace dans le bol. Donne 30 portions de 1/2 tasse (125 ml).

Petit truc: Pour faire un anneau de glace simple mais décoratif, versez un peu d'eau dans un moule en couronne. Disposez joliment des tranches de citron et de lime dans le moule et congelez. Recouvrez d'environ 1 po (2,5 cm) d'eau et congelez de nouveau.

Ragoût de boeuf à la marocaine

❧

Ce ragoût de boeuf est apprêté avec des assaisonnements typiques de la cuisine marocaine.
Accompagnez-le de couscous ou de riz pilaf aux herbes.

3 lb	boeuf dans le paleron	1,5 kg
1/3 tasse	farine tout usage	75 ml
3 c. à table	huile végétale	45 ml
1	gros oignon, haché	1
3	gousses d'ail, hachées fin	3
3	grosses carottes, hachées	3
1	boîte de 19 oz/540 ml de tomates, égouttées et hachées	1
1 c. à thé	coriandre et cumin moulus (chacun)	5 ml
3/4 c. à thé	gingembre	4 ml
1/2 c. à thé	curcuma	2 ml
1/2 c. à thé	sel et poivre (chacun)	2 ml
1/4 c. à thé	cannelle	1 ml
2 tasses	bouillon de boeuf	500 ml
2 c. à table	miel liquide	30 ml
3	bâtons de cannelle	3
1 tasse	abricots secs	250 ml
1 tasse	pruneaux secs dénoyautés	250 ml
	Persil frais haché	

Couper le boeuf en cubes de 1 po (2,5 cm); mélanger avec 1/4 tasse (60 ml) de la farine.

❧ Dans une cocotte ou un faitout, chauffer la moitié de l'huile à feu moyen; faire revenir le boeuf par petites quantités en ajoutant de l'huile au besoin. Mettre dans un bol.

❧ Mettre l'oignon, l'ail et les carottes dans la cocotte; cuire en remuant pendant 3 minutes, jusqu'à ce qu'ils soient ramollis. Incorporer les tomates, la coriandre, le cumin, le gingembre, le curcuma, le sel, le poivre et la cannelle; cuire en remuant pendant 30 secondes. Incorporer le reste de la farine. Ajouter le bouillon, le miel et les bâtons de cannelle; amener à ébullition.

❧ Remettre la viande avec son jus dans la casserole; réduire le feu, couvrir et laisser mijoter pendant 2 1/2 à 3 heures ou jusqu'à ce que la viande soit à peine tendre. Ajouter les abricots et les pruneaux; laisser mijoter à demi couvert pendant 35 à 45 minutes ou jusqu'à ce que les fruits soient tendres. (*Le ragoût, refroidi et couvert, se conserve pendant 2 jours au réfrigérateur ou 2 semaines au congélateur; décongeler au réfrigérateur pendant 3 jours. Réchauffer à feu doux pendant 25 à 30 minutes en remuant de temps à autre et en ajoutant 1/2 tasse (125 ml) de bouillon de boeuf si nécessaire.*) Donne 8 portions.

Casserole de fruits de mer

Cette savoureuse casserole de pétoncles, de crevettes et de crabe est apprêtée avec une sauce onctueuse aux herbes et recouverte d'une garniture croustillante.

1 tasse	riz à longs grains	250 ml
1	oeuf, battu	1
1/3 tasse	persil frais haché	75 ml
1/3 tasse	beurre	75 ml
1	oignon, haché	1
3	gousses d'ail, hachées fin	3
1	grosse carotte, hachée fin	1
1 1/2 tasse	fenouil ou céleri haché	375 ml
1 c. à table	aneth frais haché (ou 1 1/2 c. à thé/7 ml d'aneth séché)	15 ml
1 c. à thé	sel et poivre (chacun)	5 ml
1 lb	pétoncles	500 g
1 lb	crevettes	500 g
1	paquet de 7 oz/200 g de chair de crabe congelée, décongelée	1
1/4 tasse	farine tout usage	60 ml
1 1/2 tasse	lait	375 ml
1/2 lb	fromage à la crème	250 g
1/4 c. à thé	thym séché	1 ml

Garniture

1 1/2 tasse	pain frais émietté	375 ml
2 c. à table	beurre, fondu	30 ml
	Persil frais haché	

Dans une casserole, mettre le riz avec 2 tasses (500 ml) d'eau salée; amener à ébullition. Réduire le feu, couvrir et laisser mijoter pendant 15 à 20 minutes ou jusqu'à ce que le riz soit tendre et que l'eau ait été absorbée. Incorporer l'oeuf et 2 c. à table (30 ml) de persil haché. Mettre de côté.

❧ Entretemps, dans une grande poêle, faire fondre 1 c. à table (15 ml) de beurre à feu moyen; cuire l'oignon, l'ail, la carotte et le fenouil, en remuant de temps à autre, pendant 3 à 5 minutes ou jusqu'à ce qu'ils soient ramollis. Ajouter 1/2 c. à thé (2 ml) d'aneth et 1/4 c. à thé (1 ml) de sel et de poivre; mettre dans un grand bol.

❧ Essuyer la poêle et y verser 2 tasses (500 ml) d'eau. Amener à faible ébullition et y pocher les pétoncles jusqu'à ce qu'ils soient opaques, pendant 1 à 3 minutes. Avec une écumoire, mettre les pétoncles dans le grand bol.

❧ Pocher les crevettes pendant 3 minutes environ ou jusqu'à ce qu'elles soient fermes et roses. Égoutter en réservant 1 tasse (250 ml) du liquide. Décortiquer et parer les crevettes; mettre dans le bol. Couper la chair de crabe en bouchées et mettre dans le bol.

❧ Dans la même poêle, faire fondre le reste du beurre à feu moyen; incorporer la farine en fouettant et cuire pendant 2 minutes, toujours en fouettant, sans faire brunir. Incorporer graduellement en fouettant le liquide réservé et le lait; cuire en remuant pendant 5 minutes environ, jusqu'à ce que la sauce ait épaissi. Incorporer en fouettant le fromage à la crème, le reste de l'aneth, du sel et du poivre, et le thym. Incorporer à la préparation aux fruits de mer avec le reste du persil.

❧ Couvrir du riz le fond d'un plat allant au four de 13 x 9 po (3,5 L) graissé; avec une cuiller, couvrir de la préparation aux fruits de mer. (*La casserole, refroidie et couverte, se conserve pendant 2 jours au réfrigérateur ou 2 semaines au congélateur; décongeler au réfrigérateur pendant 2 jours. Sortir du réfrigérateur 30 minutes avant de poursuivre la recette.*)

❧ GARNITURE: Mélanger les miettes de pain avec le beurre et en parsemer la casserole. Cuire au four à 325°F (160°C) pendant 40 à 50 minutes ou jusqu'à ce que le dessus soit doré et croustillant. Garnir de persil frais haché. Donne 8 portions.

CONGÉLATION DES PLATS CUISINÉS

Voici quelques conseils concernant la congélation des casseroles et autres plats cuisinés.

CONGÉLATION

❧ Laissez refroidir le plat cuisiné pendant toute une nuit au réfrigérateur.

❧ Lorsqu'il est bien refroidi, couvrez-le bien avec de la pellicule de plastique et du papier d'aluminium, puis congelez-le.

DÉCONGÉLATION

❧ Faites décongeler le plat enveloppé sur une plaque dans le réfrigérateur. Le plat doit être décongelé jusqu'au centre et un couteau doit pouvoir y pénétrer facilement.

❧ Une fois décongelé, développez le plat et laissez-le reposer à la température de la pièce pendant 30 minutes.

❧ Parsemez la casserole de la garniture juste avant de la réchauffer.

Photo:
(à gauche) Casserole de fruits de mer; Ragoût de boeuf à la marocaine.

Buffet des fêtes

❧

Caviar de haricots noirs*

❧

Champignons farcis au feta*

❧

Jambalaya au poulet et aux crevettes*

❧

Salade verte et vinaigrette à l'ail

❧

Petits pains de blé

❧

Diplomate aux petits fruits
(*recette, p. 101*)

❧

* Voir recette

MISE EN PLACE D'UN BUFFET

Lorsque vous recevez un grand nombre de personnes à dîner, le buffet est la solution idéale. Il suffit de choisir des plats qui se servent facilement et de les dresser sur la table de façon que tous les invités puissent se servir eux-mêmes. Prévoyez assez de chaises, et même quelques petites tables, pour que tous mangent confortablement.

❧ Choisissez des mets qui se mangent facilement et qui ne nécessitent pas l'utilisation d'un couteau.

❧ Mettez autant que possible la table du buffet au centre de la pièce pour que tous puissent circuler autour aisément.

❧ Disposez dans un ordre logique tous les éléments du buffet. Mettez d'abord une pile d'assiettes, puis à côté, le plat principal déjà coupé en portions individuelles. Disposez ensuite les plats d'accompagnement (pommes de terre, légumes, salade) et le pain, en plaçant à côté les ustensiles de service appropriés. Terminez avec les sauces et les chutneys, le sel et le poivre, les

ustensiles et les serviettes.

❧ Si les invités sont très nombreux, ayez quelqu'un pour aider les gens à la table du buffet et ainsi accélérer le service.

❧ Si cela est possible, dressez toutes les boissons sur une autre table. Après le plat principal, enlevez tous les plats de la table et dressez-y les desserts, les boissons chaudes, les liqueurs et les eaux-de-vie.

Caviar de haricots noirs

Cette garniture est délicieuse sur des pointes de pain pita ou des feuilles d'endive. Si vous utilisez des haricots en boîte, faites-les seulement réchauffer.

3/4 tasse	haricots noirs secs (ou 1 boîte de 14 oz/398 ml, égouttés)	175 ml
3/4 tasse	salsa en gros morceaux	175 ml
1/3 tasse	poivron rouge haché fin	75 ml
1/3 tasse	poivron vert haché fin	75 ml
2 c. à table	oignon vert haché fin	30 ml
1 c. à table	coriandre fraîche hachée (ou 1/2 c. à thé/2 ml coriandre séchée)	15 ml
1 c. à thé	jus de lime	5 ml
1/2 c. à thé	sel	2 ml

Dans une casserole, couvrir les haricots de trois fois leur volume d'eau froide; laisser tremper toute la nuit. Égoutter et couvrir de la même quantité d'eau fraîche; amener à ébullition. Réduire le feu et laisser mijoter à feu moyen-doux pendant 1 heure, jusqu'à ce qu'ils soient tendres. Égoutter et rincer.

❧ Dans un bol, mélanger les haricots chauds, la salsa, les poivrons, l'oignon vert, la coriandre, le jus de lime et le sel. Donne 2 tasses (500 ml), soit 8 portions.

Champignons farcis au feta

Ces amuse-gueule à faible teneur en matières grasses se préparent en un rien de temps.

30	champignons	30
2/3 tasse	fromage cottage	150 ml
1/2 tasse	feta finement émietté	125 ml
2 c. à table	oignon vert haché	30 ml
1 c. à thé	jus de citron	5 ml
1/2 c. à thé	huile d'olive	2 ml
1/4 c. à thé	marjolaine séchée	1 ml
	Persil frais ou oignon vert haché	

Enlever les pieds des champignons et essuyer les chapeaux.

❧ Dans un petit bol, mélanger les fromages, l'oignon vert, le jus de citron, l'huile et la marjolaine; farcir chaque champignon de 1 c. à thé (5 ml) de la préparation. Décorer de persil haché. Donne 30 amuse-gueule.

Jambalaya au poulet et aux crevettes

Ce plat de la cuisine créole est idéal pour un buffet des fêtes léger. Pour ceux qui aiment les plats épicés, utilisez des saucisses épicées et ajoutez un peu de sauce au piment fort.

1 c. à table	beurre	15 ml
2 tasses	céleri et oignons hachés (chacun)	500 ml
1	poivron vert, haché	1
3 oz	saucisses fumées ou jambon, en dés	90 g
1 1/2 lb	poitrines de poulet désossées, sans peau, en cubes	750 g
1	gousse d'ail, hachée fin	1
2	feuilles de laurier	2
2 c. à thé	origan séché	10 ml
1 c. à thé	thym séché	5 ml
1/2 c. à thé	sel, cayenne et poivre noir (chacun)	2 ml
1	boîte de 28 oz/796 ml de tomates, non égouttées	1
1	boîte de 7 1/2 oz/213 ml de sauce tomate	1
4 tasses	bouillon de poulet	1 L
2 1/2 tasses	riz étuvé	625 ml
1 lb	crevettes	500 g
1	poivron rouge, haché	1
1/2 tasse	oignons verts hachés	125 ml
1/2 tasse	persil frais haché	125 ml

Dans une cocotte, chauffer le beurre à feu moyen-vif; cuire les oignons et le céleri pendant 3 minutes. Ajouter le poivron vert, les saucisses, le poulet, l'ail, les feuilles de laurier, l'origan, le thym, le sel, le cayenne et le poivre; cuire en remuant pendant 2 minutes.

❧ Ajouter les tomates, la sauce tomate et le bouillon; amener à ébullition. Incorporer le riz et les crevettes; faire bouillir pendant 1 minute.

❧ Cuire au four, à couvert, à 350°F (180°C) pendant 25 minutes ou jusqu'à ce que le riz soit tendre. Enlever les feuilles de laurier. Incorporer le poivron rouge et les oignons verts; parsemer du persil haché. *(La jambalaya, refroidie et couverte, se conserve pendant 1 jour au réfrigérateur. Pour la réchauffer, incorporer 1 tasse (250 ml) d'eau chaude et mettre au four, à couvert, à 350°F (180°C) pendant 1 heure et 15 minutes.)* Donne 8 portions.

Photo:
Jambalaya au poulet et aux crevettes

Repas familial

❧

Potage à la courge

❧

Rôti de porc
farci aux fruits

❧

Salade de chou
arc-en-ciel

❧

Pommes de terre
rôties au romarin

❧

Gâteau au fromage au rhum
(recette, p. 104)

Rôti de porc farci aux fruits

❧

*Ce rôti de porc farci, parfumé à l'orange et au gingembre, se
tranche merveilleusement bien. Tous en raffoleront.*

3/4 tasse	pruneaux dénoyautés hachés	175 ml
3/4 tasse	abricots secs hachés	175 ml
1 c. à table	racine de gingembre râpée	15 ml
1 c. à thé	écorce d'orange râpée	5 ml
1 1/2 c. à thé	cumin moulu	7 ml
1/2 c. à thé	cannelle	2 ml
	Sel et poivre	
4 lb	longe de porc désossée	2 kg
1/4 tasse	cassonade tassée	60 ml
2 c. à thé	farine tout usage	10 ml
2 c. à thé	vinaigre de cidre	10 ml
1 c. à thé	moutarde en poudre	5 ml
1 c. à thé	fécule de maïs	5 ml

Dans un bol, mélanger les pruneaux, les abricots, le gingembre, l'écorce d'orange, 1/2 c. à thé (2 ml) de cumin, la cannelle, du sel et du poivre.

❧ Ouvrir le rôti; garnir de la farce au centre. Replier la viande par-dessus et attacher avec de la ficelle. Mettre sur une grille dans une plaque à rôtir.

❧ Mélanger la cassonade, la farine, le vinaigre, la moutarde et le reste du cumin; étendre sur le rôti.

❧ Cuire au four à 325°F (160°C) pendant 1 1/2 heure environ ou jusqu'à ce que le thermomètre à viande inséré dans le rôti indique 160°F (70°C). Mettre dans un plat et couvrir de papier d'aluminium.

❧ Enlever le gras de la plaque et verser le jus de la viande dans une petite casserole.

❧ Verser 1/2 tasse (125 ml) d'eau dans la plaque; cuire à feu vif en raclant le fond de la plaque. Verser dans la casserole; amener à ébullition à feu moyen-vif.

❧ Mélanger la fécule avec 1 c. à table (15 ml) d'eau; ajouter à la sauce et cuire en remuant pendant 1 minute. Passer au tamis dans une saucière et servir avec le rôti. Donne 8 portions.

Potage à la courge

❧

Ce potage d'un bel orange, velouté à souhait, a toutes les qualités d'une crème, mais sans les calories.

6 tasses	courge "butternut" pelée et coupée en cubes	1,5 L
3 1/2 tasses	bouillon de poulet	875 ml
1 1/2 tasse	oignons hachés	375 ml
1	feuille de laurier	1
1/2 c. à thé	muscade	2 ml
	Sel et poivre	
1 tasse	yogourt nature	250 ml

Dans une grande casserole, amener à ébullition la courge, le bouillon, les oignons et la feuille de laurier. Couvrir et réduire le feu à doux; laisser mijoter pendant 20 minutes. Enlever la feuille de laurier.

❧ Avec le robot ou le mélangeur, réduire le potage en crème par petites quantités. Remettre dans la casserole et réchauffer au besoin; assaisonner de la muscade, de sel et de poivre. (*Se conserve au congélateur pendant 2 mois.*)

❧ Garnir chaque bol de potage de 2 c. à table (30 ml) de yogourt en dessinant des volutes. Donne 8 portions de 3/4 tasse (175 ml) environ.

Pommes de terre rôties au romarin

❧

Ces pommes de terre cuites au four sont apprêtées simplement avec de l'huile d'olive et du romarin.

3	grosses patates douces	3
3	grosses pommes de terre	3
1/2 tasse	eau	125 ml
2 c. à table	huile d'olive	30 ml
2 c. à thé	romarin séché	10 ml

Peler les patates et les pommes de terre et les couper en tranches de 1/8 po (3 mm) d'épaisseur.

❧ Dans un plat allant au four de 13 x 9 po (3,5 L), disposer les patates et les pommes de terre, en alternance, en rangs serrés; arroser uniformément avec l'eau. Asperger de la moitié de l'huile; parsemer du romarin.

❧ Couvrir de papier d'aluminium et cuire au four à 325°F (160°C) pendant 1 heure et 10 minutes. Découvrir et asperger du reste de l'huile; mettre sous le gril du four pendant 3 à 5 minutes, jusqu'à ce qu'elles soient dorées et croustillantes. Donne 8 portions.

Salade de chou arc-en-ciel

❧

Lorsqu'on reçoit, il est toujours agréable de pouvoir cuisiner certains plats à l'avance. Celui-ci peut être préparé la veille.

5	carottes	5
3 tasses	chou-fleur en bouquets	750 ml
12 tasses	chou rouge et vert coupé en fines lanières	3 L
1 tasse	oignons verts hachés	250 ml
1/2 tasse	persil frais haché	125 ml
1/3 tasse	sucre	75 ml
3/4 tasse	vinaigre de cidre	175 ml
1/3 tasse	huile végétale	75 ml
1 c. à table	estragon séché	15 ml
2 c. à thé	basilic séché	10 ml
1 c. à thé	sel	5 ml
1/2 c. à thé	poivre	2 ml

Couper les carottes en bandes de 2 x 1/8 po (5 cm x 3 mm) de façon à obtenir 2 tasses (500 ml).

❧ Dans une casserole d'eau bouillante salée, cuire les carottes et le chou-fleur pendant 2 à 3 minutes ou jusqu'à ce qu'ils soient tendres-croquants. Égoutter et passer sous l'eau froide; égoutter et éponger.

❧ Dans un grand bol, mélanger les carottes, le chou-fleur, le chou, les oignons, le persil et le sucre; couvrir et réfrigérer pendant au moins 1 heure ou au plus 8 heures.

❧ Dans une petite casserole, amener à ébullition le vinaigre avec l'huile, l'estragon, le basilic, le sel et le poivre. Verser sur la salade et bien mélanger. Couvrir et faire mariner au réfrigérateur pendant au moins 2 heures ou au plus 1 jour. Donne 8 portions-

QUELLE BONNE IDÉE !

DÉCORATION DES POTAGES

Voici un petit truc de chef que vous pourrez facilement réaliser à la maison. Achetez quelques bouteilles en plastique de moutarde ou de ketchup bon marché et remplissez-les de sauce ou de garniture liquide pour décorer vos plats.

❧ Vous pourriez par exemple, pour la Soupe à la courge (sur cette page) ou le Potage aux betteraves (p. 93), remplir de yogourt une bouteille en plastique et l'utiliser pour tracer un joli motif dans chaque bol. Simple et impressionnant !

Timbales d'épinards

❧

Une façon simple et attrayante d'apprêter ce légume pour un repas de fête.

3	paquets de 300 g d'épinards congelés, décongelés	3
3	oeufs	3
2/3 tasse	crème 10 %	150 ml
1/2 tasse	fromage à la crème à l'ail et aux herbes	125 ml
2 c. à table	moutarde de Dijon	30 ml
1/2 c. à thé	sel	2 ml
1/4 c. à thé	sauce au piment fort	1 ml
	Triangles de poivrons rouge et jaune	

Tapisser le fond de 8 moules à muffins graissés avec des cercles de papier ciré. Réserver.

❧ Bien presser les épinards pour en extraire l'eau. Avec le mélangeur ou le robot, réduire les épinards en purée avec les oeufs, la crème, le fromage, la moutarde, le sel et la sauce au piment fort. *(Les épinards peuvent être préparés jusqu'à cette étape, couverts et réfrigérés pendant 1 jour.)*

❧ Répartir la préparation dans les moules à muffins; mettre les moules dans un plus grand moule et verser de l'eau chaude jusqu'à mi-hauteur des moules à muffins. Cuire au four à 375°F (190°C) pendant 20 à 25 minutes ou jusqu'à ce que les timbales soient fermes au toucher.

❧ Retirer du grand moule et laisser refroidir pendant 5 minutes. Passer un couteau autour des timbales et démouler dans un plat de service; enlever le papier ciré. Décorer avec les poivrons. Donne 8 portions.

Potage aux betteraves

Ayez toujours quelques boîtes de betteraves en réserve pour préparer rapidement cet onctueux potage.

2 c. à table	huile d'olive	30 ml
1	oignon, haché fin	1
2	gousses d'ail, hachées fin	2
2	boîtes de 14 oz/398 ml de betteraves en tranches (non égouttées)	2
1	boîte de 14 oz/398 ml de tomates	1
1	boîte de 10 oz/284 ml de bouillon de boeuf	1
1 tasse	eau	250 ml
2 c. à table	vinaigre de cidre	30 ml
1 c. à thé	graines de carvi	5 ml
	Sel et poivre	
1/2 tasse	yogourt nature	125 ml

Dans une grande casserole à fond épais, chauffer l'huile à feu moyen-vif; cuire l'oignon et l'ail en remuant pendant 3 minutes.

❧ Ajouter les betteraves, les tomates, le bouillon, l'eau, le vinaigre et les graines de carvi; amener à ébullition. Réduire le feu à moyen-doux, couvrir et laisser mijoter pendant 15 minutes.

❧ Avec le robot ou le mélangeur, réduire la soupe en crème par petites quantités. Remettre dans la casserole et réchauffer au besoin; saler et poivrer. (*Se conserve au congélateur pendant 1 mois.*)

❧ Garnir chaque bol de potage de 1 c. à table (15 ml) de yogourt en dessinant des volutes. Donne 8 portions.

Poulets de Cornouailles au citron et couscous

Ces petits poulets se préparent facilement et, dressés sur un grand plat de service avec le couscous, ils font toujours sensation.

4 tasses	bouillon de poulet	1 L
1/4 tasse	huile d'olive	60 ml
3 c. à table	écorce de citron râpée	45 ml
2 1/2 tasses	couscous	625 ml
1/3 tasse	persil frais haché fin	75 ml
4	poulets de Cornouailles (1 1/4 lb/625 g chacun)	4
	Sel et poivre	
1/3 tasse	marmelade de citron	75 ml
2 c. à table	moutarde de Dijon	30 ml

Dans une grande casserole, amener à ébullition le bouillon de poulet avec l'huile et 4 c. à thé (20 ml) de l'écorce de citron. Ajouter le couscous, couvrir et retirer du feu. Laisser reposer pendant 5 minutes. Ajouter le persil et remuer avec une fourchette. (*Le couscous se conserve au réfrigérateur pendant 1 jour.*)

❧ Entretemps, couper le bout des ailes des poulets. Couper les poulets en deux; enlever l'excédent de gras et de peau. Détacher délicatement la peau de chaque poitrine et cuisse, en la laissant attachée sur un côté; frotter la chair des poulets avec le reste de l'écorce de citron.

❧ Dans une plaque à rebord légèrement graissée, disposer, en les espaçant également, 8 monticules de 1 tasse (250 ml) de couscous; recouvrir des demi-poulets, côté plat en dessous. Saler et poivrer.

❧ Mélanger la marmelade et la moutarde et en badigeonner les poulets. Cuire au four à 375°F (190°C) pendant 40 à 45 minutes, jusqu'à ce qu'ils soient bien dorés et que le thermomètre à viande indique 185°F (85°C). Donne 8 portions.

UN NOËL GOURMAND

❧

LA GOURMANDISE EST UN DES GRANDS PLAISIRS DE LA VIE...
ET LORSQUE LA GOURMANDISE EST SUCRÉE, LE PLAISIR EST DOUBLE !

Gâteau glacé au chocolat et aux framboises

❧

Ce merveilleux gâteau étagé peut être préparé deux semaines à l'avance et être rangé, fin prêt, au congélateur jusqu'au jour de votre réception. Même les rouleaux de chocolat peuvent être confectionnés à l'avance.

3 tasses	crème glacée au chocolat	750 ml
2	paquets de 300 g de framboises surgelées	2
1/4 tasse	liqueur ou eau-de-vie de framboise	60 ml
2 c. à table	sucre	30 ml
6 tasses	crème glacée à la vanille	1,5 L
	Rouleaux de chocolat (voir p. 98)	

Croûte

1 1/2 tasse	gaufrettes au chocolat émiettées	375 ml
2 oz	chocolat mi-sucré, haché	30 g
1/4 tasse	beurre, fondu	60 ml
2 c. à table	sucre	30 ml

CROÛTE: Bien mélanger les gaufrettes, le chocolat, le beurre et le sucre. Étendre en pressant dans le fond d'un moule à parois amovibles de 9 po (2,5 L). Cuire au four à 350°F (180°C) pendant 10 minutes. Laisser refroidir.

❧ Tapisser le moule au-dessus de la croûte d'une double épaisseur de papier ciré en le laissant dépasser de 2 po (5 cm) au-dessus du moule et en faisant chevaucher les extrémités sur 1 po (2,5 cm). Agrafer les bords supérieurs ensemble.

❧ Faire ramollir la crème glacée au chocolat à la température de la pièce pendant 10 à 15 minutes; remuer pour qu'elle soit lisse. Étendre par-dessus la croûte et congeler.

❧ Entretemps, mettre de côté 24 framboises au congélateur pour la décoration. Prélever 1 tasse (250 ml) du reste des framboises et couper celles-ci en deux; réserver au congélateur. Décongeler le reste des framboises et les réduire en purée au mélangeur; passer au tamis dans un bol pour en retirer les graines. Incorporer la liqueur et le sucre.

❧ Faire ramollir la moitié de la crème glacée à la vanille; incorporer les demi-framboises et 1 1/2 tasse (375 ml) de la purée. Étendre par-dessus la glace au chocolat et congeler pendant 1 heure.

❧ Faire ramollir le reste de la crème glacée à la vanille; étendre par-dessus la glace aux framboises et lisser la surface. Congeler pendant 15 minutes. Étendre le reste de la purée sur le dessus; congeler. (*Se conserve bien enveloppé au congélateur pendant 2 semaines.*)

❧ Décorer de rouleaux de chocolat et des framboises entières; mettre au réfrigérateur 1 1/2 heure avant de servir. Donne 12 portions.

(à gauche) Gâteau glacé au chocolat et aux framboises;
Gâteau glacé au citron (p. 97).

LES PETITS FRUITS SURGELÉS

Les baies surgelées sont idéales pour réaliser des desserts et des garnitures car elles ont la même saveur et la même apparence que celles de la belle saison. Les framboises et les bleuets se prêtent particulièrement bien à la surgélation.

❧ Durant l'été, vous pouvez vous faire une réserve de framboises (ou de bleuets) en les étendant en couche simple sur une plaque et en les mettant au congélateur jusqu'à ce qu'elles soient dures.

❧ Rangez-les dans des sacs pour congélation ou des contenants de plastique hermétiques et remettez-les au congélateur dans un coin où elles ne risquent pas d'être écrasées.

Gâteau à la crème et aux framboises

❧

Ce dessert spectaculaire fera honneur à votre réception de Noël. Décorez le dessus du gâteau en y déposant une dentelle de papier en guise de pochoir et en le saupoudrant de sucre glace. Garnissez de framboises.

2 tasses	crème à fouetter	500 ml
1/3 tasse	sucre glace	75 ml

Gaufrettes

6	blancs d'oeufs	6
1 1/2 tasse	sucre	375 ml
1 tasse	farine tout usage	250 ml
3/4 tasse	beurre doux, fondu	175 ml
2 c. à table	eau	30 ml
1 c. à table	vanille	15 ml

Sauce aux framboises

2	paquets de 300 g de framboises non sucrées, décongelées	2
1/2 tasse	sucre à fruits	125 ml
2 c. à thé	liqueur de framboise (facultatif)	10 ml

GAUFRETTES: Tapisser deux plaques de papier parchemin et tracer deux cercles de 8 po (20 cm) sur chaque papier.

❧ Dans un grand bol, fouetter légèrement les blancs d'oeufs; ajouter graduellement, en fouettant juste pour mélanger, le sucre, la farine, le beurre, l'eau et la vanille. Verser 1/3 tasse (75 ml) de la préparation sur chaque cercle et étendre délicatement pour couvrir le cercle.

❧ Cuire au four sur la grille du milieu, une plaque à la fois, à 400°F (200°C) pendant 8 à 10 minutes ou jusqu'à ce que les bords commencent à dorer; laisser refroidir sur la plaque sur une grille pendant 2 minutes.

❧ Avec une spatule de métal, déposer sur une surface plate et laisser refroidir complètement. Confectionner 9 gaufrettes en tout avec la préparation. *(Enveloppées séparément dans du papier ciré et rangées dans des contenants hermétiques, les gaufrettes se conservent pendant 2 jours.)*

❧ SAUCE AUX FRAMBOISES: Avec le robot ou le mélangeur, réduire les framboises en purée; passer au tamis dans un bol pour retirer les graines. Incorporer le sucre et la liqueur. *(La sauce se conserve au réfrigérateur pendant 3 jours.)*

❧ Dans un bol, fouetter la crème avec le sucre glace. Mettre une gaufrette sur un plat de service; couvrir de 1/2 tasse (125 ml) de crème fouettée. Arroser de 1/4 tasse (60 ml) de sauce aux framboises. Faire de même avec le reste des ingrédients en terminant avec la neuvième gaufrette.

❧ Couvrir et réfrigérer pendant 1 1/2 à 2 heures ou jusqu'à ce que les gaufrettes soient assez ramollies pour se découper facilement. Donne 8 portions.

CONGÉLATION DES DESSERTS

1 Voici quelques conseils qui vous permettront de congeler vos desserts de fantaisie tout en leur conservant leur belle apparence.

1 Faites-les congeler avant de les envelopper.

2 Enveloppez-les bien dans de la pellicule de plastique et du papier d'aluminium; mettez-les dans un contenant rigide et remettez-les au congélateur.

3 Développez-les et faites-les décongeler au réfrigérateur.

Gâteau glacé au citron

Décorez ce gâteau, au goût frais et exquis, de violettes en sucre et d'une boucle de zeste de citron (voir l'encadré ci-dessous).

6	oeufs, blancs et jaunes séparés	6
1 tasse	sucre	250 ml
1 c. à table	écorce de citron râpée	15 ml
1 tasse	farine à pâtisserie tamisée	250 ml
1/2 tasse	amandes moulues	125 ml

Sirop au citron

1/3 tasse	jus de citron	75 ml
1/4 tasse	sucre	60 ml

Garniture au citron

3	oeufs, battus	3
1 tasse	sucre	250 ml
1/2 tasse	jus de citron	125 ml
1/4 tasse	beurre	60 ml
2 tasses	crème à fouetter	500 ml

Décoration

1 1/2 tasse	crème à fouetter	375 ml
1/2 tasse	amandes tranchées, grillées	125 ml

Dans un grand bol, battre les jaunes d'oeufs au batteur électrique avec 1/2 tasse (125 ml) du sucre et l'écorce de citron pendant 6 à 8 minutes, jusqu'à ce qu'ils soient très pâles et épais.

❧ Dans un autre bol, avec des batteurs propres, battre les blancs d'oeufs jusqu'à ce qu'ils forment des pics mous; incorporer graduellement le reste du sucre en battant jusqu'à ce qu'ils forment des pics fermes.

❧ Mélanger la farine et les amandes moulues. Incorporer en pliant le tiers des blancs d'oeufs, puis le tiers de la farine, dans les jaunes d'oeufs; répéter deux fois ces opérations. Verser dans un moule à fond amovible de 10 po (3 L) graissé et fariné.

❧ Cuire au four à 350°F (180°C) pendant 25 à 30 minutes ou jusqu'à ce qu'un cure-dent inséré près du centre en ressorte propre. Passer un couteau autour du bord du gâteau. Laisser refroidir dans le moule sur une grille.

❧ SIROP AU CITRON: Dans une casserole, chauffer le jus de citron avec le sucre jusqu'à ce qu'il soit dissous en remuant.

❧ GARNITURE AU CITRON: Dans une petite casserole à fond épais (non en aluminium), mélanger les oeufs, le sucre, le jus et le beurre; cuire à feu doux en remuant pendant 15 à 20 minutes ou jusqu'à ce que la préparation nappe bien le dos d'une cuiller. Verser dans un bol; déposer une feuille de papier ciré sur la préparation et faire refroidir au réfrigérateur. Fouetter la crème et incorporer en pliant à la garniture au citron.

❧ ASSEMBLAGE: Couper le gâteau horizontalement en trois tranches. Tapisser un bol d'une capacité de 10 tasses (2,5 L) avec de la pellicule de plastique et y déposer la tranche supérieure du gâteau, le côté coupé sur le dessus. Couper une bande de 1 po (2,5 cm) autour de la deuxième tranche de gâteau; placer cette bande autour du bol au-dessus de la première tranche de gâteau de façon à toucher le bord du bol.

❧ Badigeonner le gâteau du tiers du sirop. Verser par-dessus le tiers de la garniture. Couvrir de la deuxième tranche de gâteau. Badigeonner d'un autre tiers du sirop; verser le reste de la garniture. Couvrir de la troisième tranche, le côté coupé en dessous; badigeonner du reste du sirop. Couvrir de pellicule de plastique et réfrigérer pendant au moins 8 heures.

❧ DÉCORATION: Démouler le gâteau. Fouetter la crème et étendre sur le gâteau. Décorer le bas du gâteau avec les amandes grillées. Mettre au congélateur pendant toute une nuit. (*Se conserve bien enveloppé au congélateur pendant 2 semaines.*)

❧ Faire décongeler partiellement au réfrigérateur pendant 4 heures avant de servir. Donne 12 portions.

QUELLE BONNE IDÉE !

BOUCLE DE ZESTE DE CITRON

Donnez une touche sophistiquée à tous vos desserts au citron en les décorant d'une jolie boucle de zeste.

❧ *Avec un zesteur ou un couteau à canneler, découpez en spirale une longue et fine lanière d'écorce tout autour du citron. Procédez de la même façon avec un couteau à éplucher en prélevant une mince couche de l'écorce; taillez les bords de la lanière. Nouez en boucle lâche.*

❧ *La boucle de zeste peut être enveloppée dans un linge humide et conservée au réfrigérateur pendant 4 heures.*

Diplomate Forêt-Noire

Ce sont les cerises aigres qui donnent à cette variante du gâteau bien connu toute sa merveilleuse saveur.

1	gâteau au chocolat (voir recette)	1
1/3 tasse	liqueur de chocolat ou kirsch	75 ml
4 tasses	griottes en conserve égouttées	1 L
1 tasse	crème à fouetter	250 ml
2 c. à table	sucre glace	30 ml
1 c. à thé	vanille	5 ml
	Rouleaux de chocolat	

Crème anglaise

3 tasses	lait	750 ml
5	jaunes d'oeufs	5
1/2 tasse	sucre	125 ml
1/4 tasse	fécule de maïs	60 ml
1 c. à thé	vanille	5 ml

CRÈME ANGLAISE: Dans une casserole, chauffer le lait jusqu'à ce que des petites bulles apparaissent sur les bords. Dans une casserole à fond épais, battre les jaunes d'oeufs avec le sucre et la fécule jusqu'à ce que le mélange soit lisse; incorporer graduellement le lait en fouettant. Cuire à feu moyen, en remuant constamment, jusqu'à ce que la crème ait épaissi, pendant 3 à 5 minutes. Réduire le feu à doux et laisser mijoter en remuant pendant 1 minute. Passer au tamis dans un bol et incorporer la vanille. Couvrir directement la crème de pellicule de plastique et réfrigérer jusqu'à ce qu'elle soit bien froide, ou pendant au plus 2 jours.

Briser le gâteau en gros morceaux et mettre dans le fond d'un bol d'une capacité de 14 tasses (3,5 L). Arroser de la liqueur de chocolat. Réserver 1/4 tasse (60 ml) des cerises et mettre le reste dans le bol en en disposant contre les parois. Couvrir de la crème anglaise. *(Se conserve au réfrigérateur pendant 1 jour.)*

Fouetter la crème avec le sucre glace; incorporer la vanille en battant. Étendre sur le diplomate. Décorer de rouleaux de chocolat et des cerises réservées. Donne 12 portions.

Gâteau au chocolat

1/2 tasse	beurre, ramolli	125 ml
1 1/3 tasse	sucre	325 ml
2	oeufs	2
1 c. à thé	vanille	5 ml
1 1/3 tasse	farine tout usage	325 ml
1/2 tasse	cacao non sucré tamisé	125 ml
1/2 c. à thé	levure chimique	2 ml
1/2 c. à thé	bicarbonate de sodium	2 ml
1/4 c. à thé	sel	1 ml
3/4 tasse	lait	175 ml

Tapisser le fond d'un moule à gâteau rond de 9 po (1,5 L) avec du papier ciré. Graisser les parois.

Dans un grand bol, battre le beurre avec le sucre jusqu'à ce que le mélange soit gonflé; incorporer un à un les oeufs, puis la vanille, en battant. Mélanger tous les ingrédients secs et les ajouter (un tiers à la fois) à la préparation crémeuse en alternant avec le lait (en deux parts). Verser dans le moule.

Cuire au four à 350°F (180°C) pendant 30 à 35 minutes ou jusqu'à ce qu'un cure-dent inséré au centre en ressorte propre. Laisser refroidir dans le moule sur une grille pendant 10 minutes; démouler sur la grille et laisser refroidir complètement. Donne 1 gâteau.

ROULEAUX DE CHOCOLAT

Les rouleaux de chocolat décorent magnifiquement un dessert. On peut les confectionner de différentes façons.

AVEC UN BLOC DE CHOCOLAT

Pour réussir des rouleaux de chocolat, il faut que celui-ci soit à la bonne température et que vous en ayez une quantité suffisante. Pour couvrir le dessus d'un gâteau ou d'un autre dessert de 9 po (23 cm), il faut avoir 5 oz (150 g) de chocolat.

Chauffez un carré de 1 oz (30 g) au micro-ondes à intensité maximale pendant 30 secondes. Ou faites-le ramollir, enveloppé, dans votre main pendant 1 minute environ.

Tenez bien le carré de chocolat et travaillez de façon ferme et régulière. Pour de gros rouleaux, passez lentement un couteau à éplucher sur le dessous du carré; pour de petits rouleaux, passez le couteau sur un côté du carré.

SUR UNE PLAQUE

Étendez uniformément du chocolat fondu sur une plaque. Faites raffermir (non durcir) au réfrigérateur pendant 5 minutes environ.

Pour de petits rouleaux, avec une cuiller à un angle de 30°, raclez la plaque en soulevant le chocolat vers vous. Pour de gros rouleaux, utilisez un couteau ou une racle et procédez en sens inverse.

AVEC UNE RÂPE

Cette méthode est la plus facile. Elle est surtout employée pour décorer les desserts froids et glacés. Vous obtiendrez des rouleaux plus longs en utilisant un gros bloc de chocolat.

Laissez ramollir le bloc de chocolat, pendant 1 heure environ, à la température de la pièce avant de le râper. En travaillant de façon ferme et régulière, râpez le côté le plus long du bloc de chocolat sur le côté le plus gros de la râpe.

Tiramisu aux framboises

Ce dessert classique de la cuisine italienne a toujours beaucoup de succès. Les framboises remplacent ici le café et donnent une note de fraîcheur à ce dessert absolument exquis.

2	paquets de 300 g de framboises congelées non sucrées	2
1 lb	fromage mascarpone (ou fromage à la crème)	500 g
1/2 tasse	sucre	125 ml
2	jaunes d'oeufs	2
1/4 tasse	cognac	60 ml
1 c. à table	jus de citron	15 ml
1 1/2 c. à thé	vanille	7 ml
1 1/2 tasse	crème à fouetter	375 ml
12	petites langues-de-chat molles, coupées en deux (ou un quatre-quarts tranché mince)	12
1 c. à table	cacao non sucré	15 ml
	Décorations en chocolat (voir ci-dessous)	
1/2 tasse	framboises fraîches	125 ml

Dans une passoire mise au-dessus d'un bol, faire décongeler les framboises en réservant le jus.

❧ Dans un grand bol, battre le mascarpone avec le sucre. Dans un autre bol, au-dessus d'une eau chaude mais non bouillante, battre les jaunes d'oeufs (avec des batteurs propres) pendant 5 minutes ou jusqu'à ce qu'ils soient pâles et épais; incorporer en battant au mascarpone.

❧ Incorporer le cognac, le jus de citron et la vanille. Fouetter le tiers de la crème et incorporer en pliant au mascarpone.

❧ Tapisser le fond d'un bol en verre d'une capacité de 8 tasses (2 L) avec 12 demi-langues-de-chat; bien badigeonner avec environ 3 c. à table (45 ml) du jus de framboise réservé. Couvrir du quart de la préparation au mascarpone. Tamiser 1 c. à thé (5 ml) du cacao par-dessus. Parsemer du tiers des framboises décongelées, en en pressant quelques-unes contre le bol pour qu'elles soient bien apparentes.

❧ Répéter deux fois les opérations avec le mascarpone, le cacao et les framboises. Disposer les 12 autres demi-langues-de-chat; badigeonner de jus et couvrir avec le reste de la préparation au mascarpone. Couvrir délicatement et réfrigérer pendant au moins 4 heures ou toute une nuit.

❧ Fouetter le reste de la crème et en garnir le tiramisu en laissant visible une bordure de mascarpone. Saupoudrer légèrement la bordure de mascarpone de cacao. Garnir de décorations en chocolat et de framboises fraîches. Donne 8 à 10 portions.

Truc: *Pour faire des décorations en chocolat, tapissez une plaque de papier ciré. Mettez 2 oz (60 g) de chocolat mi-sucré fondu dans une poche à pâtisserie et tracez des formes simples (étoile, sapin, etc.) sur le papier. Réfrigérez pendant 15 minutes. Glissez un couteau pointu en dessous et déposez sur le dessert.*

MOUSSE AUX MARRONS

Pour une réception sans souci, préparez à l'avance ce dessert à l'allure sophistiquée. Vous trouverez la purée de marrons en conserve dans les épiceries fines et certains supermarchés.

❧ *Dans un grand bol, battez une boîte (15 oz/435 g) de purée de marrons jusqu'à ce qu'elle soit lisse; incorporez graduellement en battant 1 tasse (250 ml) de sucre glace et 1/4 tasse (60 ml) de liqueur d'orange ou de jus d'orange concentré congelé et 1 c. à thé (5 ml) de vanille.*

❧ *Fouettez 2 tasses (500 ml) de crème et incorporez en pliant à la préparation aux marrons. Répartissez dans huit coupes à dessert ou verres à vin. Couvrez et réfrigérez pendant au moins 1 heure ou jusqu'à ce que la mousse soit ferme. (Se conserve pendant 2 jours au réfrigérateur ou 1 semaine au congélateur; mettre au réfrigérateur 3 heures avant de servir.) Si désiré, décorez de crème fouettée. Donne 8 portions.*

Crème anglaise aux fruits
❧

Faites une pause de pâtisserie sans vous priver avec ce dessert rafraîchissant.

2/3 tasse	sucre	150 ml
1 c. à table	fécule de maïs	15 ml
	Une pincée de sel	
2 tasses	lait	500 ml
2 tasses	crème 10 %	500 ml
3	oeufs	3
6	jaunes d'oeufs	6
1 c. à thé	vanille	5 ml
1	paquet de 300 g de framboises surgelées (voir p. 94)	1
3	kiwis	3

Dans une grande casserole à fond épais, mélanger le sucre, la fécule et le sel; incorporer le lait et la crème en fouettant. Amener à faible ébullition à feu moyen en remuant constamment; cuire, toujours en remuant, pendant 2 minutes ou jusqu'à ce que le mélange ait un peu épaissi. Réduire le feu à doux.

❧ Dans un bol, battre les oeufs et les jaunes d'oeufs; ajouter 1 tasse (250 ml) du lait chaud en fouettant et remettre le tout dans la casserole. Cuire, en fouettant constamment, pendant 4 minutes ou jusqu'à ce que la crème soit lisse et épaisse. Passer au tamis dans un bol. Incorporer la vanille; laisser refroidir. *(Couvrir directement la crème de pellicule de plastique et réfrigérer pendant au plus 2 jours).*

❧ Environ 3 heures avant de servir, décongeler les framboises en réservant le jus pour un usage ultérieur. Mettre 15 framboises de côté. Peler et trancher les kiwis; réserver 12 tranches.

❧ Dans un bol en verre d'une capacité de 8 tasses (2 L), disposer en couches la crème anglaise et les fruits, en terminant avec la crème. Décorer avec les fruits réservés. Donne 8 portions.

LES KIWIS

Fruit exotique autrefois rare et cher, le kiwi est aujourd'hui vendu dans tous les supermarchés et à un prix abordable. Les kiwis viennent maintenant autant de la Colombie britannique et de la Californie que de la Nouvelle-Zélande et de l'Italie.

❧ Merveilleusement parfumé, il est délicieux nature et sa merveilleuse couleur brillante en fait un ingrédient de choix pour les desserts des fêtes. Achetez les kiwis quelques jours avant de les consommer et laissez-les mûrir, de préférence dans un sac de papier, à une température fraîche, à l'abri du soleil.

Diplomate aux petits fruits

Voici une variante allégée du diplomate,
qui n'a cependant rien perdu de sa merveilleuse saveur.

1	gâteau de Savoie ou quatre-quarts léger	1
1/2 tasse	xérès sec ou jus de framboise	125 ml
1	paquet de 300 g de framboises et de bleuets congelés non sucrés (chacun), décongelés et égouttés	1
	Menthe fraîche	

Crème anglaise

3/4 tasse	sucre	175 ml
1/3 tasse	fécule de maïs	75 ml
	Une pincée de sel	
4 tasses	lait 2 %	1 L
4	jaunes d'oeufs, battus	4
2 c. à thé	vanille	10 ml
	Une pincée de muscade	

CRÈME ANGLAISE: Dans une casserole à fond épais, mélanger le sucre, la fécule et le sel; incorporer le lait. Amener à ébullition à feu moyen en remuant; cuire pendant 2 minutes en remuant constamment, jusqu'à ce que le lait ait légèrement épaissi.

❧ Incorporer, en fouettant, 1/2 tasse (125 ml) du lait dans les jaunes d'oeufs; incorporer les jaunes d'oeufs en fouettant dans le lait chaud. Cuire en remuant à feu doux pendant 1 minute ou jusqu'à ce que la crème ait épaissi. Passer au tamis dans un bol. Incorporer la vanille et la muscade. Couvrir directement la crème avec de la pellicule de plastique; réfrigérer pendant au moins 2 heures ou au plus 2 jours.

❧ Couper le gâteau en tranches de 1 po (2,5 cm) d'épaisseur. Couvrir le fond d'un bol en verre d'une capacité de 10 tasses (2,5 L) avec la moitié du gâteau; arroser de la moitié du xérès et parsemer des bleuets. Étendre une autre couche de gâteau et arroser de xérès; couvrir de la moitié de la crème.

❧ Mettre de côté 1/4 tasse (60 ml) des framboises et parsemer la crème du reste des fruits; couvrir du reste de la crème. Réfrigérer pendant au moins 2 heures et au plus 4 heures. Décorer des framboises réservées et de menthe fraîche. Donne 12 portions.

Meringue aux fruits frais

Apprêtée aux couleurs de la fête,
cette meringue aux fraises et aux kiwis plaira à tous.

6	blancs d'oeufs	6
1/4 c. à thé	sel	1 ml
1/4 c. à thé	crème de tartre	1 ml
1 1/2 tasse	sucre	375 ml
2 c. à table	fécule de maïs	30 ml
1 c. à table	vinaigre	15 ml
1 1/2 c. à thé	vanille	7 ml
1 1/2 tasse	crème à fouetter	375 ml
1 tasse	fraises ou framboises	250 ml
2	kiwis, tranchés	2

Tapisser une plaque de papier parchemin. Déposer les parois d'un moule à fond amovible de 8 ou 9 po (2 ou 2,5 L) sur le papier.

❧ Dans un bol, battre en pics mous les blancs d'oeufs avec le sel et la crème de tartre. Incorporer le sucre, en pluie fine et continue, en battant les blancs en pics fermes et brillants. Incorporer en pliant la fécule, le vinaigre et la vanille.

❧ Verser la préparation à la cuiller dans le moule; lisser la surface. Cuire au four à 275°F (140°C) pendant 2 à 2 1/2 heures ou jusqu'à ce que la meringue soit sèche et légèrement dorée à l'extérieur mais encore molle au centre. Laisser refroidir complètement (la meringue s'affaissera). Passer un couteau autour de la meringue; retirer les parois, puis le papier, délicatement. *(Se conserve, enveloppée lâchement, pendant 3 jours.)*

❧ Fouetter la crème et étendre sur le dessus de la meringue en faisant des volutes et des pics. Garnir des fruits. Donne 6 à 8 portions.

QUELLE BONNE IDÉE!

PARFAITS AU CAFÉ

Ce dessert a toutes les qualités: il est délicieux, il plaît à tous, et on peut le préparer à l'avance !

❧ Trempez une fourchette dans un pot de 8 oz (250 ml) de sauce au chocolat et arrosez-en l'intérieur de huit verres à parfait d'une capacité de 8 oz (250 ml); faites légèrement durcir au congéla-teur pendant 10 à 15 mi-nutes.

❧ Faites ramollir 6 tasses (1,5 L) de crème glacée au café et répartissez-en la moitié dans les verres; arrosez chacun de 1 c. à table (15 ml) de sauce. Répétez ces opérations avec le reste des ingrédients. Faites raffermir au congéla-teur pendant 1 heure environ.

(Se conservent au congélateur pendant 2 jours. Mettre au réfrigérateur 20 minutes avant de décorer.)

❧ Fouettez 1 tasse (250 ml) de crème avec 1/4 tasse (60 ml) de liqueur de café; garnissez les parfaits de crème fouettée au café. Décorez de chocolat mi-sucré râpé (1 oz/30 g). Donne 8 portions.

Pouding au lait de poule

※

Légèrement parfumé au rhum,
ce pouding onctueux est un pur délice !

3	sachets de 7 g de gélatine sans saveur	3
1/4 tasse	cassonade tassée	60 ml
1 tasse	eau bouillante	250 ml
1 tasse	eau glacée	250 ml
1 c. à table	rhum	15 ml
2 tasses	lait de poule du commerce	500 ml
	Crème fouettée	

Dans un grand bol, mélanger la gélatine et la cassonade; ajouter l'eau bouillante et remuer jusqu'à ce que la gélatine soit dissoute. Incorporer l'eau glacée et le rhum. Faire refroidir la préparation au réfrigérateur jusqu'à ce qu'elle soit assez épaisse pour conserver sa forme dans une cuiller.

※ Battre au batteur électrique, à vitesse moyenne, jusqu'à ce qu'elle soit légère et gonflée; incorporer le lait de poule, sans cesser de battre, en un mince filet continu.

※ Rincer à l'eau froide un moule à pouding de 4 tasses (1 L) et y verser la préparation. Couvrir avec de la pellicule de plastique et faire prendre au réfrigérateur pendant 4 heures environ ou toute une nuit.

※ Retourner le moule sur un plat de service; couvrir le moule d'un linge humide chaud et agiter délicatement pour que le pouding se détache du moule. Garnir de crème fouettée. Donne 6 à 8 portions.

Mousse au citron

※

Avec cette mousse au citron, dressée dans de jolies coupes
en verre (photo ci-dessus), vous terminerez en beauté
n'importe quel festin des fêtes. Pour un grand nombre
de convives, préparez deux fois la recette.

1	sachet de 7 g de gélatine sans saveur	1
1/4 tasse	eau froide	60 ml
1 c. à table	écorce de citron râpée	15 ml
1/2 tasse	jus de citron	125 ml
1 tasse	sucre	250 ml
2/3 tasse	yogourt nature	150 ml
1 tasse	crème à fouetter	250 ml

Dans une casserole, saupoudrer l'eau froide de la gélatine; laisser reposer pendant 1 minute. Chauffer à feu doux en remuant jusqu'à ce que la gélatine soit dissoute. Incorporer l'écorce et le jus de citron, et la moitié du sucre. Incorporer le yogourt.

※ Dans un bol, fouetter la crème avec le reste du sucre; incorporer en pliant à la préparation au citron. Mettre dans des coupes en verre individuelles. Couvrir et faire refroidir au réfrigérateur pendant 2 heures, ou 1 jour au plus. Donne 6 à 8 portions.

POMMES AU MIEL ET AU GINGEMBRE

Servez ces délicieuses pommes cuites au four avec de la crème fouettée ou de la Garniture de yogourt (sur cette page).

❧ *Dans une casserole, amenez à ébullition, à feu moyen, 1/2 tasse (125 ml) de miel liquide et 1 c. à table (15 ml) de racine de gingembre hachée. Évidez 6 pommes et faites une incision tout autour. Mettez dans un moule carré de 8 po (2 L). Mélangez 1/2 tasse (125 ml) de raisins secs dorés et 2 c. à table (30 ml) de gingembre confit haché; farcissez-en les pommes. Garnissez chacune de 1/2 c. à thé (2 ml) de beurre et nappez du miel. Faites cuire au four à 375°F (190°C), en arrosant deux fois, pendant 45 à 50 minutes. Donne 6 portions.*

Croustillant de Noël
❧

Parmi tous les desserts de la saison froide, ce croustillant à l'ancienne est peut-être le favori. Débordant de fruits et recouvert d'une garniture croquante, il satisfait tous les désirs de gourmandise.

5 tasses	pommes pelées et tranchées	1,25 L
1 tasse	framboises congelées	250 ml
1 tasse	bleuets congelés	250 ml
1 c. à table	cassonade tassée	15 ml
1 c. à table	farine tout usage	15 ml

Garniture

1/2 tasse	cassonade tassée	125 ml
1/2 tasse	farine tout usage	125 ml
1/2 tasse	flocons d'avoine	125 ml
1 c. à thé	cannelle	5 ml
1 c. à thé	écorce d'orange râpée fin	5 ml
1/4 tasse	beurre, ramolli	60 ml
1/3 tasse	noisettes hachées	75 ml

Dans un moule carré de 8 po (2 L) graissé, mélanger les pommes, les framboises, les bleuets, la cassonade et la farine.

❧ GARNITURE: Dans un bol, mélanger la cassonade, la farine, les flocons d'avoine, la cannelle et l'écorce d'orange. Avec un coupe-pâte, ou les doigts, incorporer le beurre. Parsemer les fruits de la garniture, puis des noisettes.

❧ Cuire au four à 350°F (180°C) pendant 45 à 50 minutes. Donne 4 à 6 portions.

Croustillant aux poires et au mincemeat
❧

Le mincemeat transforme un dessert ordinaire en un plat de fête. Ce croustillant est si délicieux que vous voudrez vous en régaler même après Noël.

4 tasses	poires pelées tranchées (5 environ)	1 L
1 1/2 tasse	mincemeat	375 ml
2 c. à table	jus de citron	30 ml
1/2 tasse	farine tout usage	125 ml
1/3 tasse	cassonade tassée	75 ml
1/3 tasse	flocons d'avoine	75 ml
1/3 tasse	beurre	75 ml
1/2 tasse	amandes en lamelles ou en tranches	125 ml

Dans un moule carré de 9 po (2,5 L), mélanger les poires, le mincemeat et le jus de citron. Dans un bol, mélanger la farine, la cassonade et les flocons d'avoine; incorporer le beurre avec deux couteaux. Incorporer les amandes. En parsemer uniformément les fruits. Cuire au four à 375°F (190°C) pendant 45 minutes. Donne 6 portions.

Croustillant aux poires et au mincemeat

GARNITURE DE YOGOURT

Mettez 2 tasses (500 ml) de yogourt dans un tamis tapissé d'une étamine au-dessus d'une grande tasse à mesurer. Laissez égoutter au réfrigérateur pendant 12 heures ou jusqu'à ce qu'il soit réduit de moitié environ. Si désiré, aromatisez avec un peu de miel ou de sucre et un filet de vanille ou de l'écorce d'orange ou de citron râpée.

Gâteau meringué au chocolat
❧

*Garni d'une mousse au chocolat,
ce gâteau meringué est absolument divin.*

2/3 tasse	sucre	150 ml
1 c. à table	cacao non sucré	15 ml
1 c. à table	fécule de maïs	15 ml
3	blancs d'oeufs	3
1/2 c. à thé	vanille	2 ml

Mousse

8 oz	chocolat non sucré	250 g
1 1/2 tasse	sucre	375 ml
1/2 tasse	eau	125 ml
10	jaunes d'oeufs	10
2 tasses	crème à fouetter	500 ml
1 c. à thé	vanille	5 ml

Décoration
Crème fouettée
Cacao non sucré

*T*racer deux cercles de 8 po (20 cm) sur du papier parchemin; retourner et déposer sur une plaque. Mélanger 1/3 tasse (75 ml) du sucre, le cacao et la fécule; mettre de côté.

❧ Dans un grand bol, battre les blancs d'oeufs en pics mous; incorporer graduellement le reste du sucre en battant en neige ferme. Incorporer en pliant la vanille et le sucre chocolaté réservé. Répartir la préparation sur les cercles, étendre uniformément et lisser la surface. Cuire au four à 300°F (150°C) pendant 1 1/2 heure, jusqu'à ce que les meringues soient sèches; laisser refroidir complètement.

❧ MOUSSE: Dans un bol, au-dessus d'une eau chaude mais non bouillante, faire fondre le chocolat avec le sucre et l'eau. Dans un autre bol, au-dessus d'une eau chaude mais non bouillante, battre les jaunes d'oeufs jusqu'à ce qu'ils soient pâles et épais, pendant environ 5 minutes. Incorporer au chocolat en pliant délicatement. Laisser refroidir pendant au plus 10 minutes.

❧ Entretemps, fouetter la crème et la vanille; incorporer le quart en fouettant à la préparation au chocolat encore chaude. Incorporer en pliant le reste de la crème fouettée.

❧ ASSEMBLAGE: Tapisser les parois d'un moule à fond amovible de 9 po (2,5 L) avec du papier ciré en le laissant dépasser de 1 po (2,5 cm) au-dessus du moule. Déposer une meringue dans le moule, en la taillant au besoin; couvrir de la moitié de la mousse. Déposer l'autre meringue et couvrir du reste de la mousse. (*Se conserve pendant 1 jour au réfrigérateur ou 2 semaines au congélateur; décongeler pendant 6 heures au réfrigérateur.*)

❧ Décorer de rosettes de crème fouettée et saupoudrer de cacao. Donne 12 à 16 portions.

Gâteau au fromage au rhum
❧

*Parfumé au rhum et à la muscade et décoré somptueusement,
ce gâteau au fromage prend des airs de fête.*

1 tasse	biscuits graham émiettés	250 ml
3 c. à table	beurre, fondu	45 ml
2 c. à table	sucre	30 ml

Garniture

1 1/2 lb	fromage à la crème, ramolli	750 g
1 tasse	sucre	250 ml
1/2 tasse	crème à fouetter	125 ml
3 c. à table	farine tout usage	45 ml
3	oeufs	3
2 c. à table	rhum (ou 2 c. à table/30 ml de jus d'orange et 1 c. à thé/5 ml d'arôme artificiel de rhum)	30 ml
1/2 c. à thé	muscade	2 ml

Décoration

2 oz	chocolat mi-sucré	60 g
	Boules de bonbon rouges	
	Dragées dorées ou argentées	

*M*élanger les biscuits, le beurre et le sucre; étendre en pressant dans le fond d'un moule à parois amovibles de 9 po (2,5 L). Cuire au four à 325°F (160°C) pendant 10 minutes. Laisser refroidir sur une grille.

❧ GARNITURE: À l'aide du robot ou dans un bol, battre en crème lisse le fromage avec le sucre, la crème et la farine; incorporer en battant les oeufs, le rhum et la muscade. Verser sur la croûte.

❧ Cuire au four à 425°F (220°C) pendant 10 minutes. Réduire la température à 250°F (120°C) et poursuivre la cuisson pendant 45 minutes ou jusqu'à ce que le bord du gâteau soit ferme mais le centre encore un peu mou. Éteindre le four. Passer rapidement un couteau autour du bord du gâteau; laisser refroidir dans le four pendant 1 heure. Laisser refroidir complètement sur une grille.

❧ DÉCORATION: Faire fondre le chocolat et laisser refroidir un peu. Étendre entre deux feuilles de papier ciré sur 1/8 po (3 mm) d'épaisseur; mettre sur une plaque et faire raffermir au réfrigérateur. Découper des feuilles de houx dans le chocolat et en décorer le gâteau. Faire fondre de nouveau le reste du chocolat et tracer les tiges des feuilles sur le gâteau. Ajouter les boules rouges et les dragées pour imiter des baies. Donne 10 à 12 portions.

Gâteau au fromage au rhum

Gâteau au fromage au chocolat

※

Préparé avec des biscuits au chocolat,
ce gâteau au fromage plaira à tous les enfants.

1 1/2 lb	fromage à la crème	750 g
3/4 tasse	sucre	175 ml
3	oeufs	3
1 c. à thé	vanille	5 ml
1 tasse	crème aigre	250 ml
2 c. à thé	farine tout usage	10 ml
15	biscuits au chocolat	15
	fourrés à la crème, en morceaux	

Croûte

15	biscuits au chocolat fourrés à la crème	15
3 c. à table	beurre, fondu	45 ml

Décoration

Biscuits au chocolat fourrés à la crème

CROÛTE: Avec le mélangeur, réduire les biscuits en fines miettes. Incorporer le beurre. Étendre en pressant dans le fond et sur 1 po (2,5 cm) de hauteur des parois d'un moule à fond amovible de 8 1/2 po (2,25 L), graissé. Déposer le moule sur une feuille de papier d'aluminium et presser le papier contre les parois. Réfrigérer.

※ Dans un bol, battre le fromage; incorporer le sucre en battant. Incorporer un à un les oeufs, en battant, puis la vanille, la crème aigre, et la farine.

※ Verser le tiers de la préparation sur la croûte; parsemer de la moitié des biscuits en morceaux. Répéter ces deux opérations. Verser le reste de la préparation et lisser la surface.

※ Mettre le moule dans un plus grand moule; verser de l'eau chaude jusqu'à 1 po (2,5 cm) de hauteur sur les côtés. Cuire au four à 325°F (160°C) pendant 50 à 60 minutes ou jusqu'à ce que le bord du gâteau soit ferme mais le centre encore un peu mou. Éteindre le four. Passer un couteau autour du bord du gâteau; laisser refroidir dans le four pendant 1 heure. Retirer le papier d'aluminium; laisser refroidir sur une grille. Couvrir et réfrigérer pendant une nuit ou au plus 3 jours. Avant de servir, décorer avec des biscuits coupés. Donne 10 à 12 portions.

Gâteau de Savoie au triple chocolat

Pour réaliser une variante à faible teneur en matières grasses de ce dessert, garnissez le centre du gâteau de sorbet aux fruits au lieu de crème glacée au chocolat, et nappez de coulis de framboises au lieu de sauce au chocolat.

4 tasses	crème glacée au chocolat, ramollie	1 L
	Sucre glace	

Gâteau

1 3/4 tasse	sucre	425 ml
1 tasse	farine à pâtisserie	250 ml
1/3 tasse	cacao non sucré	75 ml
2 tasses	blancs d'oeufs (16 environ)	500 ml
1 c. à thé	crème de tartre	5 ml
	Une pincée de sel	
1 c. à thé	vanille	5 ml

Sauce au chocolat

6 oz	chocolat mi-sucré, haché	175 g
1/3 tasse	crème à fouetter	75 ml
1/3 tasse	eau	75 ml
3 c. à table	sirop de maïs	45 ml
2 c. à table	cacao non sucré	30 ml
1 c. à thé	vanille	5 ml

GÂTEAU: Dans un bol, tamiser trois fois ensemble 3/4 tasse (175 ml) du sucre, la farine et le cacao; mettre de côté.

❧ Battre les blancs d'oeufs en pics mous avec la crème de tartre et le sel; incorporer graduellement le reste du sucre en battant les blancs en pics fermes. Incorporer la vanille.

❧ Tamiser le mélange de la farine, un tiers à la fois, au-dessus des blancs d'oeufs et incorporer en pliant. Verser dans un moule à cheminée de 10 po (4 L) non graissé. Passer un couteau dans la préparation pour éliminer les poches d'air.

❧ Cuire au four à 350°F (180°C) pendant 50 à 60 minutes. Retourner le moule sur un entonnoir renversé et laisser refroidir. Passer un couteau contre les parois du moule et démouler le gâteau; couvrir et faire raffermir au congélateur pendant 2 heures.

❧ À partir de la base, creuser un tunnel d'environ 3 po (8 cm) de profondeur, en laissant 1 po (2,5 cm) d'épaisseur sur les côtés. Réserver les morceaux de gâteau. Remplir le tunnel de crème glacée; recouvrir de morceaux de gâteau. Couvrir et congeler pendant 4 heures. (*Se conserve au congélateur pendant 3 jours.*)

❧ SAUCE AU CHOCOLAT: Dans une casserole, mélanger le chocolat, la crème, l'eau, le sirop de maïs et le cacao; cuire à feu moyen en fouettant jusqu'à ce que la sauce soit lisse. Augmenter le feu à moyen-vif et amener juste au point d'ébullition; retirer du feu et incorporer la vanille. Laisser refroidir. (*La sauce se conserve au réfrigérateur pendant 3 jours.*)

❧ Retourner le gâteau dans un plat de service; saupoudrer de sucre glace. Arroser chaque tranche de sauce au chocolat. Donne 10 à 12 portions.

Tarte glacée au mincemeat

Utilisez un mincemeat aux fruits, sans graisse de rognon, pour apprêter ce dessert glacé nappé d'une sauce au caramel.

1 1/4 tasse	gaufrettes à la vanille émiettées	300 ml
1/2 tasse	pacanes hachées fin	125 ml
1/4 tasse	beurre, fondu	60 ml
2 c. à table	cassonade tassée	30 ml
1/2 c. à thé	cannelle	2 ml

Garniture

6 tasses	crème glacée à la vanille	1,5 L
1 tasse	mincemeat	250 ml

Sauce au caramel

1/2 tasse	cassonade tassée	125 ml
1/2 tasse	crème à fouetter	125 ml
1/2 c. à thé	vanille	2 ml

Mélanger les gaufrettes, les pacanes, le beurre, la cassonade et la cannelle. Étendre en pressant dans le fond et sur 1 1/2 po (4 cm) des parois d'un moule à fond amovible de 10 po (3 L) graissé. Mettre au congélateur pendant 30 minutes.

❧ GARNITURE: Mettre la crème glacée dans un bol et laisser ramollir à la température de la pièce pendant 10 à 15 minutes. Incorporer le mincemeat. Étendre en tassant dans la croûte. Couvrir et congeler pendant toute une nuit ou au plus 4 semaines.

❧ SAUCE AU CARAMEL: Dans une casserole, amener à ébullition la cassonade et la crème; cuire en remuant de temps à autre pendant 3 à 4 minutes ou jusqu'à ce que la sauce nappe le dos d'une cuiller (ne pas trop cuire). Incorporer la vanille. Laisser refroidir pendant 3 minutes. (*Se conserve dans un contenant hermétique pendant 4 semaines; réchauffer à feu moyen.*)

❧ Arroser chaque pointe de tarte de sauce au caramel. Donne 12 portions.

Tarte aux fruits secs

Bien que les fruits secs semblent une garniture peu attrayante pour une tarte, ne vous méprenez pas en écartant cette recette. Servie chaude avec de la crème fouettée, cette tarte est absolument savoureuse.

	Pâte brisée pour une tarte de 9 po (23 cm) à croûte double	
1	oeuf, battu	1

Garniture

2 tasses	abricots secs	500 ml
1 1/2 tasse	pruneaux secs dénoyautés	375 ml
1 tasse	raisins secs	250 ml
1/2 tasse	pommes sèches	125 ml
3/4 tasse	cassonade tassée	175 ml
1/2 tasse	amandes hachées	125 ml
1/2 tasse	beurre, fondu	125 ml
1/4 tasse	rhum	60 ml
1 c. à thé	écorce de citron râpée	5 ml
1 c. à table	jus de citron	15 ml
1 1/2 c. à thé	cannelle	7 ml

GARNITURE: Dans une casserole, couvrir d'eau les abricots, les pruneaux, les raisins et les pommes; amener à ébullition à feu moyen. Réduire le feu à moyen-doux, couvrir et laisser mijoter pendant 10 minutes. Égoutter et laisser refroidir; hacher grossièrement. Dans un grand bol, mélanger les fruits avec la cassonade, les amandes, le beurre, le rhum, l'écorce et le jus de citron, et la cannelle.

❧ Sur une surface légèrement farinée, abaisser la moitié de la pâte et foncer un moule à tarte de 9 po (23 cm); remplir de la garniture. Tailler et canneler le bord. Abaisser le reste de la pâte; découper avec un emporte-pièce (en forme d'étoile par exemple), et disposer toutes les formes sur la garniture en les faisant chevaucher. (*Se conserve non cuite, bien enveloppée, au congélateur pendant 2 semaines. Ne pas décongeler.*)

❧ Badigeonner la pâte d'oeuf battu. Cuire au four à 425°F (220°C) pendant 15 minutes. Réduire la température à 375°F (190°C) et cuire pendant 20 à 25 minutes (1 1/4 heure pour la tarte congelée, en couvrant le bord de la tarte avec du papier d'aluminium) ou jusqu'à ce qu'elle soit dorée. Donne 12 portions.

Tarte au chocolat et aux noix

Les noix de Grenoble sont ici à l'honneur dans cette succulente tarte au chocolat.

1 1/3 tasse	farine tout usage	325 ml
1/3 tasse	noix de Grenoble moulues	75 ml
2 c. à table	sucre	30 ml
1/4 c. à thé	sel	1 ml
1/2 tasse	beurre	125 ml
1/4 tasse	graisse végétale	60 ml
1	jaune d'oeuf	1
2 c. à table	eau	30 ml
2 oz	chocolat mi-sucré, fondu	60 g

Garniture

4	oeufs	4
1 tasse	sucre	250 ml
1 tasse	sirop de maïs	250 ml
2 c. à table	beurre, ramolli	30 ml
2 c. à thé	vanille ou liqueur de café	10 ml
3 oz	chocolat mi-sucré, haché gros	90 g
1 1/2 tasse	noix de Grenoble hachées gros	375 ml

Dans un grand bol, mélanger la farine, les noix, le sucre et le sel. Avec un coupe-pâte ou deux couteaux, incorporer le beurre et la graisse végétale jusqu'à ce que la préparation ressemble à une chapelure grossière.

❧ Mélanger le jaune d'oeuf et l'eau et en arroser les ingrédients secs; remuer légèrement avec une fourchette. Façonner en galette; envelopper et réfrigérer pendant 1 heure.

❧ Abaisser la pâte entre deux feuilles de papier ciré sur 1/4 po (5 mm) d'épaisseur. Étendre dans un moule à tarte à fond amovible de 11 po (28 cm); couper l'excédent de pâte. Réfrigérer.

❧ GARNITURE: Dans un grand bol, battre les oeufs avec le sucre, le sirop de maïs, le beurre et la vanille; incorporer le chocolat et les noix. Verser la garniture dans le moule.

❧ Cuire au four à 375°F (190°C) pendant 45 minutes ou jusqu'à ce que la pâte soit dorée et qu'un cure-dent inséré au centre de la tarte en ressorte propre. Laisser refroidir sur une grille.

❧ Arroser la tarte de chocolat fondu. Donne 10 à 12 portions.

Tarte au chocolat et aux noix

LE RÉVEILLON DE NOËL

❧

QUE L'ON PASSE LE RÉVEILLON BIEN TRANQUILLEMENT AU COIN DU
FEU OU QUE L'ON ASSISTE À UN FESTIN AU RETOUR DE LA MESSE DE MINUIT,
LA NUIT DE NOËL NOUS ENVELOPPE TOUS DE SA MAGIE.

Un réveillon au coin du feu

❧

*Un petit repas au coin du feu, voilà une façon
charmante de fêter le réveillon avec des êtres chers.*

❧

Sangria aux canneberges

❧

Fondue au fromage et garnitures

❧

Salade de verdures

❧

Croustillant aux poires et au mincemeat
(recette, p. 103)

Salade de verdures

❧

*Apprêtez cette salade avec vos verdures favorites
(épinards, romaine, cresson) et ajoutez-y un ou deux
ingrédients aux couleurs contrastées comme des endives
et du radicchio. Servez-la après la fondue au fromage.*

8 tasses	verdures assorties déchiquetées	2 L
1/2 tasse	oignon rouge ou d'Espagne en lamelles	125 ml
1/2 tasse	noix grillées (voir p. 30)	125 ml
2 c. à table	vinaigre de vin blanc	30 ml
2 c. à thé	moutarde de Dijon	10 ml
1/2 c. à thé	cassonade	2 ml
1/3 tasse	huile végétale	75 ml
	Sel et poivre	

Dans un saladier, mélanger les verdures, l'oignon et les noix.
❧ Dans un petit bol, fouetter le vinaigre avec la moutarde et la
cassonade; incorporer l'huile graduellement en fouettant. Verser
sur la salade et mélanger. Saler et poivrer. Donne 6 portions.

Fondue au fromage et garnitures

❧

*Pour accompagner la fondue, préparez des garnitures telles
que des crevettes cuites, des champignons entiers, des
morceaux de poivron, des bouquets de brocoli et de chou-fleur
blanchis et, bien sûr, des cubes de pain croustillant.*

1 1/2 tasse	vin blanc sec	375 ml
1 c. à table	jus de citron	15 ml
1	gousse d'ail	1
4 tasses	fromage suisse râpé	1 L
2 tasses	édam râpé	500 ml
1 c. à table	fécule de maïs	15 ml

Dans une casserole, à feu moyen, amener presque à ébullition le vin avec le jus de citron et la gousse d'ail. Réduire le feu
à moyen-doux et retirer l'ail.
❧ Dans un bol, mélanger les fromages et la fécule; ajouter, une
poignée à la fois, dans le vin en fouettant constamment jusqu'à
ce que le fromage soit entièrement fondu. Cuire jusqu'à ce que
la fondue soit épaisse et commence à bouillir; verser dans le
poêlon à fondue sur le réchaud. Donne 6 portions.

QUELLE BONNE IDÉE !

SANGRIA AUX CANNEBERGES

Vous pouvez préparer cette boisson rafraîchissante sans
alcool en remplaçant le vin par du Five Alive et en
omettant la liqueur.
❧ Dans un joli pot, mélangez 1 boîte de 275 ml de cocktail
aux canneberges concentré congelé, 1 bouteille de 750 ml de
vin blanc sec, 2 c. à table (30 ml) de liqueur d'orange (facul-
tatif) et 1 tranche de citron, d'orange et de lime. Réfrigérez
pendant au moins 1 heure.
❧ Au moment de servir, ajoutez 2 tasses (500 ml) d'eau gazéifiée et des glaçons. Donne 6 portions d'environ 2/3 tasse (150 ml).

Soupe aux légumes à la toscane

❧

Cette soupe nourrissante est apprêtée avec du poulet et de nombreux légumes. Cuite sur le feu, elle subit une deuxième cuisson au four avec du pain et du parmesan. Moelleuse à l'intérieur, dorée et croustillante à l'extérieur !

5 tasses	bouillon de poulet	1,25 L
1 lb	poitrines de poulet, sans la peau	500 g
2	feuilles de laurier	2
3 c. à table	huile d'olive	45 ml
1	oignon, haché	1
2	gousses d'ail, hachées fin	2
2	carottes, en dés	2
2	tiges de céleri, en dés	2
1	poivron vert, en dés	1
2 tasses	chou haché	500 ml
1 c. à thé	thym et romarin séchés (chacun)	5 ml
1	boîte de 19 oz/540 ml de tomates (non égouttées), hachées gros	1
1/4 c. à thé	poivre	1 ml
1	paquet de 10 oz/284 g d'épinards frais, hachés	1
1/2 tasse	persil frais haché	125 ml
1	petite courgette, émincée	1
1	boîte de 19 oz/540 ml de haricots blancs, égouttés et rincés	1
8	tranches épaisses de pain rassis (italien ou français)	8
1 tasse	parmesan frais râpé	250 ml

Petit souper intime

❧

Les plats de ce menu peuvent tous être préparés à l'avance, vous laissant ainsi tout le loisir de bavarder tranquillement en bonne compagnie.

❧

Soupe aux légumes à la toscane

❧

Salade de carottes et de céleri

❧

Mousse aux marrons *(recette, p. 100)*

Dans une grande casserole, amener à ébullition le bouillon de poulet avec les poitrines de poulet et le laurier; réduire le feu, couvrir et laisser mijoter pendant 20 minutes ou jusqu'à ce que le poulet soit cuit. Retirer les poitrines et désosser; couper le poulet en dés. Jeter le laurier. Garder le bouillon au chaud.

❧ Entretemps, dans une grande poêle, chauffer 2 c. à table (30 ml) de l'huile à feu moyen; cuire l'oignon, l'ail, les carottes et le céleri pendant 10 minutes en remuant de temps à autre. Ajouter le reste de l'huile, le poivron vert, le chou, le thym et le romarin; cuire à feu doux pendant 10 minutes en remuant de temps à autre.

❧ Ajouter les légumes dans la casserole de bouillon avec les tomates et le poivre; amener à ébullition. Réduire le feu, couvrir et laisser mijoter pendant 30 minutes. Ajouter les épinards, le persil, la courgette, les haricots blancs et les dés de poulet; cuire pendant 5 minutes. Prélever 1 tasse (250 ml) de soupe et mettre de côté.

❧ Avec une louche, verser la moitié de la soupe dans une cocotte ou une casserole d'une capacité de 24 tasses (6 L); couvrir de 4 tranches de pain et de 1/2 tasse (125 ml) de parmesan. Couvrir avec le reste de la soupe, puis les autres tranches de pain. Arroser avec la soupe réservée et parsemer du reste du parmesan. *(La soupe peut être préparée jusqu'à cette étape; laisser refroidir, couvrir et réfrigérer pendant au plus 1 jour.)*

❧ Cuire au four, à couvert, à 350°F (180°C) pendant 20 minutes (45 minutes si réfrigérée); découvrir et cuire pendant encore 20 minutes (45 minutes si réfrigérée).

❧ Servir la soupe dans des assiettes à soupe réchauffées. Si désiré, arroser d'un filet d'huile d'olive et parsemer de parmesan. Donne 6 portions environ.

Salade de carottes et de céleri

❧

*Dressez cette salade sur de belles feuilles
de laitue Boston ou de romaine.*

2 1/2 tasses	carottes râpées	625 ml
2 tasses	céleri émincé	500 ml
1/4 tasse	menthe fraîche hachée	60 ml
1/4 tasse	huile végétale	60 ml
1 tasse	oignon rouge tranché	250 ml
1 c. à thé	graines de moutarde	5 ml
1/2 c. à thé	sel	2 ml
1/4 c. à thé	poivre	1 ml
3 c. à table	vinaigre de vin rouge	45 ml

Dans un saladier, mélanger les carottes, le céleri et la menthe.
❧ Dans une poêle, chauffer l'huile à feu moyen-vif; y cuire l'oignon avec les graines de moutarde, le sel et le poivre, en remuant souvent, pendant 3 minutes ou jusqu'à ce qu'il soit ramolli.

❧ Incorporer le vinaigre; verser aussitôt sur la salade et bien mélanger. Goûter et rectifier l'assaisonnement. *(La salade se conserve bien enveloppée au réfrigérateur pendant au plus 2 heures.)* Donne 6 portions environ.

Bienvenue à la maison !

❧

*D'un bout à l'autre du pays,
tous rentrent chez eux pour les
fêtes. Accueillez-les avec ce
menu invitant dans lequel
le homard et le saumon
sont à l'honneur.*

❧

Petits pains au beurre

❧

Soupe au homard

❧

Saumon entier farci
au riz sauvage

❧

Parfaits au café
(recette, p. 101)

Petits pains au beurre

❧

*Même si vous n'avez aucune expérience de la boulangerie, vous
réussirez facilement ces tendres petits pains au beurre.*

2 3/4 tasses	lait	675 ml
1/2 tasse	beurre	125 ml
1	sachet de levure sèche active (1 c. à table/15 ml)	1
1/4 tasse	eau chaude	60 ml
2	oeufs	2
1/4 tasse	sucre	60 ml
1 c. à thé	sel	5 ml
7 1/2 tasses	farine tout usage (environ)	1,875 L

Dorure

2 c. à table	lait	30 ml

Dans une casserole, chauffer le lait avec le beurre jusqu'à ce que de petites bulles apparaissent sur les bords; laisser tiédir.

❧ Dans un grand bol, saupoudrer l'eau chaude de la levure; laisser reposer pendant 10 minutes ou jusqu'à ce que le mélange soit mousseux. Incorporer le lait, les oeufs, le sucre et le sel.

❧ Avec le batteur électrique, incorporer graduellement 3 tasses (750 ml) de farine jusqu'à ce que la pâte soit homogène, pendant 3 minutes environ. Avec une cuiller en bois, incorporer graduellement assez de farine pour obtenir une pâte souple. Retourner sur une surface farinée; pétrir jusqu'à ce qu'elle soit lisse et élastique, pendant 10 minutes environ. Mettre dans un bol graissé et retourner pour bien enduire. Couvrir et laisser doubler de volume, pendant 1 1/2 heure environ.

❧ Donner un coup de poing dans la pâte et la diviser en 3 parts. Diviser chaque part en 9 morceaux; façonner chaque morceau en boule. Mettre les boules rapprochées dans 3 moules carrés de 8 po (2 L) graissés; couvrir et laisser presque doubler de volume, pendant 30 minutes environ.

❧ DORURE: Badigeonner la pâte avec le lait. Cuire au four à 400°F (200°C) pendant 20 à 25 minutes ou jusqu'à ce que les pains soient bien dorés. Retirer des moules et laisser refroidir sur des grilles. Donne 27 petits pains.

Soupe au homard

Qui dit homard, dit bien souvent fête, et l'occasion est bonne !
Si vous ne pouvez vous procurer de homard frais,
préparez la soupe avec du homard congelé en boîte
(décongelé, égoutté et jus réservé).

6 tasses	pommes de terre pelées en dés (8 environ)	1,5 L
2	gros oignons, en dés	2
3 tasses	chair de homard (environ 4 homards de 1 1/2 lb/750 g, le jus de cuisson réservé)	750 ml
1/4 tasse	beurre	60 ml
2 tasses	crème 10 %	500 ml
1 tasse	crème 35 %	250 ml
1 1/2 tasse	jus de cuisson des homards, bouillon de poisson ou jus de palourdes en boîte	375 ml
	Sel et poivre	

Dans une grande marmite, amener à ébullition 3 tasses (750 ml) d'eau à feu moyen-vif; cuire les pommes de terre et les oignons à couvert pendant 5 à 10 minutes, jusqu'à ce que les pommes de terre soient tendres. Ne pas égoutter.

Entretemps, couper la chair de homard en bouchées. Dans une grande poêle, chauffer 2 c. à table (30 ml) du beurre à feu moyen-vif et y faire revenir le homard, en remuant de temps à autre, pendant 3 à 5 minutes ou jusqu'à ce qu'il soit légèrement doré.

Ajouter le homard dans la marmite des pommes de terre avec les deux crèmes, le jus des homards et le reste du beurre. Cuire à feu moyen pendant 3 à 5 minutes pour bien réchauffer, mais ne pas faire bouillir. Saler et poivrer. *(La soupe, refroidie et couverte, se conserve au réfrigérateur pendant 8 heures; réchauffer à feu doux.)* Donne 12 portions.

CUISSON DU HOMARD

Dans une grande marmite, amenez à très grande ébullition, à feu vif, assez d'eau pour couvrir le homard; ajoutez 1 c. à table (15 ml) de sel pour 4 tasses (1 L) d'eau. Plongez le homard vivant la tête la première dans l'eau; ramenez à ébullition. Réduisez le feu à doux; couvrez et laissez mijoter pendant 10 à 12 minutes pour la première livre (500 g) de homard, en ajoutant 1 minute pour chaque 1/4 lb (125 g) additionnel. Le homard cuit sera d'un rouge vif et les petites pattes se détacheront facilement.

Photo:
Durant le temps des fêtes, des centaines de lumières de Noël
scintillent dans le port de Halifax.

Saumon entier farci

au riz sauvage

Dressez le saumon dans un grand plat de service avec des
bouquets de cresson et des quartiers de citron.

1 tasse	riz sauvage, rincé	250 ml
1 c. à thé	sel (environ)	5 ml
2 c. à table	beurre	30 ml
1 tasse	champignons hachés fin	250 ml
1/2 tasse	oignon haché fin	125 ml
1	gousse d'ail, hachée fin	1
1/2 tasse	amandes en lamelles ou pignes	125 ml
1 c. à thé	thym séché émietté	5 ml
1/2 c. à thé	sauge séchée émiettée	2 ml
1/4 c. à thé	poivre	1 ml
2 c. à table	jus de citron	30 ml
1	saumon frais entier (4 à 5 lb/2 à 2,5 kg)	1
1 c. à table	beurre, fondu	15 ml
	Cresson	
2	citrons, en quartiers	2

Dans une casserole, mettre 2 tasses (500 ml) d'eau, le riz et 1/2 c. à thé (2 ml) du sel; couvrir et amener à ébullition. Réduire le feu et laisser mijoter pendant 25 à 30 minutes, jusqu'à ce que le riz soit tendre mais non défait. Étendre sur une plaque et laisser refroidir; mettre dans un bol.

Entretemps, dans une grande poêle, faire fondre le beurre et y cuire les champignons, l'oignon, l'ail, les amandes, le thym, la sauge, le poivre et une pincée de sel jusqu'à ce que l'oignon soit ramolli et les noix légèrement dorées. Incorporer au riz avec la moitié du jus de citron.

Essuyer avec un linge humide l'intérieur et l'extérieur du saumon. Badigeonner l'intérieur avec le reste du jus de citron; saupoudrer de 1/2 c. à thé (2 ml) de sel. Remplir le saumon de farce. Mettre s'il y a lieu le reste de la farce dans un plat allant au four et couvrir. Coudre la cavité.

Mettre le poisson dans une plaque à rebord graissée; badigeonner du beurre fondu. Cuire au four à 450°F (230°C) pendant 10 minutes par pouce (2,5 cm) d'épaisseur, ou jusqu'à ce que la chair soit opaque et qu'elle se défasse facilement avec une fourchette. Cuire le surplus de farce avec le poisson.

Laisser reposer le poisson pendant 5 minutes. Mettre dans un plat de service réchauffé; enlever délicatement la ficelle et la peau sur le dessus du poisson. Garnir de cresson et des quartiers de citron. Disposer le surplus de farce le long de la cavité. Donne 8 à 10 portions.

Des boissons réconfortantes

Lait de poule du chef

Ne ratez pas le plaisir de siroter en agréable compagnie cette boisson froide, parfumée à l'orange et additionnée de cognac et de rhum.

6	oeufs	6
1/2 tasse	sucre	125 ml
2 tasses	lait	500 ml
1	orange	1
2 tasses	crème 10 %	500 ml
1/2 tasse	cognac	125 ml
1/2 tasse	rhum brun	125 ml
1 tasse	crème à fouetter	250 ml
	Muscade ou chocolat râpé	

Dans une grande casserole, fouetter les oeufs avec le sucre; incorporer graduellement le lait en fouettant.

❧ Avec un couteau à éplucher, prélever l'écorce de l'orange en fines lanières. Ajouter dans la casserole et cuire à feu moyen-doux, en fouettant continuellement, pendant 10 à 15 minutes, jusqu'à ce que la préparation nappe le dos d'une cuiller ou que le thermomètre à confiserie indique 160°F (70°C).

❧ Tamiser aussitôt dans un bol résistant à la chaleur; incorporer la crème 10 % en fouettant. Laisser refroidir un peu; couvrir et réfrigérer pendant au moins 2 heures ou au plus 24 heures. Incorporer le cognac et le rhum.

❧ Fouetter la crème; incorporer en pliant dans le lait de poule. Servir dans un bol à punch refroidi ou dans des verres individuels. Saupoudrer de muscade. Donne 12 à 16 portions.

QUELLE BONNE IDÉE!

CAFÉ-WHISKY À L'ÉRABLE

Pour terminer un repas en beauté, savourez une tasse de ce café alcoolisé au coin du feu.

❧ *Garniture: Fouettez 3/4 tasse (175 ml) de crème avec 4 c. à thé (20 ml) de sirop d'érable pur jusqu'à ce qu'elle forme des pics mous; réservez.*

❧ *Répartissez 1/4 tasse (60 ml) de sirop d'érable pur et 1/2 tasse (125 ml) de whisky dans 4 verres à pied ou grandes tasses en verre (résistant à la chaleur) réchauffées. Versez 3 tasses (750 ml) de café noir (très fort) chaud; garnissez de crème fouettée à l'érable. Donne 4 portions de 1 tasse (250 ml) environ.*

Café moka et crème fouettée

Ce café viennois au chocolat est un dessert que l'on déguste à petites gorgées…

4 oz	chocolat mi-sucré	125 g
1/4 tasse	eau	60 ml
4 tasses	café noir très fort, chaud	1 L
1 c. à table	sucre (environ)	15 ml
	Crème fouettée	
4	bâtons de cannelle	4

Dans un bain-marie, au-dessus d'une eau chaude mais non bouillante, faire fondre le chocolat avec l'eau. Retirer du feu et fouetter jusqu'à ce que le mélange ait légèrement épaissi.

❧ Incorporer graduellement le café chaud en fouettant. Sucrer au goût.

❧ Verser dans de grandes tasses réchauffées; garnir d'une bonne cuillerée de crème fouettée et servir avec un bâton de cannelle. Donne 4 portions de 1 tasse (250 ml) environ.

Chocolat chaud au cognac

Terminez la soirée en beauté avec cette boisson réconfortante.

1/3 tasse	sucre	75 ml
1/4 tasse	cacao non sucré	60 ml
4 tasses	lait	1 L
1 c. à thé	vanille	5 ml
	Cognac (facultatif)	
	Crème fouettée	

Dans un petit bol, fouetter le sucre et le cacao avec juste assez de lait pour obtenir une pâte; incorporer un peu plus de lait en fouettant pour liquéfier la pâte.

❧ Dans une casserole, mélanger la préparation au cacao avec le reste du lait; chauffer à feu doux, en remuant de temps à autre, jusqu'à ce que de petites bulles apparaissent sur les bords. Incorporer la vanille.

❧ Verser dans de grandes tasses réchauffées; ajouter un filet de cognac si désiré. Garnir d'une bonne cuillerée de crème fouettée. Donne 4 portions de 1 tasse (250 ml) environ.

Lait de poule du chef

Des plats traditionnels

❧

C'est à Noël, et aussi durant tout le temps des fêtes,
que l'on renoue avec le passé et les traditions chères à nos coeurs.
La cuisine fait partie de ces traditions qui nous ont été léguées de
génération en génération. Les plats que vous découvrirez ici reflètent le
merveilleux kaléidoscope ethnique de notre pays.

Gâteau du Roi

❧

Après la messe de minuit, le soir de Noël, tous les Portugais
partagent en famille un repas de fête. Le dessert traditionnel
servi lors de ce repas est un gâteau aux fruits, le
gâteau du Roi (Bolo Rei, en portugais).

2 tasses	fruits confits mélangés hachés fin	500 ml
1 tasse	raisins secs sans pépins	250 ml
2 c. à thé	écorce d'orange râpée fin	10 ml
2 c. à thé	écorce de citron râpée fin	10 ml
1/2 tasse	porto	125 ml
2	sachets de levure sèche active (ou 2 c. à table/30 ml)	2
3/4 tasse	sucre	175 ml
6 tasses	farine tout usage (environ)	1,5 L
3/4 tasse	eau tiède	175 ml
3/4 tasse	beurre, ramolli	175 ml
4	oeufs	4
2/3 tasse	lait tiède	150 ml
1 tasse	amandes ou noix de Grenoble hachées	250 ml
	Beurre fondu	

Garniture

5	tranches d'ananas confit	5
1	oeuf	1
1/3 tasse	cerises confites	75 ml
2 c. à table	sirop de maïs	30 ml
	Sucre glace	

Dans un petit bol, mélanger les fruits confits, les raisins, les écorces d'orange et de citron et le porto; couvrir et laisser reposer pendant la préparation de la pâte.

❧ Dans un bol, fouetter la levure avec 1 c. à table (15 ml) du sucre, 1 tasse (250 ml) de la farine et l'eau jusqu'à ce que le mélange soit homogène. Couvrir et laisser doubler de volume dans un endroit chaud pendant 30 minutes environ.

❧ Dans un grand bol, avec le batteur électrique, battre le beurre avec le reste du sucre jusqu'à ce que le mélange soit gonflé. Incorporer un à un les oeufs en battant. Incorporer 1 tasse (250 ml) de la farine et le lait en battant.

❧ Remuer le mélange de la levure et incorporer en battant à la préparation aux oeufs. Avec une cuiller en bois, incorporer le mélange des fruits et les noix. Incorporer, 1 tasse (250 ml) à la fois, assez du reste de la farine pour obtenir une pâte souple et collante.

❧ Mettre la pâte dans un grand bol graissé; badigeonner légèrement le dessus de beurre fondu. Couvrir et laisser doubler de volume dans un endroit chaud pendant 1 heure environ.

❧ Donner un coup de poing dans la pâte; diviser en deux. Sur une surface farinée et avec les mains farinées, pétrir chaque part de pâte pendant 1 minute. Façonner chacune en boule; mettre sur des plaques graissées.

❧ Avec deux doigts, faire un trou au centre de chaque boule et façonner délicatement en une couronne de 9 po (23 cm) de diamètre, le trou au centre devant mesurer 3 1/2 po (9 cm). Graisser l'extérieur de deux boîtes de conserve vides de 19 oz (540 ml); mettre au centre des couronnes afin qu'elles gardent leur forme.

❧ GARNITURE: Couper chaque tranche d'ananas en deux horizontalement pour obtenir deux anneaux; couper en deux de nouveau. Fouetter l'oeuf et en badigeonner le dessus des gâteaux. Décorer avec les fines tranches d'ananas et les cerises en les faisant pénétrer légèrement dans la pâte.

❧ Couvrir légèrement et laisser doubler de volume dans un endroit chaud pendant 1 heure environ. Cuire au four à 375°F (190°C) pendant 35 à 40 minutes ou jusqu'à ce que les gâteaux soient bien dorés. Mettre sur des grilles; badigeonner du sirop de maïs et laisser refroidir. Avant de servir, saupoudrer de sucre glace. Donne 2 gâteaux.

Une joyeuse abondance de pains frais, de fromages, de viandes froides, de poisson fumé et de salades alléchantes, comme la Salade de pommes de terre (à gauche, dans un bol en verre), marque le début des festivités sur la table du réveillon chez les Allemands.

Salade de pommes de terre

❧

La salade de pommes de terre est un des plats qui se retrouvent sur la table de tous les Allemands le soir de Noël. Apprêtée avec des câpres, des cornichons surs et des anchois, elle est succulente en tout temps de l'année.

2 lb	pommes de terre à la peau rouge	1 kg
1	filet d'anchois	1
2	jaunes d'oeufs durs, hachés	2
1 1/3 tasse	mayonnaise	325 ml
1/2 tasse	oignon haché fin	125 ml
1/4 tasse	cornichons surs en dés	60 ml
1/4 tasse	persil frais haché fin	60 ml
2 c. à table	câpres	30 ml
1 c. à table	ciboulette fraîche ou oignon vert haché	15 ml
3/4 c. à thé	sel	4 ml
1/4 c. à thé	poivre	1 ml
1/4 c. à thé	estragon séché	1 ml

Brosser les pommes de terre; couper les grosses en quatre. Dans une marmite d'eau bouillante, cuire les pommes de terre jusqu'à ce qu'elles soient tendres mais encore fermes. Égoutter et laisser refroidir assez pour les manipuler; couper en cubes.

❧ Dans un grand bol, réduire en purée le filet d'anchois. Ajouter les jaunes d'oeufs, la mayonnaise, l'oignon, les cornichons, le persil, les câpres, la ciboulette, le sel, le poivre, l'estragon, et bien mélanger.

❧ Incorporer délicatement les pommes de terre; couvrir et faire refroidir au réfrigérateur. Goûter et rectifier l'assaisonnement. Donne 8 portions.

Beignets farcis

Les Ukrainiens accordent une grande importance aux valeurs spirituelles et aux traditions culturelles. Le soir de Noël, ils dressent sur la table douze plats symboliques, apprêtés sans viande, dont de savoureux beignets farcis.

2 c. à table	huile végétale	30 ml
1	gros oignon, haché	1

Farce

3 c. à table	huile végétale	45 ml
1	oignon, haché	1
2 tasses	choucroute	500 ml
	Sel et poivre	

Pâte

3 tasses	farine tout usage	750 ml
1 1/2 c. à thé	sel	7 ml
1	oeuf	1
3/4 tasse	eau (environ)	175 ml
4 c. à thé	huile végétale	20 ml

FARCE: Dans une poêle, chauffer l'huile à feu moyen; cuire l'oignon pendant 5 minutes en remuant, jusqu'à ce qu'il soit doré. Rincer, égoutter et hacher la choucroute. Ajouter dans la poêle et cuire pendant 15 minutes ou jusqu'à ce qu'elle soit dorée. Saler et poivrer. Laisser refroidir.

❧ PÂTE: Dans un bol, mélanger la farine et le sel. Battre l'oeuf avec l'eau et l'huile; incorporer à la farine pour obtenir une pâte molle, non collante, en ajoutant de l'eau (1 c. à table/15 ml à la fois) si nécessaire. Retourner sur une surface légèrement farinée; pétrir 10 fois ou jusqu'à ce qu'elle soit homogène. Diviser en deux et couvrir de pellicule de plastique; laisser reposer pendant 20 minutes.

❧ Diviser chaque part en trois; abaisser chaque boule de pâte sur 1/16 po (1,5 mm) d'épaisseur. Découper des cercles avec un emporte-pièce rond de 3 po (8 cm).

❧ Mettre 1 c. à thé (5 ml) de garniture sur chaque cercle de pâte; humecter le bord de la moitié de la pâte avec de l'eau. Pincer les bords pour sceller. Déposer sur un linge et couvrir d'un linge humide.

❧ Dans une grande marmite d'eau bouillante salée, cuire les beignets, par petites quantités, pendant 1 1/2 à 2 minutes ou jusqu'à ce qu'ils remontent à la surface, en remuant délicatement pour qu'ils ne collent pas. Égoutter dans une passoire.

❧ Entretemps, dans une poêle, chauffer l'huile à feu moyen; cuire l'oignon pendant 8 minutes, en remuant de temps à autre, jusqu'à ce qu'il soit doré. Dans un plat de service, remuer délicatement les beignets avec l'oignon. Donne 36 beignets.

Antipasto de fruits de mer

Le soir de Noël, le poisson est à l'honneur sur la table des Italiens. Accompagnez cette délicieuse entrée de pain croustillant.

1	tige de céleri, hachée gros	1
1	petit oignon	1
1	feuille de laurier	1
1/2 c. à thé	sel	2 ml
6	grains de poivre	6
2	lanières d'écorce de citron	2
1 lb	petit calmar	500 g
1 lb	pétoncles	500 g
1 lb	petites crevettes	500 g

Vinaigrette

1/4 tasse	huile d'olive extra vierge	60 ml
1/4 tasse	jus de citron	60 ml
1	grosse gousse d'ail, hachée fin	1
2 c. à table	persil frais italien haché	30 ml
1/2 c. à thé	sel	2 ml
1/4 c. à thé	poivre	1 ml

Dans une casserole, mettre 6 tasses (1,5 L) d'eau avec le céleri, l'oignon, le laurier, le sel, le poivre et l'écorce de citron; amener à ébullition. Réduire le feu, couvrir et laisser mijoter pendant 20 minutes. Passer au tamis et remettre dans la casserole; réserver.

❧ Tenir le calmar sous l'eau froide et enlever la peau. Presser pour faire sortir les entrailles; enlever la tête et retirer l'arête transparente au centre. Bien laver le calmar; couper en petites lanières. Couper les tentacules en deux ou en quatre si désiré. Couper les pétoncles en quatre. Décortiquer et parer les crevettes.

❧ Amener le liquide de cuisson réservé à faible ébullition; ajouter le calmar et laisser mijoter pendant 3 minutes ou jusqu'à ce qu'il soit tendre. Retirer avec une écumoire et réserver. Ramener le liquide à faible ébullition; ajouter les pétoncles et laisser mijoter pendant 3 minutes ou jusqu'à ce qu'ils soient opaques. Retirer avec une écumoire et réserver. Faire de même avec les crevettes. Mettre les fruits de mer dans un bol.

❧ VINAIGRETTE: Dans un petit bol, fouetter l'huile avec le jus de citron, l'ail, le persil, le sel et le poivre. Verser sur les fruits de mer et remuer délicatement.

❧ Couvrir et faire mariner au réfrigérateur pendant au moins 1 heure et au plus 4 heures, en remuant de temps à autre. Remuer et dresser dans un plat de service. Donne 8 portions.

(ci-dessus) Un ange
lumineux annonce le
temps des réjouissances !

(à droite) Devant une
église, au coeur de la
communauté portugaise
de Toronto, une crèche
grandeur nature rappelle
la naissance de Jésus.

Tourtière du réveillon

❧

Sans elle, le réveillon de Noël ne serait pas un vrai réveillon.
Aussi indispensable que le sapin, elle fait partie de nos traditions
les plus anciennes et les plus chères. Et comme elle se prépare
à l'avance, on peut en faire bonne provision et s'en
régaler durant tout le temps des fêtes.

1 c. à table	huile végétale	15 ml
2 lb	porc haché	1 kg
1 1/2 tasse	bouillon de boeuf	375 ml
3	oignons, hachés fin	3
3	gousses d'ail, hachées fin	3
2 tasses	champignons tranchés	500 ml
1 tasse	céleri haché fin	250 ml
3/4 c. à thé	sel	4 ml
1/2 c. à thé	cannelle, poivre et sarriette séchée (chacun)	2 ml
1/4 c. à thé	clou de girofle	1 ml
1 tasse	pain frais émietté	250 ml
1/2 tasse	persil frais haché	125 ml
	Pâte pour 2 abaisses de 9 po (23 cm)	
1	oeuf, battu	1
1 c. à thé	eau	5 ml

Dans une grande poêle, chauffer l'huile à feu moyen-vif; cuire le porc, en le défaisant avec une cuiller de bois, pendant 7 à 10 minutes ou jusqu'à ce qu'il ait perdu sa teinte rosée. Égoutter le gras.

❧ Incorporer le bouillon, les oignons, l'ail, les champignons, le céleri, le sel, la cannelle, le poivre, la sarriette et le clou de girofle; amener à ébullition. Réduire le feu à moyen-doux et laisser mijoter, en remuant de temps à autre, pendant 35 à 45 minutes ou jusqu'à ce qu'il ne reste plus que 2 c. à table (30 ml) de liquide environ.

❧ Incorporer les miettes de pain et le persil. Goûter et rectifier l'assaisonnement. Couvrir et faire refroidir au réfrigérateur, pendant au plus 1 jour.

❧ Sur une surface légèrement farinée, abaisser la moitié de la pâte sur 1/8 po (3 mm) d'épaisseur et en foncer un moule à tarte de 9 po (23 cm).

❧ Remplir de la préparation et égaliser la surface. Abaisser le reste de la pâte. Humecter d'eau le bord de la croûte. Couvrir de la deuxième abaisse en pressant les bords ensemble pour sceller. Tailler et canneler le bord de la pâte.

❧ Mélanger l'oeuf avec l'eau et en badigeonner la tourtière. Découper des petits motifs dans les retailles de pâte et les disposer sur la tourtière; badigeonner de dorure.

❧ Entailler la pâte sur le dessus; cuire au four à 375°F (190°C) pendant 40 à 45 minutes ou jusqu'à ce qu'elle soit bien dorée. Laisser refroidir pendant 10 minutes. Donne 8 à 10 portions.

Petit truc: *Si vous préparez la tourtière à l'avance, ne décorez pas le dessus de petits motifs en pâte. Enveloppez et congelez la tourtière non cuite pendant au plus 2 mois. Faites-la décongeler partiellement au réfrigérateur pendant 6 heures ou jusqu'à ce que la pâte s'affaisse légèrement sous une pression du doigt. Entaillez la pâte et badigeonnez de dorure. Faites cuire au four à 375°F (190°C) pendant 1 1/4 heure, en protégeant le bord avec du papier d'aluminium, si nécessaire, durant les 30 dernières minutes.*

Photo en arrière-plan:
Paysage d'hiver dans la campagne québécoise.

Beignes maison

🍂

Au Québec, les beignes font partie des desserts
traditionnels servis au réveillon de Noël.

4 1/2 tasses	farine tout usage (environ)	1,125 L
2 c. à thé	bicarbonate de sodium	10 ml
2 c. à thé	sel	10 ml
2 c. à thé	muscade	10 ml
1 c. à thé	crème de tartre	5 ml
2	oeufs	2
1 1/2 tasse	sucre	375 ml
1 1/4 tasse	lait aigre ou babeurre	300 ml
1 c. à table	beurre, fondu	15 ml
	Huile végétale à friture	
	Sucre à la cannelle ou sucre glace	

Dans un bol, tamiser ensemble la farine, le bicarbonate de sodium, le sel, la muscade et la crème de tartre.

🍂 Dans un grand bol, battre les oeufs jusqu'à ce qu'ils soient pâles et épais; incorporer graduellement le sucre en battant. Incorporer le lait et le beurre. Incorporer graduellement la farine en mélangeant jusqu'à ce que la pâte soit presque lisse et en ajoutant jusqu'à 1 tasse (250 ml) de plus de farine pour obtenir une boule molle, moins ferme que la pâte à tarte. Réfrigérer pendant 1 à 2 heures ou jusqu'à ce qu'elle soit assez ferme pour être abaissée.

🍂 Sur une surface légèrement farinée, abaisser la pâte sur 1/4 po (5 mm) d'épaisseur. Détailler les beignes avec des emporte-pièce farinés de 3 po (8 cm) et de 1/2 po (1 cm) de diamètre.

🍂 Dans une friteuse, chauffer l'huile jusqu'à ce que le thermomètre indique 365°F (185°C). Cuire les beignes, par petites quantités, pendant 3 minutes ou jusqu'à ce qu'ils soient dorés. Mettre sur des grilles; saupoudrer de sucre à la cannelle. Servir chaud. Donne 24 beignes environ.

Le festin de Noël

LE FESTIN DE NOËL

※

PARMI TOUTES LES RÉCEPTIONS DES FÊTES, LE REPAS DE NOËL EST LE PLUS
IMPORTANT... ET LE PLUS MAGNIFIQUE. CETTE ANNÉE, AVEC LE MENU QUE NOUS VOUS
PROPOSONS, VOTRE FESTIN DE NOËL SERA MÉMORABLE !

Dinde rôtie et farce aux noix

※

*La dinde demeure la volaille par excellence pour
le repas de Noël. Celle-ci plaira certainement
à tous les convives, avec sa farce croquante, sa sauce
brune onctueuse et sa peau croustillante bien dorée.
Vous pouvez aussi apprêter la dinde avec l'une des autres
farces que nous vous offrons en pages 128 et 129.*

15 lb	dinde	6,75 kg
1/4 tasse	beurre, ramolli	60 ml
1/2 c. à thé	sauge séchée émiettée	2 ml
1/2 c. à thé	romarin séché émietté	2 ml
	Sel et poivre	

Farce aux noix

3/4 tasse	beurre	175 ml
2 1/2 tasses	céleri haché	625 ml
2 tasses	oignons hachés	500 ml
2	gousses d'ail, hachées fin	2
1	pomme (non pelée), en dés	1
4 c. à thé	sauge séchée	20 ml
1 1/4 c. à thé	poivre	6 ml
1 c. à thé	romarin séché et sel (chacun)	5 ml
1/4 lb	jambon fumé ou prosciutto tranché, en dés	125 g
14 tasses	pain de blé entier ou multigrain en cubes	3,5 L
1 tasse	persil frais haché	250 ml
3/4 tasse	pacanes, grillées et hachées (voir p. 30)	175 ml

Bouillon

4 1/2 tasses	bouillon de poulet ou eau	1,125 L
1 1/2 tasse	eau (environ)	375 ml
1	oignon, haché	1
1/2 tasse	carotte et céleri tranchés (chacun)	125 ml

Sauce

1/4 tasse	farine tout usage	60 ml
1/4 tasse	xérès (facultatif)	60 ml
	Sel et poivre	

FARCE AUX NOIX: Dans une grande poêle, faire fondre le beurre à feu moyen; cuire le céleri, les oignons, l'ail, la pomme, la sauge, le poivre, le romarin, le sel et le jambon pendant 10 à 15 minutes ou jusqu'à ce que les légumes soient tendres. Mettre le pain, le persil et les noix dans un grand bol; ajouter les légumes et bien mélanger. Mettre de côté. *(La farce se conserve bien enveloppée pendant 1 jour au réfrigérateur ou 1 semaine au congélateur; faire décongeler au réfrigérateur pendant 24 heures.)*

※ Retirer les abattis et le cou de la dinde et mettre dans une grande casserole (en conservant le foie pour un usage ultérieur); réserver.

※ Rincer la dinde à l'intérieur et à l'extérieur; bien assécher. Remplir de farce la cavité du cou; replier la peau du cou par-dessus la farce et attacher avec une brochette au dos. Farcir la dinde. Attacher les cuisses ensemble avec de la ficelle.

※ Mettre la dinde sur une grille graissée dans une plaque à rôtir. Mélanger le beurre, la sauge et le romarin; étendre sur la dinde. Saler et poivrer.

※ Couvrir la dinde de papier d'aluminium, côté mat à l'extérieur, en pressant le papier aux extrémités et en laissant les côtés ouverts. Cuire au four à 325°F (160°C) pendant 4 heures, en arrosant à toutes les 30 minutes. Retirer le papier d'aluminium et rôtir pendant 45 à 60 minutes, jusqu'à ce que le thermomètre à viande inséré dans une cuisse indique 185°F (85°C) et dans la farce, 165°F (75°C). Mettre dans un plat; couvrir lâchement et laisser reposer pendant 20 minutes environ.

※ BOUILLON: Entretemps, mettre le bouillon, l'eau, l'oignon, la carotte et le céleri dans la casserole des abattis; amener à ébullition. Réduire le feu à doux et écumer; laisser mijoter pendant 3 heures. Passer au tamis dans une tasse à mesurer et dégraisser; ajouter de l'eau pour obtenir 3 tasses (750 ml) de bouillon et réserver.

※ SAUCE: Enlever le gras de la plaque. Ajouter la farine dans la plaque et cuire en remuant pendant 1 minute à feu moyen. Incorporer graduellement, en fouettant, le bouillon réservé et amener à ébullition en raclant le fond de la plaque pour en détacher les particules de viande. Réduire le feu et ajouter, si désiré, le xérès; laisser mijoter en remuant pendant 5 minutes. Saler et poivrer; passer au tamis dans une saucière réchauffée et servir avec la dinde. Donne 8 à 10 portions.

COMMENT BIEN APPRÊTER LA DINDE

❧ Avec une dinde de 15 lb (6,75 kg), vous pourrez servir 8 à 10 personnes. Et vous aurez même après le repas de délicieux restes.

❧ Si vous utilisez une dinde congelée, faites-la décongeler dans son emballage original de plastique selon l'une des façons suivantes:

Au réfrigérateur: Mettez-la sur un plateau et comptez 5 heures par livre (10 heures par kilo).

Dans l'eau froide: Couvrez la dinde d'eau froide, en changeant l'eau de temps à autre, et comptez 1 heure par livre (2 heures par kilo).

LA FARCE

❧ La dinde ne doit jamais être farcie à l'avance, mais la farce peut être préparée à l'avance et congelée pendant 1 semaine. Faites décongeler la farce au réfrigérateur 24 heures avant de farcir la dinde.

❧ Une dinde de 12 à 16 lb (5,5 à 7 kg) pourra contenir environ 5 tasses (1,25 L) de farce dans la grande cavité et 2 tasses (500 ml) dans la cavité du cou. Faites cuire le surplus de farce dans une cocotte couverte avec la dinde durant les 40 dernières minutes de cuisson. Arrosez avec le jus de la dinde pour lui donner plus de saveur et de moelleux.

❧ Préparez les cubes de pain en tranchant du pain de la veille et en en coupant les croûtes. Coupez ensuite en lanières, puis en cubes. Étendez sur des plaques et, si désiré, laissez sécher pendant au plus 8 heures.

LE RÔTISSAGE

❧ Faites rôtir la dinde à 325°F (160°C).

❧ Faites rôtir la dinde en une seule fois; ne la faites pas cuire en plusieurs étapes.

❧ Plusieurs facteurs, tels que la température initiale de la volaille (fraîche ou décongelée) et sa taille par rapport à celle du four, peuvent faire varier le temps de cuisson. Il faut donc vérifier la cuisson de la volaille environ 45 minutes avant l'heure prévue pour éviter de trop la faire cuire.

❧ L'utilisation d'un thermomètre à viande assure une cuisson parfaite. Faites rôtir la dinde pendant 20 minutes par livre (500 g), jusqu'à ce que le jus qui s'écoule de la viande lorsqu'on la pique soit clair ou que le thermomètre indique 185°F (85°C) dans la partie la plus charnue de la cuisse et 165°F (75°C) dans la farce.

❧ Il faut faire cuire les volailles plus petites quelques minutes de plus par livre, et les volailles plus grosses, quelques minutes de moins. Les dindes congelées préarrosées rôtissent un peu plus vite que les dindes fraîches. Voici quelques exemples de temps de cuisson pour une dinde farcie: 10 lb (4,5 kg) - 3 heures 20 minutes; 12 lb (5,5 kg) - 4 heures; 16 lb (7 kg) - 5 heures 20 minutes; 18 lb (8 kg) - 5 heures 45 minutes.

❧ Lorsque la dinde est cuite, mettez-la dans un plat chaud. Couvrez lâchement de papier d'aluminium et laissez reposer pendant 20 minutes. Ceci permet au jus qui se trouve à la surface de se répartir également dans toute la viande.

LE DÉCOUPAGE

❧ Avec une fourchette et un couteau à découper, détachez les cuisses de la volaille, en les tournant si nécessaire. Coupez les cuisses des pilons à la jointure; découpez la viande brune de chaque morceau. Découpez la poitrine en tranches en pointant le couteau vers la cavité de la volaille. Découpez les ailes. Mettez la farce dans un bol.

❧ Retirez toute la farce de la cavité et désossez la volaille moins de 2 heures après la cuisson. Enveloppez séparément la farce, la viande et les os (pour un bouillon), et réfrigérez.

BOUILLON D'ABATTIS

❧ Dans une casserole, couvrez les abattis et le cou avec 6 tasses (1,5 L) d'eau. Ajoutez un oignon haché, une feuille de laurier, un brin de thym et des fanes de céleri; laissez mijoter en écumant pendant 3 heures. Passez au tamis et utilisez pour préparer une sauce ou apprêter les restes de dinde (voir chapitre dix).

LES GARNITURES

❧ Confectionnez des petits paniers avec des oranges ou des citrons en coupant le tiers du fruit environ. Avec un couteau bien affilé, taillez le bord en zigzag. Évidez presque entièrement le fruit avec une cuiller à pamplemousse. Remplissez de sauce aux canneberges, de chutney, de brins de persil ou de petits pois.

LA PLANIFICATION DU REPAS DE NOËL

LES AMUSE-GUEULE
❧ Servez des amuse-gueule froids avec l'apéritif. Vous libérerez ainsi le chef, et du même coup les fourneaux... Des légumes crus servis avec une trempette (comme la Trempette César en page 83) et des craquelins sont toujours appréciés.

LES LÉGUMES
❧ Évitez de cuire les légumes d'accompagnement à la dernière minute sur la cuisinière. À la place, préparez l'un de nos délicieux plats de légumes congelés, comme la Casserole de carottes et de patates sucrées en page 133 ou les Oignons rôtis en page 132, ou servez une purée de navets, de panais ou de pommes de terre que vous ferez cuire une heure avant que la dinde ne soit cuite. Gardez les légumes au chaud dans des plats de service allant au four ou des casseroles que vous déposerez dans une casserole peu profonde remplie d'eau mijotante.

❧ Remplacez le traditionnel légume vert d'accompagnement par une salade verte bien croquante.

Apprêtez-la avec une vinaigrette à l'orange et garnissez-la de canneberges hachées ou de graines de grenade. Servez la salade après le plat principal.

AVANT DE DÉCOUPER LA DINDE
❧ Pendant que la dinde repose avant d'être découpée, préparez la sauce et faites réchauffer les plats d'accompagnement au four ou au micro-ondes.

LES PLATS DE SERVICE
❧ Les plats de service chauds permettent de conserver les aliments chauds. Faites réchauffer les plats dans le four lorsque vous aurez retiré la dinde et éteint le four. Ou versez de l'eau bouillante dans les plats de service quelques minutes avant de les utiliser, puis égouttez-les et asséchez-les bien.

LES DESSERTS
❧ Choisissez un dessert qui se prépare à l'avance. (Vous trouverez dans le chapitre six un vaste choix de desserts.)

❧ Et n'oubliez surtout pas les poudings et les gâteaux aux fruits.

Farce aux noisettes
❧

Saucisses italiennes douces, noisettes, raisins secs, échalotes et herbes composent cette farce savoureuse parfumée au madère.

1 lb	saucisses italiennes douces	500 g
1 tasse	échalotes hachées (ou 2 tasses/500 ml d'oignons hachés)	250 ml
1 c. à table	sauge séchée	15 ml
1 c. à thé	thym séché	5 ml
1 c. à thé	sel et poivre (chacun)	5 ml
12 tasses	pain rassis en cubes	3 L
2 tasses	noisettes grillées (voir p. 30), hachées	500 ml
1 1/2 tasse	raisins de Corinthe	375 ml
1/4 tasse	bouillon de poulet	60 ml
1/4 tasse	madère	60 ml
1 1/2 c. à thé	écorce d'orange râpée	7 ml

Retirer la chair à saucisse des enveloppes; émietter la chair dans une grande poêle. Cuire à feu moyen, en défaisant la viande avec une fourchette, pendant 10 minutes. Égoutter le gras de la poêle en y laissant 1 c. à thé (5 ml); ajouter les échalotes, la sauge, le thym, le sel et le poivre. Cuire pendant 5 à 7 minutes ou jusqu'à ce que les échalotes soient très tendres.

❧ Dans un grand bol, bien mélanger tous les ingrédients de la farce. Goûter et rectifier l'assaisonnement. Laisser refroidir. (*Se conserve bien enveloppée pendant 2 jours au réfrigérateur ou 1 semaine au congélateur; faire décongeler au réfrigérateur pendant 24 heures.*) Donne 16 tasses (4 L).

Farce au riz sauvage à l'orange et aux abricots

*Apprêtée avec un mélange de riz sauvage et de riz brun,
cette farce moelleuse est délicieusement parfumée
à l'orange et garnie de noix et d'abricots.*

2 c. à table	beurre	30 ml
2	oignons, hachés fin	2
2	tiges de céleri, hachées fin	2
1	gousse d'ail, hachée fin	1
2 1/2 tasses	bouillon de poulet	625 ml
3/4 tasse	jus d'orange	175 ml
2 tasses	riz brun à longs grains	500 ml
3/4 tasse	riz sauvage	175 ml
1 c. à thé	sauge séchée émiettée	5 ml
1 c. à thé	thym séché émietté	5 ml
	Une pincée de clou de girofle	
1 tasse	abricots secs hachés	250 ml
1/4 tasse	raisins de Corinthe	60 ml
3/4 tasse	pignes ou amandes en lamelles, grillées (voir p. 30)	175 ml
1/4 tasse	persil frais haché	60 ml
1 c. à thé	sel et poivre (chacun)	5 ml

Dans une casserole à fond épais, faire fondre le beurre à feu
moyen-vif; cuire les oignons, le céleri et l'ail en remuant souvent pendant 3 à 5 minutes ou jusqu'à ce qu'ils soient ramollis.

❧ Verser le bouillon et le jus d'orange; amener à ébullition.
Incorporer le riz brun et le riz sauvage, la sauge, le thym et le
clou de girofle; ramener à ébullition. Réduire le feu à doux, couvrir et laisser mijoter pendant 35 minutes.

❧ Incorporer les abricots et les raisins; laisser mijoter, à couvert, pendant 10 à 15 minutes ou jusqu'à ce que le riz soit tendre. Ajouter les noix, le persil, le sel et le poivre; remuer avec
une fourchette. Laisser refroidir complètement avant d'en farcir
la dinde. *(Se conserve bien enveloppée au réfrigérateur pendant
2 jours.)* Donne 11 tasses (2,75 L).

Petit truc: *Si vous avez trop de farce pour la taille de votre
dinde, mouillez légèrement le surplus de farce avec du
bouillon de poulet et faites cuire au four, dans une cocotte
couverte, à 350°F (180°C) pendant 20 minutes environ.*

Farce au pain de maïs et aux cajous

*Cette farce est si délicieuse que vous ne regretterez
pas d'y avoir consacré un peu plus de temps.*

1 lb	chair à saucisse	500 g
2	tiges de céleri, hachées fin	2
1	oignon, haché fin	1
12 tasses	pain de maïs aux herbes en cubes (voir recette)	3 L
2 tasses	bouillon d'abattis (voir p. 127)	500 ml
1 tasse	cajous hachés	250 ml
1/3 tasse	sauge fraîche hachée fin (ou 2 c. à table/30 ml séchée)	75 ml
1 c. à thé	sarriette séchée	5 ml

Émietter la chair à saucisse dans une grande poêle; cuire à feu
moyen, en défaisant la viande avec une fourchette, pendant
10 minutes. Égoutter le gras de la poêle.

❧ Ajouter le céleri et l'oignon; cuire en remuant de temps à
autre pendant 8 à 10 minutes, jusqu'à ce que les légumes soient
tendres.

❧ Incorporer les cubes de pain; cuire en remuant de temps à
autre pendant 5 minutes. Ajouter le bouillon, les noix, la sauge
et la sarriette; bien mélanger. Donne 11 tasses (2,75 L) environ.

Pain de maïs aux herbes

2 tasses	farine de maïs	500 ml
1 tasse	farine de blé entier	250 ml
1 tasse	farine tout usage	250 ml
2 c. à table	levure chimique	30 ml
1 c. à thé	sel, thym et estragon séchés (chacun)	5 ml
2 tasses	lait	500 ml
1/2 tasse	beurre, fondu	125 ml
2	oeufs, légèrement battus	2

Dans un bol, bien mélanger les trois farines, la levure chimique, le sel et les herbes. Mélanger le lait, le beurre et les oeufs;
ajouter aux ingrédients secs et remuer juste pour humidifier.

❧ Verser dans un moule à gâteau carré de 8 po (2 L), graissé.
Cuire au four à 400°F (200°C) pendant 25 minutes ou jusqu'à
ce qu'il soit doré; laisser refroidir. *(Se conserve, enveloppé dans du
papier d'aluminium ou de la pellicule de plastique, pendant
2 semaines au congélateur.)* Couper en cubes. Donne 12 tasses (3 L).

Oie rôtie glacée aux agrumes

*Savoureuse à souhait, l'oie n'a rien à
envier à la traditionnelle dinde !*

10 à 11 lb	oie	4,5 à 5 kg
1/2	citron	1/2
1	orange, tranchée	1
4 tasses	eau bouillante	1 L
3/4 tasse	confiture de bigarades	175 ml
2 c. à table	liqueur d'orange	30 ml
1 c. à thé	sauce soya	5 ml
1/2 c. à thé	gingembre	2 ml
1 tasse	jus d'orange	250 ml
1 c. à table	fécule de maïs	15 ml
1/4 tasse	eau froide	60 ml

Retirer tout le gras de l'oie qui se détache facilement. Retirer les abattis, le cou et le bout des ailes. Essuyer l'intérieur et l'extérieur de l'oie avec un linge humide et bien assécher.

❧ Frotter l'intérieur et l'extérieur avec le demi-citron, en pressant le jus sur l'oiseau en même temps. Saler et poivrer les cavités et y mettre les tranches d'orange. Attacher la peau du cou au dos de l'oie avec une brochette; coudre la cavité de l'oie.

Avec de la ficelle, attacher les cuisses ensemble, puis les ailes et les cuisses contre la poitrine. Avec une aiguille, bien piquer la peau pour que la graisse s'écoule pendant la cuisson.

❧ Mettre l'oie, la poitrine en dessous, sur une grille dans une grande plaque à rôtir. Verser 2 tasses (500 ml) de l'eau bouillante sur l'oie; faire rôtir au four, à découvert, à 400°F (200°C) pendant 30 minutes.

❧ Réduire la température du four à 325°F (160°C) et faire rôtir pendant 1 heure. Retirer le liquide de la plaque. Retourner l'oie; piquer de nouveau et verser le reste de l'eau bouillante sur l'oie. Faire rôtir pendant 1 heure. Piquer l'oie de nouveau. Retirer le liquide de la plaque. Faire rôtir pendant 1 heure.

❧ Mélanger la confiture, la liqueur, la sauce soya et le gingembre; badigeonner entièrement l'oie. Remettre au four et faire rôtir pendant 30 à 60 minutes ou jusqu'à ce que le thermomètre à viande inséré dans une cuisse indique 190°F (90°C). Mettre l'oie sur une planche à découper; couvrir lâchement de papier d'aluminium et laisser reposer pendant 15 minutes.

❧ Entretemps, enlever tout le gras de la plaque; verser le jus d'orange et amener à ébullition en raclant le fond de la plaque. Dissoudre la fécule de maïs dans l'eau froide et incorporer au jus d'orange. Cuire en fouettant jusqu'à ce que la sauce ait un peu épaissi. Saler et poivrer. Servir dans une saucière.

❧ Enlever les brochettes et les ficelles de l'oie. Servir avec la sauce. Donne 8 portions.

COMMENT BIEN APPRÊTER L'OIE

ACHAT DE L'OIE

Achetez une oie fraîche bien faite et dodue, avec la peau lisse, sans taches ni petites plumes.

❧ Une oie de 10 à 11 livres (4,5 à 5 kilos) est peut-être la plus grosse oie que vous puissiez acheter. (Une oie plus grosse serait dure.) Comme l'oie a une grosse carcasse et peu de chair, une oie de ce poids servira environ huit personnes. Si vous recevez plus de sept ou huit personnes, achetez deux oies.

PRÉPARATION ET CUISSON

Comme l'oie contient une grande quantité de gras sous une épaisse peau, elle ne peut être cuite de la même façon qu'une volaille plus maigre, telle que la dinde. Autant on doit arroser la dinde de gras durant sa cuisson, autant on doit faire l'inverse avec l'oie en en retirant le gras. La cuisson de l'oie re-quiert un peu plus d'attention qu'une autre volaille, mais vous ne le regretterez pas lorsque vous la dégusterez.

❧ Retirez d'abord tout le gras possible de l'oie.

❧ Avec une aiguille, piquez la peau et la couche de graisse sans pénétrer dans la chair.

❧ Versez de l'eau bouillante sur l'oiseau juste avant de le mettre au four et une autre fois durant la cuisson pour faire fondre et s'écouler la graisse, et rendre la peau croustillante.

❧ Retirez la graisse de la plaque au fur et à mesure qu'elle s'écoule durant les premières 2 1/2 heures de cuisson. Pour retirer la graisse, déposez l'oie sur une surface de travail avec des mitaines recouvertes de papier d'aluminium et versez la graisse dans une grande boîte de conserve.

DÉCOUPAGE

L'oie ne se découpe pas de la même façon qu'une dinde. Il faut utiliser un couteau plus rigide parce que la carcasse de l'oie est plus étroite et les cuisses et les ailes plus rapprochées. Le découpage se fera aussi plus facilement si vous enlevez le bréchet avant de farcir l'oie.

❧ Déplacez délicatement l'os de l'aile pour repérer la jointure de l'épaule. Avec un large couteau à lame rigide, coupez fermement dans la jointure, en coupant les tendons pour détacher l'aile.

❧ Découpez en arc autour de la cuisse. Abaissez le couteau entre la cuisse et le corps. Coupez dans la jointure pour dégager la cuisse. Coupez la cuisse en deux entre la cuisse et le pilon.

❧ Avec un long et fin couteau à découper, tranchez la poitrine dans le sens de la longueur et légèrement en diagonale.

Sauce aux canneberges et à l'orange

❧

Cette sauce au goût légèrement aigre accompagne aussi bien la dinde chaude que froide.

1 1/2 tasse	canneberges	375 ml
1	pomme aigrelette, pelée et évidée	1
2/3 tasse	sucre	150 ml
1/2 tasse	pacanes grillées (voir p. 30) hachées	125 ml
1/4 tasse	raisins secs	60 ml
1/4 tasse	confiture d'oranges	60 ml
1 c. à table	écorce de citron râpée gros	15 ml
1 c. à table	jus de citron	15 ml
	Une pincée de cannelle (facultatif)	

Avec le robot ou un hachoir, hacher les canneberges et la pomme.

❧ Dans un bol, mélanger les fruits hachés, le sucre, les pacanes, les raisins, la confiture, l'écorce et le jus de citron, et la cannelle. Couvrir et réfrigérer pendant au moins 8 heures ou au plus 1 semaine. Donne 2 tasses (500 ml) environ.

QUELLE BONNE IDÉE !

SAUCE AUX CANNEBERGES AU MICRO-ONDES

Un zeste de citron donne à cette sauce un petit goût inégalable.

❧ Dans une tasse à mesurer d'une capacité de 8 tasses (2 L), mélangez 3 tasses (750 ml) de canneberges, 1 1/2 tasse (375 ml) de sucre et 2 c. à thé (10 ml) d'écorce de citron râpée; couvrez et faites cuire au micro-ondes à intensité maximale pendant 7 à 9 minutes ou jusqu'à ce que les canneberges éclatent, en remuant une fois. Laissez refroidir. (Se conserve dans un contenant hermétique au réfrigérateur pendant 1 semaine.) Donne 2 tasses (500 ml) environ.

Gelée de canneberges et de betteraves

❧

Cette gelée à la saveur aigre-douce accompagne à merveille la dinde ou l'oie rôtie.

2 tasses	canneberges	500 ml
1 tasse	eau	250 ml
1/2 tasse	jus d'orange	125 ml
1	sachet (7 g) de gélatine sans saveur	1
3/4 tasse	sucre	175 ml
1 tasse	betteraves cuites en dés	250 ml
1 tasse	céleri en dés	250 ml
1/2 tasse	oignons hachés	125 ml
1 c. à table	raifort	15 ml
2 c. à thé	écorce d'orange râpée	10 ml

Dans une casserole, mélanger les canneberges, l'eau et 1/4 tasse (60 ml) du jus d'orange; amener à ébullition. Réduire le feu à moyen et cuire pendant 4 minutes ou jusqu'à ce que les canneberges éclatent et ramollissent.

❧ Entretemps, saupoudrer le reste du jus d'orange de la gélatine; laisser reposer pendant 1 minute. Ajouter aux canneberges avec le sucre en remuant jusqu'à ce que la gélatine soit dissoute. Retirer du feu; incorporer les betteraves, le céleri, les oignons, le raifort et l'écorce d'orange.

❧ Verser dans un bol profond ou un moule d'une capacité de 4 tasses (1 L) rincé mais non séché. Couvrir et réfrigérer pendant au moins 2 heures ou jusqu'à ce que la gelée soit prise. *(La gelée peut être conservée au réfrigérateur pendant 24 heures.)*

❧ Démouler en trempant le moule dans de l'eau chaude pendant 20 secondes et en le renversant sur un plat de service. Donne 8 portions environ.

Gelée de canneberges et de betteraves

Oignons rôtis

*Rôtis lentement au four, les oignons révèlent
leur douce saveur naturelle.*

8	oignons	8
1 c. à table	beurre	15 ml
1 c. à thé	sucre	5 ml
1 c. à table	vinaigre balsamique	15 ml
1 c. à thé	huile d'olive	5 ml
1/4 tasse	eau	60 ml
1 c. à thé	marjolaine séchée	5 ml
3/4 c. à thé	sel	4 ml
1/2 c. à thé	poivre	2 ml
1/4 tasse	poivron rouge en lamelles	60 ml

Peler les oignons en gardant intacte l'extrémité de la tige;
couper en deux à travers la tige.

❧ Dans une grande poêle, faire fondre le beurre à feu moyen;
saupoudrer du sucre. Ajouter les oignons, côté plat en dessous;
cuire pendant 8 à 10 minutes ou jusqu'à ce qu'ils commencent
à dorer. Disposer dans un moule de 11 x 7 po (2 L); arroser du
vinaigre et de l'huile.

❧ Verser l'eau dans la poêle et amener à ébullition en raclant
le fond de la poêle; ajouter la marjolaine, le sel et le poivre.
Verser sur les oignons.

❧ Couvrir de papier d'aluminium et cuire au four à 350°F
(180°C) pendant 30 minutes; retourner les oignons et cuire
pendant encore 45 minutes, en les retournant une autre fois.
*(Les oignons peuvent être préparés jusqu'à cette étape, couverts et
réfrigérés pendant 2 jours ou congelés pendant 2 semaines. Faire
décongeler au réfrigérateur pendant 24 heures. Laisser reposer à la
température de la pièce pendant 30 minutes avant de poursuivre la
recette.)*

❧ Parsemer les oignons des lamelles de poivron rouge; couvrir
et cuire pendant 15 minutes en arrosant de temps à autre.
Donne 8 portions.

Casserole de carottes et de patates sucrées

❧

Vous pourrez préparer plusieurs jours avant les festivités cette savoureuse casserole recouverte d'une garniture aux noix.

5	grosses patates sucrées (2 1/2 lb/1,25 kg)	5
12	carottes (2 lb/1 kg)	12
3/4 tasse	jus d'orange	175 ml
2 c. à table	miel liquide	30 ml
2 c. à table	beurre	30 ml
2 c. à thé	cannelle	10 ml
2	gousses d'ail, hachées fin	2
1 c. à thé	sel	5 ml

Garniture

1 1/2 tasse	miettes de pain frais	375 ml
1/2 tasse	pacanes hachées	125 ml
1/3 tasse	beurre, fondu	75 ml
1 c. à table	persil frais haché	15 ml

Peler et couper les patates et les carottes en gros morceaux; dans une grande marmite d'eau bouillante, cuire les légumes pendant 20 minutes ou jusqu'à ce qu'ils soient très tendres. Égoutter et réduire en purée au robot ou au mélangeur.

❧ Incorporer le jus d'orange, le miel, le beurre, la cannelle, l'ail et le sel. Mettre dans un moule graissé de 13 x 9 po (3 L). *(La casserole peut être préparée jusqu'à cette étape, couverte et réfrigérée pendant 2 jours ou congelée pendant 2 semaines. Faire décongeler au réfrigérateur pendant 24 heures. Laisser reposer à la température de la pièce pendant 30 minutes avant de mettre au four.)*

❧ GARNITURE: Mélanger tous les ingrédients de la garniture et en recouvrir la purée. Couvrir de papier d'aluminium et cuire au four à 350°F (180°C) pendant 20 minutes; découvrir et cuire pendant encore 30 minutes. Donne 8 à 10 portions.

Photo:
(à gauche) Casserole de carottes et de patates sucrées; Oignons rôtis.

Casserole de purée de pommes de terre

❧

Ce plat de pommes de terre peut être préparé à l'avance et congelé. Un atout précieux pour le repas de Noël.

10	pommes de terre (3 1/2 lb/1,175 kg environ)	10
1/2 lb	fromage à la crème	250 g
1/4 tasse	beurre	60 ml
1 tasse	oignons verts hachés	250 ml
1 tasse	crème aigre	250 ml
1/2 tasse	persil frais haché fin	125 ml
	Une pincée de marjolaine	
	Sel et poivre	
1/2 tasse	pain frais en grosses miettes	125 ml

Dans une grande marmite d'eau bouillante, cuire les pommes de terre jusqu'à ce qu'elles soient tendres mais non défaites, pendant 20 minutes environ. Égoutter et laisser refroidir un peu; peler.

❧ Avec un presse-purée, réduire les pommes de terre en purée lisse; incorporer en battant le fromage à la crème et le beurre. Incorporer les oignons verts, la crème aigre, le persil, la marjolaine, du sel et du poivre.

❧ Mettre dans un moule carré de 8 po (2 L); lisser la surface. Parsemer des miettes de pain. *(La casserole peut être préparée jusqu'à cette étape, couverte et réfrigérée pendant 2 jours, ou congelée pendant 1 semaine. Faire décongeler au réfrigérateur pendant 24 heures et ajouter 10 minutes au temps de cuisson.)*

❧ Cuire au four à 400°F (200°C) pendant 20 minutes ou jusqu'à ce que le dessus soit légèrement doré. Donne 10 portions envi-

---

QUELLE BONNE IDÉE!

HARICOTS VERTS EXPRESS

Voici un petit truc qui vous permettra de servir de délicieux haricots verts bien croquants sans avoir le souci de les préparer à la dernière minute.

❧ *Dans une grande casserole d'eau bouillante, faites cuire 1 1/2 lb (750 g) de haricots verts pendant 3 ou 4 minutes, jusqu'à ce qu'ils soient tendres-croquants. Égouttez et passez sous l'eau froide. (Les haricots peuvent être préparés jusqu'à cette étape: étendre en couche simple sur un linge, rouler lâchement le linge et réfrigérer dans un sac de plastique pendant au plus 8 heures.)*

❧ *Dans une grande poêle, chauffez à feu moyen 2 c. à table (30 ml) de beurre ou d'huile d'olive avec 1/2 c. à thé (2 ml) de thym; ajoutez les haricots et remuez bien. Faites cuire pendant 2 minutes environ. Arrosez de 2 c. à thé (10 ml) de vinaigre de vin ou balsamique; salez et poivrez. Donne 6 à 8 portions.*

Petits oignons braisés à l'orange

*Il faut beaucoup de patience pour peler les petits oignons,
mais ils en valent bien la peine, surtout lorsqu'ils sont
apprêtés ainsi. Servez ce plat avec de la dinde, du canard,
de l'oie, du jambon ou du porc.*

4 tasses	oignons perlés	1 L
1 c. à thé	écorce d'orange râpée	5 ml
3/4 tasse	jus d'orange	175 ml
1 c. à table	huile d'olive	15 ml
1/2 c. à thé	sel	2 ml
1/4 tasse	raisins de Corinthe	60 ml
	Poivre	
2 c. à table	persil frais haché	30 ml
	Tranches d'orange	

Dans une grande marmite d'eau bouillante, cuire les oignons pendant 3 minutes; égoutter et passer sous l'eau froide. Peler les oignons; couper l'extrémité de la racine en gardant les oignons intacts.

❧ Dans une casserole, faire mijoter les oignons avec l'écorce et le jus d'orange, l'huile et le sel, à couvert, à feu moyen-doux pendant 15 minutes.

❧ Ajouter les raisins et laisser mijoter à découvert pendant 20 minutes ou jusqu'à ce que les oignons soient tendres et glacés. (*Les oignons se conservent bien couverts au réfrigérateur pendant 2 jours; réchauffer à feu moyen-doux ou au four à 325°F (160°C) pendant 20 minutes.*)

❧ Assaisonner de poivre et parsemer du persil. Garnir le plat de tranches d'orange. Donne 6 portions.

Casserole de petits légumes

*Le fromage à la crème donne à ce plat de petits oignons
et carottes une onctuosité incomparable.*

1 1/4 lb	petits oignons blancs	625 g
1/2 lb	carottes naines, pelées	250 g
1/4 tasse	beurre	60 ml
1/2 tasse	pacanes hachées fin	125 ml
1/2 tasse	pain frais émietté	125 ml
2	oignons, hachés	2
1/4 tasse	farine tout usage	60 ml
1 tasse	lait	250 ml
4 oz	fromage à la crème	125 g
	Muscade, sel et poivre	

Dans une casserole d'eau bouillante, cuire les petits oignons pendant 1 minute. Égoutter et passer sous l'eau froide; peler.

❧ Dans une casserole d'eau bouillante, cuire à demi les oignons et les carottes pendant 5 à 7 minutes. Égoutter (en réservant 1 tasse (250 ml) du liquide) et mettre dans un plat allant au four d'une capacité de 6 tasses (1,5 L).

❧ Dans la même casserole, faire fondre le beurre; en verser la moitié dans un bol. Ajouter les pacanes et les miettes de pain dans le bol et bien remuer.

❧ Ajouter les oignons au beurre dans la casserole; cuire à feu doux pendant 5 minutes. Saupoudrer de la farine et cuire en remuant pendant 1 minute. Augmenter le feu à moyen et incorporer graduellement en fouettant le liquide réservé et le lait; cuire en fouettant pendant 5 minutes.

❧ Réduire le feu à doux et incorporer le fromage. Assaisonner de muscade, de sel et de poivre. Verser sur les légumes; parsemer du mélange de pain et de noix. (*Le plat peut être préparé jusqu'à cette étape, couvert et réfrigéré pendant 24 heures. Laisser reposer à la température de la pièce pendant 30 minutes avant de mettre au four.*)

❧ Cuire au four, à découvert, à 350°F (180°C) pendant 20 à 25 minutes. Donne 8 portions.

*Petits
oignons braisés
à l'orange*

Choux de Bruxelles au gratin

✿

*Même ceux qui dédaignent les choux de
Bruxelles raffoleront de ce plat.*

2 lb	choux de Bruxelles	1 kg
3 c. à table	beurre	45 ml
3 c. à table	farine tout usage	45 ml
2 tasses	lait	500 ml
1 c. à thé	moutarde de Dijon	5 ml
3/4 c. à thé	sel	4 ml
1/2 c. à thé	poivre	2 ml
1/4 c. à thé	muscade	1 ml
1 tasse	cheddar râpé	250 ml

Inciser chaque chou de Bruxelles à la base en forme de X;
cuire dans une grande marmite d'eau bouillante pendant 7 à
9 minutes ou jusqu'à ce qu'ils soient tendres-croquants. Égoutter
et passer sous l'eau froide; éponger l'excédent d'eau en pressant
délicatement les choux dans un linge. Laisser refroidir.

✿ Dans une casserole, faire fondre le beurre à feu moyen; incorporer la farine et cuire en remuant pendant 1 minute. Ajouter
le lait et cuire en remuant pendant 3 à 5 minutes, jusqu'à ce que
la sauce bouille et épaississe. Incorporer la moutarde, le sel, le
poivre et la muscade. Retirer du feu; ajouter la moitié du fromage et remuer jusqu'à ce qu'il soit fondu. Incorporer délicatement les choux de Bruxelles.

✿ Verser dans un moule graissé de 11 x 7 po (2 L). (*Le plat peut
être préparé jusqu'à cette étape, couvert et réfrigéré pendant 1 jour.*)
Parsemer du reste du fromage; cuire au four à 375°F (190°C)
pendant 30 minutes ou jusqu'à ce que le plat soit bouillant.
Faire gratiner sous le gril pendant 2 minutes environ. Donne
8 portions.

Purée de betteraves et de poires

*Cette purée colorée à la saveur aigre-douce
égaiera votre table des fêtes.*

8	betteraves (3 lb/1,5 kg environ)	8
1	boîte de 14 oz/398 ml de poires non sucrées	1
1/3 tasse	beurre	75 ml
1 1/2 tasse	oignons hachés	375 ml
1/4 tasse	vinaigre de vin rouge	60 ml
1/2 c. à thé	sel	2 ml
	Une pincée de poivre	

Mettre les betteraves dans une grande casserole et couvrir d'eau froide; amener à ébullition. Réduire le feu et laisser mijoter à couvert pendant 40 minutes ou jusqu'à ce qu'elles soient très tendres; égoutter. Laisser refroidir et peler.

Égoutter et hacher grossièrement les poires. Dans une grande poêle, faire fondre le beurre à feu moyen; cuire les oignons et les poires, en remuant souvent, pendant 10 à 15 minutes ou jusqu'à ce qu'ils soient dorés. Ajouter le vinaigre, le sel et le poivre; cuire pendant 30 secondes.

Au robot ou au mélangeur, réduire en purée bien lisse les betteraves et la préparation aux poires. *(La purée peut être préparée jusqu'à cette étape et congelée dans un contenant hermétique pendant 2 semaines. Faire décongeler au réfrigérateur pendant 24 heures.)*

Mettre la purée dans un moule d'une capacité de 8 tasses (2 L). Couvrir et cuire au four à 350°F (180°C) pendant 25 à 35 minutes. Donne 8 portions.

Purée de poires et de rutabaga

*Ce plat savoureux accompagne merveilleusement
bien toutes les volailles.*

1	boîte de 19 oz/540 ml de poires en demies	1
1	rutabaga	1
6	carottes	6
2 c. à table	beurre	30 ml
1/4 c. à thé	gingembre	1 ml
	Sel et poivre	
1	brin de menthe ou de persil frais	1

Égoutter les poires et en mettre une demie de côté pour la décoration. Peler et couper le rutabaga et les carottes en gros morceaux; cuire dans une casserole d'eau bouillante pendant 20 minutes ou jusqu'à ce qu'ils soient tendres. Égoutter.

Au robot ou au mélangeur, réduire les poires et les légumes en purée bien lisse. Incorporer le beurre, le gingembre, du sel et du poivre en battant.

Mettre dans une cocotte ou un moule d'une capacité de 6 tasses (1,5 L). *(La casserole peut être préparée jusqu'à cette étape. Laisser refroidir, couvrir et réfrigérer pendant 1 jour; réchauffer au micro-ondes à intensité moyenne-forte (70 %) pendant 12 à 15 minutes en tournant le plat une fois, ou au four à 350°F (180°C) pendant 30 à 40 minutes.)*

Couper la demi-poire en 5 tranches dans le sens de la longueur mais sans couper complètement à une extrémité; ouvrir en éventail et déposer sur la purée. Décorer d'un brin de menthe. Donne 8 portions.

Chou-fleur au gratin

Le chou-fleur, cuit à la vapeur et apprêté entier, fera un bel effet sur votre table de Noël. La sauce est également délicieuse avec du brocoli.

1	chou-fleur (2 1/2 lb/1,25 kg environ)	1
2 tasses	cheddar râpé	500 ml
1/4 tasse	mayonnaise	60 ml
2 c. à table	moutarde de Dijon	30 ml
2 c. à table	parmesan frais râpé	30 ml

Enlever le trognon et les feuilles du chou-fleur en laissant celui-ci intact. Dans une grande marmite, cuire le chou-fleur à la vapeur sur une grille au-dessus d'une eau bouillante pendant 20 minutes ou jusqu'à ce qu'il soit tendre-croquant. Mettre dans un plat de service allant au four.

Mélanger le cheddar, la mayonnaise et la moutarde; étendre sur le chou-fleur. Parsemer du parmesan.

Cuire au four à 425°F (220°C) pendant 10 minutes ou jusqu'à ce qu'il soit légèrement doré. Donne 6 à 8 portions.

> *Petit truc*: Au lieu de le cuire à la vapeur, faites cuire le chou-fleur entier au micro-ondes dans une casserole d'une capacité de 12 tasses (3 L) avec 2 c. à table (30 ml) d'eau. Couvrez et faites cuire à intensité maximale pendant 8 minutes, en tournant deux fois. Laissez reposer pendant 5 minutes à couvert. Égouttez.

Choux de Bruxelles aux marrons

❧

*Garnis de marrons, les choux de
Bruxelles prennent un air de fête.*

1 1/2 lb	choux de Bruxelles	750 g
1	lanière d'écorce de citron	1
1/4 tasse	beurre doux	60 ml
16	marrons, pelés et cuits	16
	Muscade, sel et poivre	

Faire une légère incision en X à la base des choux. Dans une grande casserole d'eau bouillante, cuire les choux de Bruxelles avec l'écorce de citron à feu moyen, à demi couvert, pendant 5 à 7 minutes ou jusqu'à ce qu'ils soient tendres-croquants. Égoutter et jeter l'écorce de citron; mettre dans un plat et garder au chaud.

❧ Dans la même casserole, faire fondre le beurre à feu moyen-doux; cuire les marrons pendant 5 minutes ou jusqu'à ce qu'ils soient dorés. Remettre les choux de Bruxelles dans la casserole; assaisonner de muscade, de sel et de poivre. Couvrir et cuire pendant 3 minutes ou jusqu'à ce que les choux soient bien chauds, en secouant de temps à autre la casserole pour les empêcher d'attacher. Donne 6 à 8 portions.

LES MARRONS

Achetez des marrons brun foncé bien brillants et choisissez ceux qui ne sont pas abîmés et qui semblent lourds. N'utilisez pas de marrons sauvages.

COMMENT LES GRILLER SUR LE FEU: Avec un couteau bien affilé, incisez en croix le côté plat des marrons. Mettez dans une poêle à fond épais ou dans une poêle à marrons (poêle munie d'une longue queue et dont le fond est troué) avec quelques gouttes d'huile végétale. Faites cuire à feu moyen, en secouant souvent la poêle pour ne pas laisser brûler les marrons, jusqu'à ce que les coquilles et les peaux brunes puissent être enlevées facilement.

DANS UNE RECETTE: Avec un couteau bien affilé, incisez en croix le côté plat des marrons crus. Blanchissez (4 ou 5 à la fois) dans de l'eau bouillante pendant 2 minutes. Retirez les marrons avec une écumoire et détachez-les de leur coquille en enlevant aussi la peau brune. Remettez les marrons qui sont difficiles à peler dans l'eau bouillante pendant quelques secondes et essayez de nouveau.

❧ Mettez les marrons pelés dans une grande casserole et couvrez-les d'eau bouillante; amenez à ébullition. Réduisez le feu et laissez mijoter à couvert pendant 30 à 45 minutes ou jusqu'à ce qu'ils soient tendres. Égouttez.

UN NOËL DOUILLET

❧

BIEN MANGER EST UN PLAISIR DE TOUS LES JOURS ET,
MÊME ENTRE DEUX FESTINS, IL EST TOUJOURS AGRÉABLE DE SE PRÉPARER
DE BONS PETITS PLATS ET DE S'EN RÉGALER.

Muffins aux canneberges et aux pistaches

❧

Ces muffins aux couleurs de la fête sont d'une saveur irrésistible !

1 tasse	farine tout usage	250 ml
1 tasse	farine de blé entier	250 ml
1/2 tasse	sucre	125 ml
1 c. à table	levure chimique	15 ml
	Une pincée de muscade	
1/2 c. à thé	sel	2 ml
1	oeuf	1
1 tasse	lait	250 ml
1/4 tasse	beurre, fondu	60 ml
1 tasse	canneberges	250 ml
1/2 tasse	pistaches (ou pacanes hachées)	125 ml

Garniture

2 c. à table	cassonade tassée	30 ml
2 c. à table	farine tout usage	30 ml
1 c. à table	beurre	15 ml
1/4 tasse	pistaches (ou pacanes hachées fin)	60 ml

GARNITURE: Dans un bol, mélanger la cassonade et la farine; incorporer le beurre avec deux couteaux. Ajouter les pistaches.

❧ Dans un bol, mélanger les deux farines, le sucre, la levure, la muscade et le sel; faire un puits au centre.

❧ Battre l'oeuf avec le lait et le beurre; ajouter aux ingrédients secs et remuer rapidement juste pour humidifier (ne pas trop mélanger ou battre). Incorporer les canneberges et les noix en pliant.

❧ Avec une cuiller, répartir la préparation dans 12 grands moules à muffins bien graissés ou tapissés de moules en papier. Parsemer de la garniture. Cuire au four à 400°F (200°C) pendant 20 à 25 minutes ou jusqu'à ce qu'ils soient fermes au toucher. Démouler sur une grille et laisser refroidir. (*Les muffins peuvent être congelés pendant 1 mois.*) Donne 12 muffins.

Pain à la banane et aux cerises

❧

Ce pain se congèle très bien et, comme la recette donne quatre petits pains ronds, vous pourrez aussi en faire cadeau à des parents ou amis.

1/2 tasse	beurre, ramolli	125 ml
3/4 tasse	sucre	175 ml
1	oeuf	1
1 c. à thé	vanille	5 ml
1 tasse	bananes mûres en purée (2 ou 3)	250 ml
1/2 tasse	yogourt nature	125 ml
1 3/4 tasse	farine tout usage	425 ml
1 c. à thé	levure chimique	5 ml
1 c. à thé	bicarbonate de sodium	5 ml
1/2 c. à thé	sel	2 ml
3/4 tasse	cerises confites rouges et vertes hachées	175 ml
1/2 tasse	amandes en lamelles grillées	125 ml

COUPER des bandes de papier ciré pour tapisser les parois de 4 boîtes de conserve de 14 oz (398 ml); réserver.

❧ Dans un bol, battre le beurre en crème avec le sucre jusqu'à ce que le mélange soit gonflé. Incorporer l'oeuf et la vanille en battant. Incorporer la purée de bananes et le yogourt.

❧ Mélanger la farine, la levure, le bicarbonate de sodium et le sel; ajouter à la préparation aux bananes et remuer juste pour mélanger. Incorporer les cerises et les amandes. Répartir dans les boîtes tapissées de papier et mettre sur une plaque.

❧ Cuire au four à 350°F (180°C) pendant 45 minutes ou jusqu'à ce qu'un cure-dent inséré au centre en ressorte propre. Laisser refroidir pendant 10 minutes dans les boîtes; démouler verticalement sur des grilles. Laisser refroidir; retirer le papier. (*Les pains peuvent être congelés pendant 1 mois.*) Donne 4 pains.

(dans le sens des aiguilles d'une montre, à partir de la droite)
Muffins aux canneberges et aux pistaches; Pain à la banane et aux cerises; Couronne aux fruits confits (p. 140);
Tartinade de fromage à l'orange et au gingembre (p. 140).

Tartinade de fromage à l'orange et au gingembre

Le gingembre confit parfume à merveille cette tartinade de fromage onctueuse.
Servez-la avec le Pain à la banane et aux cerises ou les Muffins aux canneberges et aux pistaches (recettes, p. 138).

1 tasse	fromage à la crème léger	250 ml
2 c. à table	jus d'orange	30 ml
2 c. à table	gingembre confit haché	30 ml
2 c. à thé	miel liquide	10 ml
1 c. à thé	écorce d'orange râpée	5 ml

Avec le robot ou le batteur électrique, battre le fromage à la crème avec le jus d'orange, le gingembre confit et le miel liquide jusqu'à ce que la préparation soit lisse et gonflée. Incorporer l'écorce d'orange râpée. (*La tartinade se conserve au réfrigérateur pendant 3 jours.*) Donne 1 1/4 tasse (300 ml) environ.

Couronne aux fruits confits

Appétissante à souhait, cette couronne fera un joli centre de table pour le petit déjeuner de Noël (voir photo, p. 139).

1 c. à thé	sucre	5 ml
1/2 tasse	eau chaude	125 ml
1	sachet de levure sèche active (ou 1 c. à table/15 ml)	1
1/2 tasse	beurre, ramolli	125 ml
2	oeufs	2
3/4 tasse	lait	175 ml
1 c. à thé	vanille	5 ml
4 1/3 tasses	farine tout usage (environ)	1,075 L
1/4 tasse	sucre	60 ml
1 c. à thé	sel	5 ml
1/2 c. à thé	cannelle	2 ml

Garniture

1	blanc d'oeuf	1
1/2 tasse	sucre	125 ml
2 c. à table	rhum ou jus d'orange	30 ml
1 1/2 tasse	fruits confits hachés	375 ml
1/2 tasse	raisins de Corinthe	125 ml

Glace

1/4 tasse	sucre glace	60 ml
2 c. à table	rhum ou jus d'orange	30 ml

Dissoudre 1 c. à thé (5 ml) de sucre dans l'eau chaude; saupoudrer de la levure et laisser reposer pendant 10 minutes ou jusqu'à ce que le mélange soit mousseux.

❧ Dans un grand bol, battre ensemble le beurre, les oeufs, le lait, la vanille et la levure jusqu'à l'obtention d'un mélange grumeleux. Mélanger la farine, 1/4 tasse (60 ml) de sucre, le sel et la cannelle; incorporer graduellement au mélange grumeleux jusqu'à l'obtention d'une pâte trop ferme pour être maniée. Retourner la pâte sur une surface légèrement farinée; pétrir pendant 10 minutes environ ou jusqu'à ce qu'elle soit homogène et élastique, en ajoutant jusqu'à 3 c. à table (45 ml) de plus de farine si nécessaire.

❧ Mettre dans un bol légèrement graissé et retourner pour bien enduire de gras. Couvrir de pellicule de plastique et laisser doubler de volume dans un endroit chaud, pendant 1 heure environ. Donner un coup de poing dans la pâte. Sur une surface légèrement farinée, abaisser la pâte en un rectangle de 20 x 13 po (50 x 33 cm).

❧ GARNITURE: Dans un bol, battre le blanc d'oeuf avec le sucre et le rhum; incorporer les fruits et les raisins. Étendre sur la pâte en laissant une bordure de 1 po (2,5 cm) sur un des côtés longs. À partir de l'autre côté long, rouler fermement la pâte et pincer le bord pour sceller; couper en 18 tranches.

❧ Sur une plaque graissée, disposer les tranches en cercle, en les faisant chevaucher, de façon à obtenir une couronne de 12 po (30 cm) de diamètre. Recouvrir d'un linge et laisser doubler de volume, pendant 45 minutes environ.

❧ Cuire au four à 375°F (190°C) pendant 30 à 35 minutes ou jusqu'à ce que les côtés sonnent creux lorsqu'on les frappe. Laisser refroidir légèrement. (*La couronne peut être congelée pendant 1 mois. Faire décongeler à la température de la pièce pendant 2 heures. Couvrir et réchauffer au four à 325°F (160°C) pendant 10 à 15 minutes.*)

❧ GLACE: Mélanger le sucre et le rhum et en badigeonner la couronne. Servir chaud. Donne 12 portions.

Petits pains à la cannelle et aux canneberges

Donnez un air de fête à votre table le matin de Noël en servant ces délicieux petits pains en forme de sapin.

1/4 tasse	sucre	60 ml
1	sachet de levure sèche active	1
1/2 tasse	crème aigre	125 ml
1/4 tasse	beurre	60 ml
1 c. à thé	sel	5 ml
2	oeufs	2
1 1/2 tasse	farine de blé entier	375 ml
2 tasses	farine tout usage	500 ml

Garniture

2 tasses	canneberges	500 ml
1 1/4 tasse	cassonade tassée	300 ml
1 tasse	pacanes hachées	250 ml
1 c. à table	cannelle	15 ml
1/4 tasse	beurre, fondu	60 ml
1/4 tasse	sirop de maïs	60 ml
3/4 tasse	sucre glace	175 ml
1 c. à table	lait	15 ml
	Canneberges	
	Cerises vertes confites, en lamelles	

Dissoudre 1 c. à thé (5 ml) du sucre dans 1/2 tasse (125 ml) d'eau tiède. Saupoudrer de la levure; laisser reposer pendant 10 minutes, jusqu'à ce que le mélange soit mousseux.

Dans une casserole, chauffer la crème aigre, le reste du sucre, le beurre et le sel à feu doux jusqu'à ce que le sucre soit dissous.

Dans un bol, battre les oeufs avec le mélange de la crème aigre refroidi et la levure; incorporer la farine de blé graduellement en battant. Battre pendant 2 minutes ou jusqu'à ce que la pâte soit homogène.

Avec une cuiller en bois, incorporer graduellement en battant assez de la farine tout usage pour obtenir une pâte souple un peu collante. Sur une surface farinée, pétrir la pâte pendant 8 à 10 minutes ou jusqu'à ce qu'elle soit lisse et élastique. Mettre dans un bol graissé et retourner pour bien enrober. Couvrir de pellicule de plastique et laisser doubler de volume dans un endroit chaud pendant 1 1/2 heure environ.

GARNITURE: Entretemps, dans une casserole, amener à ébullition les canneberges avec 1/2 tasse (125 ml) d'eau; couvrir et laisser mijoter pendant 5 minutes. Incorporer 1/4 tasse (60 ml) de la cassonade; réduire le feu et laisser mijoter à découvert, en remuant de temps à autre, pendant 5 minutes. Laisser refroidir. Mélanger le reste de la cassonade, les pacanes et la cannelle.

Donner un coup de poing dans la pâte; diviser en deux. Sur une surface farinée, abaisser la moitié de la pâte en un rectangle de 14 x 12 po (35 x 30 cm). Badigeonner avec 1 c. à table (15 ml) du beurre; couvrir de la moitié de la garniture en laissant une bordure de 1/2 po (1 cm). Parsemer de la moitié des pacanes. À partir d'un côté long, rouler serré et pincer le bord pour sceller; badigeonner avec 1 c. à table (15 ml) du beurre.

Avec un couteau denté, couper une tranche de 2 po (5 cm) d'épaisseur à une extrémité; mettre de côté. Couper le reste du rouleau en 15 tranches. Mettre la plus petite tranche au centre, presque en haut, d'une grande plaque tapissée de papier d'aluminium bien graissé. Disposer les autres tranches les unes contre les autres sur quatre rangs en ajoutant une tranche à chaque rang. Centrer la tranche réservée en dessous du sapin. Refaire les mêmes opérations avec le reste de la pâte. Couvrir et laisser doubler de volume pendant 45 à 50 minutes. Cuire au four à 350°F (180°C) pendant 25 à 30 minutes.

Dans une casserole, chauffer le sirop de maïs à feu doux. Faire glisser les sapins avec le papier sur une grille; badigeonner du sirop. Laisser refroidir pendant 20 minutes. Fouetter le sucre glace avec le lait et en décorer les petits pains. Garnir de canneberges et de cerises. Servir chaud. Donne 32 petits pains.

Frittata de Noël

❧

*Cette omelette aux légumes et au fromage
est cuite au four dans un moule en forme de sapin et
garnie de savoureuses décorations.*

9	oeufs	9
1 tasse	lait	250 ml
1/2 c. à thé	muscade et origan (chacun)	2 ml
1/4 c. à thé	sel et poivre (chacun)	1 ml
1 3/4 tasse	cheddar ou Monterey Jack râpé	425 ml
1/4 lb	fromage à la crème	125 g
2 c. à thé	huile végétale	10 ml
1	oignon, haché	1
1/2 tasse	poivron rouge en dés (facultatif)	125 ml
4	gousses d'ail, hachées fin	4
1	paquet de 10 oz/284 g d'épinards, cuits, égouttés et hachés	1
6	tomates cerises, coupées en deux	6
	Poivron rouge et jaune	
	Tranches d'oignon rouge	

Dans un grand bol, fouetter les oeufs avec le lait, la muscade, l'origan, le sel et le poivre; incorporer le cheddar et le fromage à la crème.

Truc: *Vous pouvez utiliser un paquet de 300 g d'épinards congelés (décongelés et égouttés) pour remplacer les épinards frais. Enlevez les plus grosses tiges avant de hacher les épinards.*

❧ Dans une petite poêle, chauffer l'huile à feu moyen-vif; cuire l'oignon, le poivron rouge (si désiré) et l'ail pendant 3 minutes, jusqu'à ce qu'ils soient ramollis. Incorporer à la préparation aux oeufs avec les épinards. (*La frittata peut être préparée jusqu'à cette étape, couverte et réfrigérée pendant une nuit.*)

❧ Verser dans un moule en forme de sapin d'une capacité de 6 tasses (1,5 L) ou dans un moule carré de 8 po (2 L), graissé. Cuire au four à 350°F (180°C) pendant 40 à 50 minutes ou jusqu'à ce qu'elle soit gonflée, dorée sur les bords et ferme au centre. Garnir avec les tomates, des éléments décoratifs taillés dans du poivron et des lamelles d'oignon. Donne 4 à 6 portions.

Crêpes aux canneberges et au Cointreau

❧

Ce dessert est idéal pour un brunch. Faites cuire les crêpes à l'avance et congelez-les empilées entre des feuilles de papier ciré. Ne garnissez les crêpes qu'au moment de les servir.

16	crêpes (voir recette)	16

Garniture aux canneberges

2 tasses	canneberges	500 ml
1 1/2 tasse	sucre	375 ml
1/2 tasse	eau	125 ml
2 c. à table	liqueur d'orange	30 ml
1 c. à table	écorce d'orange râpée	15 ml

Crème anglaise

1 tasse	crème 10 %	250 ml
1/4 tasse	sucre	60 ml
4	jaunes d'oeufs, bien battus	4
1 c. à thé	vanille ou liqueur d'orange	5 ml
	Crème fouettée (facultatif)	

GARNITURE AUX CANNEBERGES: Dans une casserole, amener à ébullition les canneberges, le sucre et l'eau; réduire le feu et laisser mijoter, en remuant souvent, pendant 5 minutes ou jusqu'à ce que les canneberges éclatent. Incorporer la liqueur et l'écorce d'orange; laisser refroidir.

❧ CRÈME ANGLAISE: Dans un bain-marie ou dans une casserole à fond épais, mélanger la crème, le sucre et les jaunes d'oeufs; cuire à feu moyen-doux, en remuant constamment, pendant 10 minutes ou jusqu'à ce que la crème soit lisse et nappe le dos d'une cuiller. Incorporer la vanille; laisser refroidir.

❧ Mettre 1 c. à table (15 ml) de la garniture sur chaque crêpe; napper la garniture d'une bonne cuillerée (15 ml) de crème anglaise. Rouler lâchement et replier les extrémités en dessous; disposer sur un plat de service. Décorer chaque crêpe de crème fouettée et arroser d'un peu de garniture. Donne 6 à 8 portions (2 à 3 crêpes par portion).

Crêpes

2/3 tasse	farine tout usage	150 ml
	Une pincée de sel	
2	oeufs	2
1 tasse	lait	250 ml
2 c. à table	beurre, fondu (environ)	30 ml

*M*ettre la farine et le sel dans un bol; faire un puits au centre. Fouetter les oeufs avec le lait et 1 c. à table (15 ml) du beurre; verser graduellement au centre de la farine en fouettant pour obtenir une pâte homogène. Couvrir et réfrigérer pendant 1 heure. Passer au tamis pour obtenir un appareil à crêpes lisse, ayant une consistance de crème à fouetter.

❧ Chauffer une poêle à crêpes de 8 po (20 cm) à feu moyen jusqu'à ce qu'une goutte d'eau y grésille. Badigeonner avec un peu de beurre fondu.

❧ Remuer l'appareil à crêpes et en verser 2 c. à table (30 ml) au centre de la poêle. Incliner et faire tourner rapidement la poêle pour former une crêpe fine. Cuire pendant 40 secondes ou jusqu'à ce que le dessous soit doré et que le dessus ne soit plus brillant.

❧ Retourner la crêpe avec une spatule. Cuire pendant 30 secondes ou jusqu'à ce qu'elle soit dorée. Mettre dans une assiette. Faire cuire les autres crêpes, en badigeonnant la poêle de beurre si nécessaire, et les empiler dans l'assiette. Donne 16 crêpes.

Petit déjeuner de Noël

Bien des gens vous diront que le petit déjeuner de Noël n'est pas important et qu'il faut garder son énergie, et son appétit, pour le repas du soir. Ne les écoutez pas et, pour cette occasion spéciale, offrez un buffet dont tous les plats se préparent à l'avance.

Menu
❧
Cocktail aux framboises
❧
Coquilles de fruits frais
❧
Sandwichs panachés
❧
Sauce chili
ou chutney
❧
Gâteau aux canneberges
et aux pacanes

Coquilles de fruits frais
❧

Plus savoureux que jamais en cette période de l'année, les pamplemousses sont ici joliment garnis de fruits bien juteux et rafraîchissants.

3	pamplemousses	3
	Sucre	
2	kiwis	2
1 tasse	mangues ou poires pelées et hachées	250 ml
1 tasse	raisins rouges	250 ml

Couper les pamplemousses en deux. Avec un couteau à pamplemousse, retirer les morceaux de fruit et les mettre dans un bol. Presser le jus des coquilles sur les morceaux de fruit; saupoudrer de sucre.

❧ Retirer les membranes et la peau blanche. Envelopper les coquilles dans un linge humide. Réfrigérer les coquilles et les morceaux de fruit pendant au plus 12 heures.

❧ Juste avant de servir, peler et trancher les kiwis; ajouter aux morceaux de pamplemousse avec les mangues et les raisins. Répartir les fruits dans les coquilles et arroser du jus des fruits. Donne 6 portions.

(à partir du haut) Cocktail aux framboises; Sandwichs panachés; Coquilles de fruits frais; Gâteau aux canneberges et aux pacanes.

Sandwichs panachés

Préparez ces sandwichs au fromage et au poulet fumé la veille au soir. Il ne vous restera plus qu'à les faire cuire au four le lendemain matin. Si vous le désirez, vous pouvez remplacer le pain aux oeufs par un autre pain.

3 c. à table	beurre, ramolli	45 ml
12	tranches de pain aux oeufs	12
3 c. à table	moutarde de Dijon	45 ml
6 oz	poulet, dinde ou jambon fumé tranché	175 g
6 oz	cheddar, en tranches fines	175 g
1	tomate, en tranches fines	1
3	oeufs	3
1/4 tasse	lait	60 ml
1/4 c. à thé	poivre	1 ml
	Persil frais haché	

Tartiner de beurre les tranches de pain sur un côté; tartiner l'autre côté de moutarde. Répartir le poulet, le fromage et la tomate sur six tranches, sur le côté de la moutarde. Couvrir des autres tranches, le côté beurré sur le dessus; couper les sandwichs en deux en diagonale.

❧ Disposer les sandwichs, le côté coupé en dessous et en les faisant chevaucher, dans un plat allant au four, graissé, de 11 x 7 po (2 L). Fouetter les oeufs avec le lait et le poivre; verser sur les sandwichs. Couvrir et réfrigérer pendant au plus 12 heures. Cuire au four à 375°F (190°C) pendant 30 minutes ou jusqu'à ce qu'ils soient dorés et croustillants. Garnir de persil. Donne 6 portions.

Gâteau aux canneberges et aux pacanes

Léger à souhait, ce gâteau renversé est recouvert d'une garniture croquante mi-aigre mi-sucrée.

1/2 tasse	beurre, ramolli	125 ml
3/4 tasse	sucre	175 ml
2	oeufs	2
1 c. à thé	vanille	5 ml
1 1/2 tasse	farine tout usage	375 ml
1 1/2 c. à thé	levure chimique	7 ml
1 c. à thé	bicarbonate de sodium	5 ml
1/2 c. à thé	cannelle	2 ml
1/4 c. à thé	sel	1 ml
1 tasse	crème aigre	250 ml
Garniture		
2/3 tasse	cassonade tassée	150 ml
1/3 tasse	beurre	75 ml
1/4 c. à thé	cannelle	1 ml
1 1/4 tasse	canneberges	300 ml
1/2 tasse	pacanes hachées	125 ml

Garniture: Dans une casserole, amener à ébullition la cassonade, le beurre et la cannelle, à feu moyen, en remuant. Verser dans un moule graissé à parois amovibles de 9 po (2,5 L). Parsemer des canneberges et des pacanes; réserver.

❧ Dans un grand bol, battre le beurre avec le sucre jusqu'à ce que le mélange soit léger. Incorporer un à un les oeufs, puis la vanille, en battant. Mélanger la farine, la levure chimique, le bicarbonate de sodium, la cannelle et le sel. Avec une cuiller en bois, incorporer la moitié des ingrédients secs à la préparation crémeuse; incorporer la crème aigre et le reste des ingrédients secs.

❧ Étendre la préparation par-dessus les canneberges en la remontant légèrement sur les côtés. Envelopper la base du moule avec du papier d'aluminium et déposer le moule sur une plaque. Cuire au four à 350°F (180°C) pendant 1 heure ou jusqu'à ce qu'un cure-dent inséré au centre en ressorte propre.

❧ Laisser refroidir dans le moule pendant 10 minutes. Renverser sur un plat de service et servir chaud. *(Le gâteau peut être refroidi complètement, enveloppé et congelé pendant 1 semaine. Faire décongeler à la température de la pièce; développer et réchauffer au four sur une plaque, recouvert de papier d'aluminium, à 350°F (180°C) pendant 15 à 20 minutes.)* Donne 10 portions.

QUELLE BONNE IDÉE!

COCKTAIL AUX FRAMBOISES

Rien de tel pour débuter la journée qu'un bon verre de jus bien froid. Décorez le pot de cocktail aux framboises avec des framboises, des tranches d'orange et de lime.

❧ Dans un grand pot, diluez une boîte (280 ml) de jus concentré congelé aux framboises; ajoutez 3 tasses (750 ml) de jus de pomme ou de raisin blanc. Faites refroidir au réfrigérateur. Donne 8 tasses (2 L).

Brunch de la Saint-Étienne

Le lendemain de Noël, invitez parents et amis intimes à partager ce brunch copieux dont les plats se préparent en un tournemain et, pour certains, à l'avance.

Menu

Jus de pomme froid	Sauce aux canneberges
Fromage à tartiner et craquelins	Quartiers de citron
Compote de pommes épicée*	Salade de chou bicolore*
Saucisses en pâte cuites au four*	Crème glacée et Sauce aux poires et au mincemeat (recette, p. 36)

Voir recette

Compote de pommes épicée

Les mets les plus simples sont parfois les meilleurs… et les plus appréciés.

5 lb	pommes Golden Delicious	2,2 kg
1 1/2 tasse	sucre	375 ml
1 tasse	jus de pomme	250 ml
2 c. à table	jus de citron	30 ml
1 c. à table	écorce de citron râpée fin	15 ml
1/2 c. à thé	cannelle, gingembre et piment de la Jamaïque (chacun)	2 ml
	Une pincée de muscade	
1/4 tasse	gingembre confit haché fin (facultatif)	60 ml

Peler et enlever le coeur des pommes; couper en cubes de 1 po (2,5 cm). Dans une casserole (non en aluminium), mélanger le sucre et le jus de pomme; cuire en remuant à feu moyen-vif jusqu'à ce que le jus bouille et que le sucre soit dissous.

❧ Ajouter les pommes et amener à faible ébullition; couvrir partiellement et cuire à feu moyen-doux pendant 1 heure en remuant souvent.

❧ Incorporer le jus et l'écorce de citron, les épices et, si désiré, le gingembre confit; cuire pendant 15 minutes ou jusqu'à ce que la compote soit épaisse. Laisser refroidir. (*La compote se conserve dans des pots de verre au réfrigérateur pendant 1 semaine.*) Donne 8 tasses (2 L).

Saucisses en pâte cuites au four

Faites rôtir les saucisses au four et laissez reposer la pâte pendant que vous prenez l'apéritif. Versez ensuite la pâte sur les saucisses et regardez-la gonfler comme un soufflé dans le four ! Servez avec la compote de pommes épicée, du sirop d'érable ou de la sauce aux canneberges.

2 tasses	farine tout usage	500 ml
1/2 c. à thé	sarriette séchée	2 ml
1/4 c. à thé	sel	1 ml
2 tasses	lait	500 ml
6	oeufs	6
2 lb	saucisses de porc en chapelet	1 kg

Dans un bol, mélanger la farine, la sarriette et le sel. Fouetter les oeufs avec le lait; incorporer graduellement aux ingrédients secs en fouettant jusqu'à ce que la pâte soit homogène. Laisser reposer pendant 30 minutes.

❧ Entretemps, piquer les saucisses et les mettre dans un plat allant au four de 13 x 9 po (3 L) graissé. Cuire au four à 375°F (190°C) pendant 25 à 30 minutes, en les retournant une fois, jusqu'à ce qu'elles soient dorées. Égoutter le gras sauf 2 c. à table (30 ml).

❧ Retirer du four; augmenter la température à 425°F (220°C). Fouetter la pâte et verser sur les saucisses. Cuire pendant 25 à 30 minutes ou jusqu'à ce que la pâte soit gonflée et dorée. Servir immédiatement. Donne 8 portions.

(dans le sens des aiguilles d'une montre, à partir du haut à droite) Salade de chou bicolore; sauce aux canneberges; Saucisses en pâte cuites au four; Compote de pommes épicée; jus de pomme froid.

Salade de chou bicolore

Préparez cette salade colorée la veille pour permettre aux saveurs de bien se mêler.

6 tasses	chou pommé vert râpé (1 lb/500 g)	1,5 L
6 tasses	chou pommé rouge râpé (1 lb/500 g)	1,5 L
3	oignons verts, émincés	3
1	poivron rouge, en julienne	1
1/4 tasse	raisins secs ou raisins de Corinthe	60 ml

Vinaigrette

3 c. à table	vinaigre de cidre	45 ml
2 c. à table	moutarde douce	30 ml
1 c. à table	cassonade tassée	15 ml
1 c. à thé	graines de carvi	5 ml
1/2 c. à thé	sel	2 ml
1/4 c. à thé	poivre	1 ml
	Une pincée de piment de la Jamaïque	
1/3 tasse	huile végétale	75 ml
	Un filet de sauce au piment fort	

Dans un grand bol, bien mélanger le chou vert, le chou rouge, les oignons verts, le poivron et les raisins secs.

VINAIGRETTE: Dans un bol, fouetter ensemble le vinaigre, la moutarde, la cassonade, les graines de carvi, le sel, le poivre et le piment de la Jamaïque; incorporer graduellement l'huile et la sauce au piment fort en fouettant. Verser sur la salade et bien remuer. Couvrir et réfrigérer pendant au plus 24 heures. Donne 8 portions.

Déjeuner des fêtes

Entre Noël et le Jour de l'An, il est toujours agréable de recevoir des amis à l'heure du lunch.
Le menu de ce déjeuner pour huit personnes plaira aussi bien aux enfants qu'aux adultes.

Lasagne roulée aux palourdes

La préparation d'une lasagne demande passablement
de temps, mais elle est si populaire et si agréable
à servir que l'on oublie vite la chose.

6	nouilles à lasagne	6
1 3/4 tasse	sauce béchamel (voir recette)	425 ml
2 tasses	mozzarella râpée	500 ml
1/4 tasse	parmesan frais râpé	60 ml
2 c. à table	pain frais émietté	30 ml

Sauce aux palourdes

1 c. à table	huile d'olive	15 ml
1 tasse	oignons hachés	250 ml
2	gousses d'ail, hachées fin	2
1	boîte de 28 oz/796 ml de tomates (non égouttées)	1
2 c. à table	pâte de tomates	30 ml
2	boîtes de 5 oz/142 g de petites palourdes (non égouttées)	2
1 c. à thé	origan séché	5 ml
1/4 c. à thé	flocons de piment fort	1 ml
2 c. à table	persil frais haché fin	30 ml
	Sel et poivre	

Farce aux épinards et à la ricotta

2 tasses	épinards frais tassés	500 ml
2	oeufs	2
1/2 lb	ricotta	250 g
1 tasse	mozzarella râpée	250 ml
1/2 tasse	parmesan frais râpé	125 ml
2 c. à table	oignons verts hachés	30 ml
2 c. à table	persil frais haché	30 ml
2 c. à table	basilic frais haché	30 ml

SAUCE AUX PALOURDES: Dans une casserole à fond épais, chauffer l'huile à feu moyen; cuire les oignons et l'ail en remuant pendant 5 minutes. Ajouter les tomates, en les défaisant avec une fourchette, et la pâte de tomates.

❧ Égoutter les palourdes en réservant 3/4 tasse (175 ml) du jus. Ajouter le jus dans la casserole avec l'origan et les flocons de piment fort; amener à ébullition. Réduire le feu et laisser mijo-

ter pendant 25 minutes; laisser refroidir.

❧ Ajouter les palourdes, le persil, du sel et du poivre. (La sauce se conserve pendant 1 jour au réfrigérateur et 1 mois au congélateur.)

❧ FARCE AUX ÉPINARDS ET À LA RICOTTA: Rincer les épinards mais ne pas les essorer; mettre dans une casserole et cuire, sans eau additionnelle, à feu moyen-vif pendant 4 minutes. Essorer, hacher finement et mettre dans un bol. Incorporer les oeufs, la ricotta, la mozzarella, le parmesan, les oignons verts, le persil et le basilic. (La farce se conserve au réfrigérateur pendant 1 jour.)

❧ Dans une grande marmite d'eau bouillante salée, cuire les nouilles pendant 8 minutes environ. Rincer à l'eau froide.

❧ Étendre environ 3/4 tasse (175 ml) de la sauce aux palourdes dans un plat allant au four de 13 x 9 po (3,5 L). Égoutter et éponger les nouilles; les couper en deux. Étendre 3 c. à table (45 ml) de la farce sur une demi-nouille en laissant un bord de 1 po (2,5 cm) à une extrémité. Étendre environ 2 c. à table (30 ml) de la sauce aux palourdes par-dessus la farce. À partir de l'extrémité garnie, rouler la nouille et déposer, le pli en dessous, dans le plat. Faire de même avec les autres demi-nouilles et les disposer en deux rangées dans le plat. Verser tout reste de sauce autour des rouleaux.

❧ Verser la sauce béchamel sur les rouleaux; parsemer de la mozzarella, du parmesan et des miettes de pain. (La lasagne se conserve au réfrigérateur pendant 4 heures.) Cuire au four à 350°F (180°C) pendant 45 minutes ou jusqu'à ce que le dessus soit doré. Laisser reposer pendant 10 minutes. Donne 8 portions.

Sauce béchamel

3 c. à table	beurre	45 ml
3 c. à table	farine tout usage	45 ml
1/2 c. à thé	sel	2 ml
	Poivre	
1 1/2 tasse	lait	375 ml

Dans une petite casserole, faire fondre le beurre à feu moyen. Ajouter la farine, le sel et du poivre, et cuire en fouettant pendant 1 minute. Incorporer graduellement le lait en fouettant; cuire pendant 3 minutes environ, en fouettant toujours, jusqu'à ce que la sauce bouille et épaississe. Donne 1 3/4 tasse (425 ml).

(dans le sens des aiguilles d'une montre, à partir du haut) Salade de brocoli et de chou-fleur (p. 150); Lasagne roulée aux palourdes; (dans l'assiette) tranches de Bruschetta à l'ail et aux herbes; Salade panachée à l'avocat (p. 150).

Menu

❧

Salade de fruits d'hiver

❧

Lasagne roulée aux palourdes*

❧

Bruschetta à l'ail
et aux herbes*

❧

Salade panachée à l'avocat*

❧

Salade de brocoli
et de chou-fleur*

❧

Gâteau aux fruits, truffes et
biscuits

❧

Sorbet et crème glacée

*Voir recette

Salade de brocoli et de chou-fleur

❧

Cette salade croquante, apprêtée avec une sauce crémeuse, est délicieuse en tout temps de l'année.

5 tasses	bouquets de brocoli tranchés	1,25 L
4 tasses	bouquets de chou-fleur tranchés (1 petite tête)	1 L
1	petit oignon rouge, émincé	1
1 tasse	mayonnaise légère	250 ml
1 tasse	crème aigre légère	250 ml
1 c. à table	sucre	15 ml
1 c. à table	vinaigre blanc	15 ml
1/2 c. à thé	sel	2 ml
1/4 c. à thé	poivre	1 ml
	Un filet de sauce Worcestershire	

Dans un grand bol, mélanger le brocoli, le chou-fleur et l'oignon.

❧ Dans un bol, mélanger la mayonnaise, la crème aigre, le sucre, le vinaigre, le sel, le poivre et la sauce Worcestershire. Verser sur les légumes et bien remuer. (*La salade peut être couverte et réfrigérée pendant 2 heures.*) Donne 8 portions.

Bruschetta à l'ail et aux herbes

❧

Mettez la bruschetta au four dès que vous en sortirez la lasagne.

1	baguette	1
1/3 tasse	huile d'olive	75 ml
2	grosses gousses d'ail, hachées fin	2
2 c. à thé	marjolaine séchée	10 ml
2 c. à thé	romarin séché, émietté	10 ml
	Un filet de sauce au piment fort	
	Une pincée de sel	

Couper le pain en diagonale en tranches de 1/2 po (1 cm) d'épaisseur; mettre les tranches sur une plaque. Mélanger l'huile, l'ail, la marjolaine, le romarin, la sauce au piment et le sel; badigeonner le pain.

❧ Faire griller au four à 375°F (190°C) pendant 10 à 15 minutes, jusqu'à ce que le pain soit légèrement doré. Servir chaud. Donne 8 portions

---

Truc: Pour la bruschetta ou les vinaigrettes, utilisez de l'huile d'olive extra vierge… et extra savoureuse.

Salade panachée à l'avocat

❧

Procurez-vous les avocats environ cinq jours avant de les apprêter et laissez-les mûrir à la température de la pièce à l'abri du soleil.

1	laitue Bibb, feuilles séparées	1
2	endives, feuilles séparées	2
1	petite laitue radicchio, feuilles séparées (ou 1 endive de plus)	1
1/2	poivron rouge ou vert	1/2
1/2	petit oignon d'Espagne	1/2
2	avocats	2

Vinaigrette à l'orange

1/4 tasse	jus d'orange	60 ml
1 c. à table	vinaigre de vin rouge	15 ml
1 c. à thé	moutarde de Dijon	5 ml
1/2 c. à thé	sel	2 ml
1	gousse d'ail, hachée fin	1
	Un filet de sauce au piment fort	
1/2 tasse	huile d'olive	125 ml

Vinaigrette à l'orange: Dans un bol, mélanger le jus d'orange, le vinaigre, la moutarde, le sel, l'ail et la sauce au piment fort; incorporer l'huile en fouettant. (*La vinaigrette peut être couverte et réfrigérée pendant 2 jours; fouetter avant d'utiliser.*)

❧ Dans un grand saladier, disposer les feuilles des laitues et des endives. Couper le poivron en fines lanières et émincer l'oignon; mettre dans le saladier. Peler et dénoyauter les avocats; couper en cubes et en parsemer la salade. Arroser de la vinaigrette et bien remuer. Donne 8 portions.

Des boissons remontantes

❧

Par un froid après-midi, prenez le temps de siroter l'une de ces délicieuses boissons chaudes.

Vin chaud aux agrumes

❧

*Pour une boisson non alcoolisée, remplacez
le vin par du jus de pomme.*

1 tasse	eau	250 ml
2/3 tasse	sucre	150 ml
1 c. à thé	clous de girofle	5 ml
1/4 c. à thé	muscade	1 ml
8	bâtons de cannelle	8
1	citron et orange (chacun), tranchés	1
2	bouteilles de 750 ml de vin rouge sec	2

Dans une petite casserole, mélanger l'eau, le sucre, les clous de girofle, la muscade, un bâton de cannelle, les tranches de citron et d'orange; amener à ébullition à feu moyen en remuant.

❧ Réduire le feu et laisser mijoter pendant 10 minutes; laisser refroidir et passer au tamis. (*La boisson peut être préparée jusqu'à cette étape, couverte et réfrigérée pendant 1 semaine.*)

❧ Dans une grande casserole, mélanger la préparation refroidie avec le vin; chauffer sans faire bouillir. Verser dans de grandes tasses et garnir chacune d'un bâton de cannelle. Donne 7 portions de 1 tasse (250 ml).

Thé tonique au cognac et au rhum

❧

Après une activité en plein air, il n'y a rien de plus réconfortant qu'une tasse de ce thé au cognac et au rhum.

8 tasses	thé fort fraîchement infusé	2 L
2 tasses	cassonade tassée	500 ml
1	bouteille (750 ml) de cognac	1
1	bouteille (750 ml) de rhum brun	1
1 tasse	jus de citron	250 ml
	Tranches de citron	
	Bâtons de cannelle	

Dans une grande casserole, mélanger le thé et la cassonade; amener à ébullition en remuant. Retirer du feu et incorporer prudemment le cognac, le rhum et le jus de citron.

❧ Verser dans de grandes tasses et garnir chacune d'une tranche de citron et d'un bâton de cannelle. Donne environ 30 portions de 1/2 tasse (125 ml).

Repas amical à l'accent mexicain

❧

Que vous vous réunissiez pour faire une randonnée en ski de fond, pour patiner ou glisser comme des enfants sur les pentes enneigées, ou tout simplement pour bavarder bien au chaud, prolongez le plaisir en invitant vos amis à partager ce repas sans prétention.

Menu
❧

Croustilles de maïs et salsa

❧

Crudités et olives

❧

Pain de maïs aux deux piments*

❧

Soupe aux haricots noirs*

❧

Cantaloup et melon Honeydew en tranches

❧

Gâteau au fromage au chocolat
(recette, p. 106)

*Voir recette

Pain de maïs aux deux piments
❧

Garni de piment doux et de poivron, ce pain moelleux peut aussi être préparé avec du fromage à la crème léger.

1/2 lb	fromage à la crème	250 g
1 c. à table	sucre	15 ml
2	oeufs	2
1 tasse	farine de maïs	250 ml
1 tasse	farine tout usage	250 ml
1 c. à table	levure chimique	15 ml
1/2 c. à thé	sel	2 ml
6	oignons verts, hachés	6
1	boîte de 4 oz/114 ml de chilis verts doux, égouttés et coupés en dés	1
1/2 tasse	poivron rouge haché fin	125 ml

Dans un bol, battre le fromage avec le sucre; incorporer un à un les oeufs en battant bien.

❧ Mélanger les farines, la levure chimique et le sel; incorporer à la préparation au fromage avec les oignons verts, les chilis et le poivron.

❧ Verser dans un moule à pain de 8 x 4 po (1,5 L) graissé et fariné. Cuire au four à 350°F (180°C) pendant 1 heure ou jusqu'à ce qu'un cure-dent inséré au centre en ressorte propre. Laisser refroidir dans le moule pendant 5 minutes. Laisser refroidir complètement sur une grille. Donne 1 pain.

Soupe aux haricots noirs

❧

Garnissez chaque bol de soupe de crème aigre,
de coriandre fraîche et d'une tranche de poivron vert.

3 tasses	haricots noirs	750 ml
1 c. à table	huile d'olive	15 ml
3	gousses d'ail, hachées fin	3
2	oignons, hachés	2
2	tiges de céleri, hachées	2
2 c. à thé	assaisonnement au chili	10 ml
2 c. à thé	jalapeño frais ou mariné haché	10 ml
1 1/2 c. à thé	origan séché	7 ml
1 c. à thé	cumin moulu	5 ml
1/2 c. à thé	graines d'anis	2 ml
6 tasses	bouillon de poulet	1,5 L
1	boîte de 14 oz/398 ml de tomates étuvées	1
3/4 c. à thé	sel	4 ml
1/4 c. à thé	poivre	1 ml
4 c. à thé	jus de lime	20 ml

Rincer les haricots. Dans une grande marmite, couvrir les haricots de trois fois leur volume d'eau; amener à ébullition, couvrir et cuire pendant 2 minutes. Retirer du feu et laisser tremper pendant 1 heure. Égoutter.

❧ Bien essuyer la marmite et y faire chauffer l'huile à feu moyen; cuire l'ail, les oignons et le céleri, en remuant de temps à autre, pendant 5 minutes ou jusqu'à ce que les oignons soient ramollis. Ajouter l'assaisonnement au chili, le jalapeño, l'origan, le cumin et les graines d'anis; cuire pendant 1 minute en remuant.

❧ Ajouter les haricots et le bouillon; amener à ébullition. Réduire le feu, couvrir et laisser mijoter pendant 75 minutes ou jusqu'à ce que les haricots soient très tendres. Ajouter les tomates, le sel et le poivre; laisser mijoter pendant 10 minutes.

❧ Au robot ou au mélangeur, réduire en purée, par petites quantités, 8 tasses (2 L) de la soupe. Remettre dans la marmite et réchauffer. Incorporer le jus de lime. Goûter et rectifier l'assaisonnement. (*La soupe se conserve pendant 3 jours au réfrigérateur ou 2 mois au congélateur.*) Donne 6 portions.

VARIANTE RAPIDE

❧ Remplacer les haricots noirs secs par trois boîtes de 19 oz (540 ml) de haricots noirs égouttés. Réduire la quantité de bouillon à 5 tasses (1,25 L). Ajouter les tomates, le sel et le poivre en même temps que les haricots et le bouillon, et ne laisser mijoter que 30 minutes.

Brunch du dimanche

❧

Quel plaisir de prendre son temps, de profiter tranquillement des heures qui passent en agréable compagnie ! Vous aurez tout le loisir de déguster la salade d'agrumes pendant que le gratin de saumon cuira au four.

Menu

❧

Salade d'agrumes
et sauce crème à la lime*

❧

Gratin de saumon fumé*

❧

Haricots verts et oignons rouges

❧

Gâteau aux fruits au chocolat et aux pacanes
(recette, p. 13)

❧

Biscuits de Noël

*Voir recette

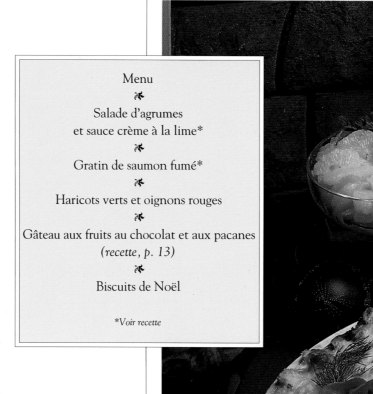

Salade d'agrumes et sauce crème à la lime

❧

Il n'y a rien de plus savoureux et de plus rafraîchissant que les agrumes. Durant le temps des fêtes, ils volent la vedette !

4	oranges	4
4	grosses tangerines	4
2	pamplemousses blancs	2
2	pamplemousses roses	2
2 c. à table	liqueur d'orange (environ)	30 ml

Sauce crème à la lime

4 oz	fromage à la crème	125 g
1/2 tasse	crème aigre	125 ml
2 c. à table	sucre	30 ml
2 c. à table	jus de lime	30 ml
1 c. à thé	écorce de lime râpée (environ)	5 ml

*P*eler tous les fruits; enlever la fine membrane qui les recouvre. En tenant le fruit au-dessus d'un bol pour récolter le jus et en utilisant un couteau bien affilé, découper un à un les quartiers en les dégageant de leur membrane.

❧ Dans un grand bol, mélanger délicatement les fruits avec leur jus et la liqueur d'orange, en ajoutant un peu plus de liqueur (jusqu'à 2 c. à table/30 ml) si désiré. Couvrir et réfrigérer pendant toute une nuit.

❧ SAUCE CRÈME À LA LIME: À l'aide du robot ou du mélangeur, mélanger le fromage et la crème aigre jusqu'à l'obtention d'une consistance homogène. Incorporer le sucre, le jus et l'écorce de lime. Mettre dans un petit bol de service. *(La sauce se conserve au réfrigérateur pendant 4 jours.)* Parsemer d'un peu d'écorce de lime râpée.

❧ Garnir chaque bol de salade d'agrumes d'une cuillerée de sauce crème à la lime. Donne 8 portions.

Gratin de saumon fumé

❧

Comme vous pouvez préparer entièrement cette casserole la veille au soir, vous n'aurez plus qu'à la mettre au four quelques minutes avant l'arrivée de vos invités.

16	tranches minces de pain italien	16
2 c. à table	beurre	30 ml
1 tasse	poireaux tranchés	250 ml
1 tasse	champignons tranchés	250 ml
1/4 lb	saumon fumé tranché	125 g
2 tasses	fromage suisse râpé	500 ml
	(1/2 lb/250 g environ)	
6	oeufs	6
4 tasses	crème 10 %	1 L
1 c. à thé	moutarde de Dijon	5 ml
	Poivre	

Couper les tranches de pain en cubes de façon à obtenir 11 tasses (2,75 L); mettre de côté.

❧ Dans une petite casserole, faire fondre le beurre à feu moyen; cuire les poireaux et les champignons pendant 3 à 4 minutes ou jusqu'à ce que les poireaux soient ramollis. Retirer du feu. Couper le saumon en travers en lanières de 1/2 po (1 cm); ajouter aux légumes.

❧ Répartir la moitié des cubes de pain dans deux moules carrés de 8 po (2 L) graissés; couvrir de la préparation au saumon, puis de la moitié du fromage; parsemer du reste des cubes de pain.

❧ Battre les oeufs avec la crème, la moutarde et du poivre; verser dans les deux moules. Parsemer du reste du fromage. Couvrir et réfrigérer pendant toute la nuit.

❧ Cuire au four, à découvert, à 325°F (160°C) pendant 35 à 45 minutes ou jusqu'à ce que le dessus soit doré. Servir chaud. Donne 8 portions.

QUE LA FÊTE CONTINUE !

❧

NE DÉDAIGNEZ PAS LES RESTES DE DINDE... SANS
EUX, VOUS NE POURRIEZ PAS PRÉPARER LES DÉLICIEUX PLATS QUE
NOUS VOUS OFFRONS DANS CE CHAPITRE.

Soupe à la dinde et aux gombos

❧

*Cette variante d'un plat cajun se prépare en
un tournemain au micro-ondes.*

2 c. à table	farine tout usage	30 ml
1 c. à table	huile végétale	15 ml
1 tasse	oignons hachés	250 ml
1	tige de céleri, en dés	1
1	poivron vert, en dés	1
1	boîte de 19 oz/540 ml de tomates (non égouttées)	1
1 tasse	bouillon de dinde (recette, p. 158) ou de poulet	250 ml
1/4 tasse	riz à grains longs	60 ml
2	gousses d'ail, hachées fin	2
1 c. à thé	origan séché	5 ml
1/2 c. à thé	poivre	2 ml
1 tasse	gombos ou pois partiellement décongelés	250 ml
1 1/2 tasse	dinde cuite en cubes	375 ml
	Sel	
	Sauce au piment fort	

Dans une casserole allant au micro-ondes d'une capacité de 12 tasses (3 L), mélanger la farine et l'huile; cuire à découvert à intensité maximale pendant 8 à 10 minutes, ou jusqu'à ce que le roux soit doré, en remuant trois fois.

❧ Incorporer les oignons, le céleri et le poivron; cuire à intensité maximale pendant 4 à 6 minutes, ou jusqu'à ce qu'ils soient ramollis, en remuant une fois.

❧ Ajouter les tomates, le bouillon, le riz, l'ail, l'origan et le poivre; couvrir et cuire à intensité maximale pendant 15 à 20 minutes, ou jusqu'à ce que le riz soit tendre, en remuant deux fois et en défaisant les tomates.

❧ Couper les gombos en bouchées et les ajouter dans la casserole avec la dinde; couvrir et cuire à intensité maximale pendant 2 minutes. Assaisonner de sel et de sauce au piment fort. Donne 4 portions.

> **Truc**: *Dans la cuisine cajun, les soupes sont épaissies avec un roux foncé, fait avec de l'huile et de la farine; sa cuisson au micro-ondes facilite grandement sa préparation.*

L'oiseau de malheur !

Le dîner de Noël ! Quelle fête,
avec sa dinde tant attendue !
La nôtre était énorme.
L'exemple parfait du "format familial".
Dodue et fumante, véritable délice,
Alternance de blanc et de brun,
De poitrine et de cuisse.
Quel plat divin !
L'heure passait et nous mangions toujours.

Nous grignotâmes jusqu'aux petites heures
Et, repus, nous couchâmes.
Notre sommeil en fut un d'hibernés.
Quand, vers midi, nous descendîmes
Notre hôtesse nous accueillit joyeusement
Avec... une tartinade de dinde à la crème.
Que pouvions-nous faire sinon d'en manger.
Le soir vint et, au souper, ... un ragoût de dinde !

Le lendemain, mes yeux s'embrumèrent
À la vue des sandwichs. À quoi donc,
Je vous le demande, sinon à la dinde !
Pâle, molle et terne.
Le soir, je retins mes larmes,
Me mordant la langue,
À la vue de l'ineffable pâté... à la dinde.
Le surlendemain, nous jouions les parvenus,
Champions de la cuisine nouvelle,
Avec notre quiche... à la dinde.

Ce soir-là, en proie aux cauchemars,
Je vis une dinde s'adresser à moi
Et, de tous les coins de la pièce,
Sortir mille petites bêtes.
Je me réveillai en sursaut,
Sortis de ma chambre et rencontrai dans le couloir
Mon cousin Albert qui m'avoua, dans le noir,
Tremblant de peur, avoir été poursuivi,
Toute la nuit, par un élevage de dindes.

Le jour suivant, un regard
Et je voulus m'enfuir.
L'hôtesse m'invitait à profiter du bon temps
En vantant les mérites de sa cuisine.
Elle avait mitonné un de ces petits plats !
Vous l'avez deviné... un frichti de dinde !
Je tentai de m'en sortir avec une blague
Mais j'eus grand peine à contenir mon dédain.

Toute la semaine, les plats se succédèrent,
L'originalité des noms impuissante à cacher
l'ennui de la chair.
Ce fut un vrai calvaire !
Quand la cuisinière annonça enfin
Que l'oiseau était arrivé à sa fin,
L'espoir frémit en nous.
Vrai, il ne restait que les os !
C'est alors qu'elle nous servit sa soupe
... à la dinde !

D'après Florence Weekes

157

Minestrone à la dinde

❧

Si vous désirez congeler cette soupe, n'ajoutez les pâtes qu'au moment où vous la réchaufferez.

2 c. à table	huile végétale	30 ml
1	oignon, haché	1
1	gousse d'ail, hachée fin	1
3/4 tasse	jambon cuit en dés	175 ml
4	carottes, hachées	4
2	tiges de céleri, hachées	2
1	courgette, en dés	1
4 tasses	bouillon de dinde (recette ci-dessous)	1 L
1	boîte de 28 oz/796 ml de tomates prunes (non égouttées), hachées gros	1
2 tasses	chou coupé en lanières	500 ml
2 tasses	dinde cuite hachée gros	500 ml
1	boîte de 14 oz/398 ml de haricots blancs, égouttés	1
1 tasse	haricots verts hachés	250 ml
2/3 tasse	macaronis coupés ou autres petites pâtes	150 ml
	Sel et poivre	
	Parmesan frais râpé	

Dans une grande casserole, chauffer l'huile à feu moyen; cuire l'oignon et l'ail pendant 3 minutes, jusqu'à ce qu'ils soient ramollis.

❧ Ajouter le jambon, les carottes, le céleri et la courgette; cuire pendant 3 minutes en remuant de temps à autre. Ajouter le bouillon et les tomates; amener à ébullition. Réduire le feu et laisser mijoter pendant 30 minutes à découvert.

❧ Ajouter le chou, la dinde, les haricots blancs et verts; amener à ébullition. Réduire le feu et laisser mijoter pendant 15 minutes ou jusqu'à ce que les légumes soient presque tendres.

❧ Ajouter les pâtes et cuire pendant 10 minutes ou jusqu'à ce qu'elles soient *al dente*. Saler et poivrer. Saupoudrer chaque assiettée de soupe de parmesan frais râpé. Donne 10 portions.

Jambalaya

❧

Ce savoureux plat de riz est ici apprêté avec du jambon, de la dinde et des saucisses italiennes.

1 c. à table	huile végétale	15 ml
1/4 lb	saucisses italiennes épicées ou douces	125 g
1	grosse tige de céleri, hachée gros	1
1	gros oignon, haché	1
2	gousses d'ail, hachées fin	2
1/2 c. à thé	flocons de piment fort	2 ml
1 1/2 tasse	riz étuvé	375 ml
2 1/4 tasses	bouillon de dinde (recette ci-dessous)	550 ml
1	boîte de 19 oz/540 ml de tomates (non égouttées)	1
1/2 c. à thé	assaisonnement au chili	2 ml
3 tasses	dinde cuite hachée	750 ml
1 tasse	jambon cuit en cubes	250 ml
1 tasse	pois congelés, décongelés	250 ml
1/2 tasse	persil frais haché	125 ml
	Sel et poivre	

Dans une cocotte, chauffer l'huile à feu moyen-doux; piquer les saucisses et les cuire, en les retournant souvent, pendant 20 minutes environ. Retirer et réserver.

❧ Égoutter le gras de la cocotte sauf 2 c. à table (30 ml); cuire le céleri, l'oignon, l'ail et les flocons de piment fort à feu moyen pendant 3 minutes ou jusqu'à ce que l'oignon soit ramolli. Ajouter le riz et cuire en remuant pendant 3 minutes.

❧ Incorporer le bouillon et les tomates en les défaisant avec une cuiller; ajouter l'assaisonnement au chili et amener à ébullition. Couvrir et cuire au four à 350°F (180°C) pendant 25 minutes.

❧ Couper les saucisses en tranches fines; incorporer au riz avec la dinde et le jambon. Couvrir et cuire pendant 10 à 15 minutes ou jusqu'à ce que le riz soit tendre. Incorporer délicatement les pois et le persil; saler et poivrer. Donne 6 portions.

BOUILLON DE DINDE

Ayez toujours de ce savoureux bouillon en réserve au congélateur.

❧ Casser la carcasse de la dinde en 3 ou 4 morceaux. Mettre dans une marmite avec 16 tasses (4 L) d'eau; amener à ébullition et écumer.

Ajouter 1 tige de céleri hachée, 1 carotte et 1 oignon hachés, 1 feuille de laurier, 1/2 c. à thé (2 ml) de thym et de poivre en grains, et 3 brins de persil frais; couvrir à demi et laisser mijoter pendant 2 heures.

❧ Passer le bouillon avec un tamis tapissé d'une étamine; laisser refroidir. Couvrir et réfrigérer; dégraisser. *(Le bouillon se conserve, dans un contenant hermétique, pendant 3 jours au réfrigérateur et 4 mois au congélateur.)* Donne 12 tasses (3 L) environ.

Potage à la mexicaine

*Garnissez les bols de cette savoureuse soupe à la dinde
avec du cheddar ou du Monterey Jack râpé.*

2 c. à table	huile végétale	30 ml
1	gros oignon, haché gros	1
1	grosse gousse d'ail, hachée fin	1
1/2 c. à thé	flocons de piment fort	2 ml
3	pommes de terre, pelées, en cubes	3
4 tasses	bouillon de dinde (recette, p. 158) ou de poulet	1 L
1 c. à thé	origan séché	5 ml
1	boîte de 19 oz/540 ml de tomates (non égouttées)	1
1	boîte de 14 oz/398 ml de haricots blancs ou de haricots pinto, égouttés et rincés	1
2 tasses	haricots de Lima congelés	500 ml
2 tasses	dinde cuite en dés	500 ml
1 1/2 tasse	maïs en grains	375 ml
3 c. à table	coriandre ou persil frais haché	45 ml
1 c. à table	jus de lime ou de citron	15 ml
	Sel et poivre	

Dans une casserole, chauffer l'huile à feu moyen; cuire l'oignon, l'ail et les flocons de piment fort en remuant pendant 3 à 5 minutes ou jusqu'à ce que les oignons soient ramollis.

ᴈ Ajouter les pommes de terre, le bouillon et l'origan; couvrir et laisser mijoter pendant 10 à 15 minutes ou jusqu'à ce que les pommes de terre soient tendres.

ᴈ Ajouter les tomates en les défaisant avec une cuiller; ajouter les haricots, la dinde et le maïs. Laisser mijoter à couvert pendant 5 minutes ou jusqu'à ce que les haricots de Lima soient tendres. Incorporer la coriandre, le jus de lime, du sel et du poivre. Donne 8 portions.

Tourte des fêtes

❦

Ce joli pâté est apprêté avec des restes de dinde et de jambon.

5 tasses	bouillon de poulet	1,25 L
3 tasses	jambon fumé en cubes	750 ml
2 c. à table	vermouth (facultatif)	30 ml
3	carottes, en tranches	3
3	tiges de céleri, en tranches	3
2	patates sucrées, pelées, en cubes	2
1	feuille de laurier	1
1/2 c. à thé	sarriette séchée	2 ml
1 tasse	pois congelés	250 ml
1/2 tasse	poivron rouge en dés	125 ml
1/3 tasse	beurre	75 ml
1	oignon, haché	1
3/4 tasse	farine tout usage	175 ml
3/4 c. à thé	moutarde en poudre	4 ml
3 tasses	dinde cuite en cubes	750 ml
	Poivre	
	Pâte pour une abaisse de 9 po (23 cm)	
1 c. à table	lait	15 ml

Dans un faitout, mettre le bouillon de poulet, le jambon, le vermouth, les carottes, le céleri, les patates, la feuille de laurier et la sarriette; amener à ébullition. Réduire le feu et laisser mijoter à couvert pendant 15 à 20 minutes.

❦ Ajouter les pois et le poivron; laisser mijoter pendant 2 minutes. Égoutter en réservant le liquide; jeter la feuille de laurier.

❦ Dans le faitout, faire fondre le beurre à feu moyen; cuire l'oignon pendant 3 minutes. Saupoudrer de la farine et cuire en remuant pendant 3 à 4 minutes. Incorporer la moutarde.

❦ Incorporer graduellement le bouillon en fouettant. Augmenter le feu à moyen-vif; cuire en fouettant jusqu'à ce que la sauce épaississe. Ajouter les légumes et la dinde; poivrer. Verser dans une cocotte d'une capacité de 12 tasses (3 L).

❦ Sur une surface légèrement farinée, abaisser la pâte sur 1/4 po (5 mm) d'épaisseur. Avec des emporte-pièce farinés, découper des petits modèles. Disposer sur la préparation de façon à la couvrir entièrement; badigeonner la pâte de lait.

❦ Cuire au four, sur une plaque, à 400°F (200°C) pendant 30 à 35 minutes. Donne 8 portions.

Sandwichs à la dinde et au fromage cuits au four

*Ces succulents sandwichs sont idéals à l'heure du lunch. Vous pouvez même
les apprêter la veille au soir et, le lendemain midi, vous n'aurez plus qu'à les mettre au four.
Servez-les avec du chutney ou de la sauce aux canneberges bien froide.*

1	pain de mie non tranché	1
1/4 tasse	fromage à la crème, ramolli	60 ml
6 oz	dinde cuite émincée	175 g
6 oz	fromage suisse en tranches	175 g
1/4 tasse	beurre, ramolli	60 ml
6	oeufs	6
1/2 c. à thé	sel et estragon séché (chacun)	2 ml
1/4 c. à thé	sarriette séchée	1 ml
1 1/2 tasse	lait	375 ml
	Persil frais haché	

Couper le pain en 12 tranches de 3/4 po (2 cm) d'épaisseur; tartiner 6 tranches avec le fromage à la crème (2 c. à thé/10 ml par tranche). Garnir des tranches de dinde et de fromage; couvrir des autres tranches de pain.

❧ Étendre le beurre dans le fond d'un plat en verre allant au four de 13 x 9 po (3 L); disposer les sandwichs en une seule couche dans le plat.

❧ Fouetter les oeufs avec le sel, l'estragon et la sarriette; incorporer le lait en fouettant. Avec une louche, recouvrir uniformément les sandwichs de la préparation. Couvrir de pellicule de plastique et réfrigérer pendant au moins 90 minutes ou pendant toute la nuit.

❧ Cuire au four, à découvert, à 375°F (190°C) pendant 40 à 45 minutes ou jusqu'à ce que les sandwichs soient gonflés, croustillants et bien dorés. Laisser reposer pendant 3 minutes. Garnir de persil. Retirer les sandwichs du plat avec une spatule. Donne 6 portions.

Casserole de dinde à la mode du Sud-Ouest

*Cette casserole, apprêtée avec une sauce tomate piquante et garnie de croustilles tortilla, est si délicieuse que
vos invités ne devineront jamais que vous l'avez préparée avec des restes.*

2 c. à thé	huile végétale	10 ml
1	oignon, haché	1
1	gousse d'ail, hachée fin	1
2 c. à thé	assaisonnement au chili	10 ml
1 c. à thé	cumin moulu	5 ml
1/2 c. à thé	origan séché	2 ml
1/2 c. à thé	sel	2 ml
	Une pincée de poivre et de flocons de piment fort	
1	boîte de 28 oz/796 ml de tomates (non égouttées)	1
2 tasses	maïs en grains	500 ml
1	poivron rouge ou vert, haché	1
1/4 tasse	persil frais haché	60 ml
40	croustilles tortilla non salées	40
2 tasses	dinde cuite en cubes	500 ml
1 1/2 tasse	cheddar ou Monterey Jack râpé	375 ml

Dans une grande poêle, chauffer l'huile à feu moyen; cuire l'oignon et l'ail pendant 3 minutes, jusqu'à ce qu'ils soient ramollis. Ajouter l'assaisonnement au chili, le cumin, l'origan, le sel, le poivre et les flocons de piment fort; cuire pendant 1 minute.

❧ Ajouter les tomates et les écraser avec un presse-purée; amener à ébullition. Réduire le feu et laisser mijoter pendant 20 à 30 minutes ou jusqu'à ce que la plus grande part du liquide se soit évaporé.

❧ Dans un bol, mélanger le maïs, le poivron et le persil. Disposer le tiers des croustilles dans un plat carré de 8 po (2 L) allant au four, graissé. Couvrir de la moitié de la dinde, de la moitié des légumes, de la moitié de la sauce tomate et de 1/2 tasse (125 ml) du fromage. Refaire la même série de couches en terminant avec tout le reste du fromage. Broyer le reste des croustilles et réserver.

❧ Cuire au four, à couvert, à 350°F (180°C) pendant 20 minutes. Découvrir et parsemer des croustilles broyées; cuire pendant encore 10 minutes. Donne 4 portions.

Cannelloni à la dinde

❧

Voici une façon originale d'apprêter les restes de dinde.

1	paquet de 300 g de nouilles à lasagne fraîches	1

Farce

1 c. à table	huile végétale	15 ml
1/2 tasse	oignons hachés fin	125 ml
1	paquet de 10 oz/284 g d'épinards frais, parés	1
3/4 lb	ricotta	375 g
1/4 tasse	parmesan frais râpé	60 ml
2	oeufs, battus	2
1 c. à thé	basilic séché	5 ml
3/4 c. à thé	sel	4 ml
	Poivre	
3 tasses	dinde cuite hachée fin	750 ml

Sauce tomate

1 c. à table	huile végétale	15 ml
1	oignon, haché fin	1
1	gousse d'ail, hachée fin	1
1	boîte de 14 oz/398 ml de sauce tomate	1

1 c. à thé	origan séché	5 ml
1/2 c. à thé	sucre, sel et graines de fenouil (chacun)	2 ml
	Poivre	

Sauce béchamel

1/4 tasse	beurre	60 ml
1/4 tasse	farine tout usage	60 ml
1 tasse	bouillon de dinde (recette, p. 158) ou bouillon de poulet	250 ml
1 tasse	lait	250 ml
1/3 tasse	parmesan frais râpé	75 ml
	Sel et poivre	

FARCE: Dans une petite poêle, chauffer l'huile à feu moyen; cuire les oignons jusqu'à ce qu'ils soient ramollis en remuant de temps à autre. Réserver.

❧ Laver les épinards; secouer pour enlever le surplus d'eau. Cuire sans eau additionnelle pendant 3 à 5 minutes jusqu'à ce qu'ils soient ramollis. Égoutter et laisser refroidir légèrement; presser pour bien assécher et hacher pour obtenir 1/2 tasse (125 ml).

❧ Dans un grand bol, battre ensemble la ricotta, le parmesan, les oeufs, le basilic, le sel et du poivre; incorporer la dinde, les oignons et les épinards. Réserver.

❧ SAUCE TOMATE: Dans une casserole, chauffer l'huile à feu moyen; cuire l'oignon et l'ail jusqu'à ce qu'ils soient tendres. Ajouter la sauce tomate et tous les assaisonnements; laisser mijoter pendant 15 à 20 minutes ou jusqu'à ce que la sauce ait légèrement épaissi. Réserver.

❧ SAUCE BÉCHAMEL: Dans une casserole, faire fondre le beurre à feu moyen; incorporer la farine en fouettant et cuire pendant 2 minutes en remuant. Verser le bouillon et le lait; amener à ébullition et cuire en remuant constamment pendant 3 minutes ou jusqu'à ce que la sauce soit épaisse. Retirer du feu et incorporer le parmesan. Saler et poivrer.

❧ Couper les nouilles en morceaux de 5 po (12 cm) de longueur. Cuire dans une grande marmite d'eau bouillante pendant 5 minutes, jusqu'à ce qu'elles soient *al dente* . Égoutter et rincer à l'eau froide; égoutter de nouveau et déposer sur des linges humides.

❧ ASSEMBLAGE: Dans un plat allant au four, bien graissé, de 13 x 9 po (3,5 L), étendre la sauce tomate sauf 1/2 tasse (125 ml). Étendre 1/4 tasse (60 ml) de farce à une extrémité de chaque morceau de pâte. Rouler et disposer les cannelloni (12 à 14) dans le plat, le pli en dessous.

❧ Verser la sauce béchamel sur les cannelloni; arroser du reste de sauce tomate. *(Les cannelloni peuvent être préparés jusqu'à cette étape et conservés au réfrigérateur pendant 1 jour.)* Cuire au four, à découvert, à 350°F (180°C) pendant 40 à 50 minutes. Donne 6 portions environ.

Crêpes à la dinde et aux canneberges

※

Ce plat savoureux convient parfaitement à un brunch.
Servez les crêpes bien chaudes.

1	oeuf	1
1/2 tasse	lait	125 ml
1/4 tasse	crème aigre	60 ml
1/4 tasse	beurre, fondu	60 ml
1 tasse	farine tout usage	250 ml
1 1/2 c. à thé	levure chimique	7 ml
1/2 c. à thé	sel	2 ml
1 1/2 tasse	dinde cuite hachée	375 ml
1/2 tasse	sauce aux canneberges	125 ml
2 c. à table	oignon vert haché	30 ml

Dans un grand bol, battre l'oeuf avec le lait, la crème aigre et le beurre. Incorporer la farine, la levure et le sel (ne pas trop mélanger). Incorporer la dinde, la sauce aux canneberges et l'oignon vert en pliant la préparation.

※ Chauffer une poêle à revêtement antiadhésif ou une poêle en fonte légèrement graissée jusqu'à ce que des gouttes d'eau y grésillent. Verser 1/4 tasse (60 ml) de la préparation et l'étendre pour obtenir une crêpe de 1/2 po (1 cm) d'épaisseur.

※ Cuire à feu moyen-vif pendant 4 minutes environ ou jusqu'à ce que de petites bulles apparaissent sur le dessus; retourner et cuire pendant 4 minutes ou jusqu'à ce que le dessous soit bien doré. Mettre dans un plat de service chaud. Donne 8 à 10 crêpes.

QUELLE BONNE IDÉE!

PÂTÉ DE DINDE

Servez ce pâté avec des craquelins ou faites-en de délicieux sandwichs avec du pain de mie. Ne garnissez le pâté des amandes qu'au moment de servir pour qu'elles soient bien croquantes.

※ *Au robot ou au mélangeur, mélangez 1/2 lb (250 g) de fromage à la crème, 1/3 tasse (75 ml) de mayonnaise, 1/4 tasse (60 ml) de chutney à la mangue et 1 c. à thé (5 ml) de cari. Incorporez 2 tasses (500 ml) de dinde cuite hachée fin. Mettez dans un plat de service, couvrez et faites refroidir au réfrigérateur. Au moment de servir, parsemez de 1/2 tasse (125 ml) d'amandes en lamelles grillées. Donne 3 tasses (750 ml).*

Salade Waldorf d'hiver

❦

Croquante et rafraîchissante, cette salade colorée accompagne très bien tous les plats dans ce chapitre qui sont apprêtés avec des restes.

2	pommes Granny Smith	2
2	pommes Red Delicious	2
2	pommes Golden Delicious	2
1 tasse	céleri en dés	250 ml
1 tasse	raisins rouges sans pépins	250 ml
1/3 tasse	raisins secs	75 ml
3/4 tasse	noix de Grenoble hachées, grillées (voir p. 30)	175 ml
	Feuilles de laitue	
1/2 tasse	graines de grenade	125 ml

Vinaigrette Waldorf

1/2 tasse	mayonnaise	125 ml
1/2 tasse	crème aigre	125 ml
3 c. à table	miel liquide	45 ml
2 c. à thé	écorce de citron râpée	10 ml
1 c. à table	jus de citron	15 ml
1/2 c. à thé	gingembre	2 ml
	Une pincée de sel	

Couper les pommes non pelées en dés; mettre dans un bol avec le céleri, les raisins et les raisins secs.

❦ VINAIGRETTE WALDORF: Fouetter la mayonnaise avec la crème aigre, le miel, l'écorce et le jus de citron, le gingembre et le sel; verser sur la salade de fruits et remuer délicatement.

❦ Couvrir de pellicule de plastique et faire refroidir au réfrigérateur. (*La salade se conserve au réfrigérateur pendant 2 jours.*)

❦ Au moment de servir, ajouter les noix à la salade et remuer délicatement. Dresser la salade sur des feuilles de laitue dans des assiettes individuelles. Garnir des graines de grenade. Donne 8 portions.

Muffins au mincemeat

❦

Ces muffins sucrés sont délicieux au petit déjeuner.

1 tasse	farine tout usage	250 ml
3/4 tasse	farine de blé entier	175 ml
1/4 tasse	sucre	60 ml
2 c. à thé	levure chimique	10 ml
1/4 c. à thé	sel	1 ml
1/4 c. à thé	muscade	1 ml
1	oeuf	1
1 tasse	mincemeat	250 ml
1 tasse	lait	250 ml
1/4 tasse	beurre, fondu	60 ml
1/2 tasse	noix de Grenoble hachées	125 ml

Garniture

2 c. à table	cassonade tassée	30 ml
1 c. à table	farine tout usage	15 ml
1/2 c. à thé	cannelle	2 ml
1/4 c. à thé	muscade	1 ml
1 c. à table	beurre	15 ml

GARNITURE: Dans un petit bol, mélanger la cassonade, la farine, la cannelle et la muscade; incorporer le beurre avec deux couteaux. Réserver.

❦ Dans un grand bol, mélanger les deux farines, le sucre, la levure, le sel et la muscade. Mélanger l'oeuf, le mincemeat, le lait et le beurre; ajouter aux ingrédients secs avec les noix et remuer juste pour mélanger.

❦ Verser avec une cuiller dans des moules à muffins bien graissés; parsemer de la garniture. Cuire au four à 400°F (200°C) pendant 20 minutes ou jusqu'à ce qu'ils soient fermes au toucher. Donne 12 muffins.

QUELLE BONNE IDÉE!

TRUFFES AU GÂTEAU AUX FRUITS

Voici une façon originale d'apprêter les restes de gâteau aux fruits.

❦ *Dans une casserole, faites fondre, à feu très doux, 6 oz (175 g) de chocolat mi-sucré haché avec 3 c. à table (45 ml) de crème à fouetter et 3 c. à table (45 ml) de beurre.*

❦ *Incorporez 2 c. à table (30 ml) de liqueur ou de jus d'orange et 1 tasse (250 ml) de miettes de*

gâteau aux fruits. Faites raffermir au réfrigérateur pendant 2 heures.

❦ *Façonnez en boules de 1 po (2,5 cm). Réfrigérez pendant au moins 20 minutes. (Les truffes peuvent être préparées jusqu'à cette étape et congelées pendant 3 semaines.)*

❦ *Roulez les truffes dans du sucre glace et réfrigérez pendant au moins 20 minutes. Donne 30 truffes environ.*

Le partage: une tradition à cultiver

Lorsque l'arbre de Noël se retrouve seul au milieu de la pièce et que tous les cadeaux ont été développés, l'esprit de la fête s'évanouit rapidement. Cependant, dans de nombreuses familles italiennes, l'attente subsiste, car c'est pendant la période des fêtes que se perpétue une vieille tradition rurale, la confection des saucisses. L'événement a lieu vers le 6 janvier, jour de l'Épiphanie.

❧ De nos jours, la disponibilité des aliments en tout temps de l'année a modifié les habitudes alimentaires. Mais les coutumes sont demeurées bien vivantes lorsque, dans les maisons italiennes, on se réunit autour de la table pour fêter.

❧ Durant la cuisson, une merveilleuse odeur de porc frit embaume l'air et réveille, comme par magie, les appétits endormis de tous ceux qui se croyaient à jamais repus. La chair à saucisse accompagne à merveille la polenta. La polenta à cuisson lente (recette sur cette page) requiert de bons biceps... L'occasion est idéale pour inviter de bons amis à partager le repas avec vous.

❧ En perpétuant les anciennes traditions, ou en en créant de nouvelles, on prolonge les festivités et la joie qu'elles procurent. Que ce soit pour confectionner des pâtisseries ou des saucisses, ou pour brasser la polenta, les réunions entre parents et amis demeurent l'une des grandes joies de la vie.

Polenta et saucisses

❧

Dressez la polenta de façon amusante. Étendez-la dans un grand plat en bois, creusez des sillons sur le dessus et recouvrez de la préparation à la viande. Parsemez de fromage et laissez chaque convive se servir.

10 tasses	eau	2,5 L
1	petite pomme de terre, pelée et émincée	1
1 c. à table	sel	15 ml
2 tasses	farine de maïs	500 ml
1/4 c. à thé	poivre	1 ml
1 lb	saucisses italiennes épicées (enveloppes retirées)	500 g
1/4 c. à thé	sauge séchée	1 ml
1/3 tasse	huile d'olive	75 ml
2	grosses gousses d'ail, tranchées	2
2 tasses	parmesan frais râpé	500 ml

Dans une grande casserole, amener l'eau à ébullition avec la pomme de terre et le sel; cuire pendant 3 minutes ou jusqu'à ce que la pomme de terre soit tendre.

❧ Incorporer graduellement (1/4 tasse/60 ml à la fois) 1 3/4 tasse (425 ml) de la farine de maïs dans l'eau bouillante, toujours sur le feu. Réduire le feu à moyen et cuire pendant 20 minutes en remuant constamment et en maintenant la polenta en ébullition.

❧ Ajouter le reste de la farine de maïs et cuire pendant 20 minutes, en remuant constamment, ou jusqu'à ce que la polenta soit homogène et assez ferme pour tenir dans une cuiller. Incorporer le poivre. Laisser reposer pendant 5 minutes.

❧ Dans une grande poêle, cuire la chair à saucisse avec la sauge à feu moyen-vif pendant 5 minutes environ. Retirer avec une écumoire et mettre dans un bol; égoutter le gras de la poêle.

❧ Mettre l'huile et l'ail dans la poêle et cuire à feu doux pendant 3 à 4 minutes ou jusqu'à ce que l'ail soit à peine doré. Incorporer à la chair à saucisse.

❧ Avec une cuiller de service graissée, étendre une fine couche de polenta dans un grand bol peu profond. Étendre par-dessus la moitié de la chair à saucisse; parsemer de la moitié du fromage. Dresser le reste des ingrédients en trois autres couches dans le même ordre. Donne 6 à 8 portions.

VARIANTE

❧ POLENTA ET PORC: Remplacer les saucisses par du porc. Dans une poêle à fond épais, mélanger 1 lb (500 g) de porc haché, 1 gousse d'ail tranchée, 1 c. à thé (5 ml) d'assaisonnement au chili, 1/2 c. à thé (2 ml) d'origan, de sel et de graines de fenouil, et 1/4 c. à thé (1 ml) de sauge, de poivre et de flocons de piment fort. Cuire à feu moyen-vif pendant 5 minutes; égoutter le gras de la poêle.

À LA NOUVELLE ANNÉE !

❧

QUE VOUS FÊTIEZ LA SAINT-SYLVESTRE EN TÊTE À TÊTE, AVEC DES AMIS
INTIMES OU DE NOMBREUX CAMARADES, VOUS TROUVEREZ DANS CE CHAPITRE TOUT
CE QU'IL FAUT POUR ACCUEILLIR LE NOUVEL AN EN BEAUTÉ.

Cornets au saumon fumé

❧

*Saluez la nouvelle année en servant ces crêpes farcies au
saumon fumé comme amuse-gueule. Ou servez les crêpes
comme dessert, garnies de crème glacée et nappées de sauce au
chocolat ou de mincemeat aux poires chaud (p. 36). Avec les
crêpes, toutes les fantaisies culinaires sont possibles.*

1 tasse	farine tout usage	250 ml
1/4 c. à thé	sel	1 ml
3	oeufs	3
1 1/4 tasse	lait	300 ml
3 c. à table	beurre, fondu (environ)	45 ml

Garniture

1/2 lb	fromage à la crème, ramolli	250 g
1/2 tasse	crème aigre	125 ml
1/4 tasse	aneth frais haché	60 ml
1	gousse d'ail, hachée fin	1
1	oignon vert, haché fin	1
1/2 c. à thé	écorce de citron râpée	2 ml
	Sel et poivre	
1 tasse	feuilles de cresson (ou 2 tasses/ 500 ml d'épinards hachés gros)	250 ml
1/2 lb	saumon fumé émincé, en lanières	250 g
48	brins de cresson ou de persil	48

Dans un bol, mettre la farine et le sel; faire un puits au
centre. Fouetter les oeufs avec le lait et 2 c. à table (30 ml) du
beurre; verser graduellement dans le puits en fouettant jusqu'à
l'obtention d'une pâte homogène. Couvrir et réfrigérer pendant
1 heure. Passer au tamis.

❧ Chauffer une poêle à crêpes de 8 po (20 cm) à feu moyen
jusqu'à ce qu'une goutte d'eau y grésille. Badigeonner avec un
peu du reste de beurre.

❧ Remuer l'appareil à crêpes et en verser 2 c. à table (30 ml)
au centre de la poêle. Incliner et faire tourner rapidement la
poêle pour former une crêpe fine. Cuire pendant 40 secondes ou
jusqu'à ce que le dessous soit doré et que le dessus ne soit plus
brillant.

❧ Retourner la crêpe avec une spatule. Cuire pendant 30 secondes ou jusqu'à ce qu'elle soit dorée. Mettre dans une assiette.
Faire cuire les autres crêpes, en badigeonnant la poêle de beurre
si nécessaire, et les empiler dans l'assiette. *(Les crêpes peuvent
être empilées entre des feuilles de papier ciré et conservées au
réfrigérateur pendant 3 jours ou au congélateur pendant 2 mois.)*

❧ GARNITURE: Mélanger le fromage, la crème aigre, l'aneth,
l'ail, l'oignon, l'écorce de citron, du sel et du poivre. Étendre 1
c. à table (15 ml) de garniture sur le côté le plus pâle de chaque
crêpe en laissant une bordure de 1/2 po (1 cm). Couper en deux;
garnir de feuilles de cresson et de saumon.

❧ Rouler les demi-crêpes en cornets. *(Se conservent au réfrigérateur pendant 4 heures; retirer du réfrigérateur 30 minutes avant de
servir.)* Décorer chaque cornet d'un brin de cresson. Donne
48 amuse-gueule.

VARIANTE

❧ GARNITURE AU BRIE ET AUX PACANES: Enlever la croûte d'un
brie de 1 1/4 lb (625 g) et laisser ramollir. Incorporer 1/2 tasse
(125 ml) de chutney. Ajouter 1 tasse (250 ml) d'oignons verts
hachés et autant de pacanes grillées hachées (voir p. 30).
Tartiner chaque crêpe de 2 c. à table (30 ml) de garniture et
parsemer de feuilles de cresson. Couper en deux et rouler. Servir
chaud. Décorer de brins de cresson.

> *Petit truc*: Pour servir les crêpes farcies chaudes,
> les couvrir et les mettre au four, le pli en
> dessous, dans deux plats de 13 x 9 po (3 L),
> à 350°F (180°C) pendant 5 à 10 minutes.

Buffet du Jour de l'An

❧

*Si la liste de vos invités est
trop longue pour que votre
table puisse y faire honneur, le
buffet devient la solution. Le
menu qui suit plaira à coup
sûr au plus grand nombre.
Prévoyez toujours des boissons
non alcoolisées et des crudités
pour ceux qui désirent
refréner leur gourmandise.*

Menu

❧

Croûtons au fromage
et aux herbes*

❧

Crevettes aigres-douces*

❧

Sauce aux arachides*

❧

Ailes de poulet panées et
trempette à la coriandre*

❧

Roulades au boeuf et aux olives*

❧

Biscottes de pain pita

❧

Biscuits des fêtes

❧

Vin blanc et vin rouge

* Voir recette

---

*(dans le sens des aiguilles d'une montre,
à partir du haut) Croûtons au fromage
et aux herbes; Ailes de poulet panées et
trempette à la coriandre; Roulades au boeuf
et aux olives; Crevettes aigres-douces.*

Croûtons au fromage et aux herbes

*Lorsqu'on reçoit, le temps nous est compté. Ce qu'il y a de bien avec ces amuse-gueule, c'est que
vous pouvez les préparer plusieurs heures à l'avance et ne les faire cuire que quelques minutes avant de les servir.
Et ils sont tout aussi savoureux chauds que tièdes ou à la température de la pièce.*

2	baguettes	2
2 c. à table	huile d'olive	30 ml
1 lb	fromage à la crème	500 g
1/4 tasse	persil frais haché	60 ml
1/4 tasse	aneth frais haché	60 ml
1/4 tasse	oignons verts hachés	60 ml
1/4 tasse	tomates sèches hachées (facultatif)	60 ml
2 c. à table	jus de citron	30 ml
2	gousses d'ail, hachées fin	2
1/2 c. à thé	poivre	2 ml
1/4 c. à thé	sauce au piment fort	1 ml
	Sel	

Couper les pains en tranches de 1/2 po (1 cm) d'épaisseur pour obtenir 40 tranches environ. Mettre sur des plaques et faire griller au four pendant 2 minutes ou jusqu'à ce qu'elles commencent à dorer. Retourner les tranches et faire griller pendant 2 minutes. Badigeonner de l'huile d'olive sur un côté.

❧ Dans un bol, mélanger le fromage à la crème avec le persil, l'aneth, les oignons verts, les tomates, le jus de citron, l'ail, le poivre, la sauce au piment fort et du sel. Étendre sur les tranches de pain. *(Les croûtons peuvent être préparés jusqu'à cette étape, couverts et réfrigérés pendant 8 heures.)*

❧ Juste avant de servir, cuire au four à 400°F (200°C) pendant 5 à 7 minutes. Donne 40 amuse-gueule.

Crevettes aigres-douces

*Ces brochettes de crevettes grillées, parfumées au gingembre et au chili, peuvent être servies
telles quelles ou accompagnées de la sauce aux arachides (ci-dessous).*

1/3 tasse	crème de noix de coco sucrée en conserve	75 ml
2 c. à table	sauce hoisin	30 ml
2 c. à table	beurre d'arachides	30 ml
2 c. à table	sauce soya	30 ml
1 c. à table	racine de gingembre hachée	15 ml
1 c. à thé	sauce au piment fort	5 ml
1 c. à thé	huile de sésame	5 ml
2	gousses d'ail, hachées fin	2
2 lb	crevettes, décortiquées et parées (48 environ)	1 kg
1/4 tasse	coriandre fraîche hachée ou oignons verts hachés	60 ml

Dans un bol, bien mélanger la crème de noix de coco, la sauce hoisin, le beurre d'arachides, la sauce soya, le gingembre, la sauce au piment fort, l'huile de sésame et l'ail.

❧ Ajouter les crevettes et remuer pour bien enrober. Laisser mariner pendant 30 minutes à la température de la pièce ou pendant au plus 2 heures au réfrigérateur.

❧ Faire tremper 24 brochettes en bois de 6 po (15 cm) pendant 30 minutes. Enfiler 2 crevettes sur chaque brochette. Mettre sur une poêle à fond cannelé, graissée, et faire griller pendant 2 à 3 minutes sur chaque côté ou jusqu'à ce que la chair soit opaque. Disposer sur un plat de service et parsemer de la coriandre. Servir chaud ou à la température de la pièce. Donne 24 amuse-gueule.

QUELLE BONNE IDÉE!

SAUCE AUX ARACHIDES

Au robot ou au mélangeur, mélangez 1/2 tasse (125 ml) de beurre d'arachides crémeux avec 1/4 tasse (60 ml) de sauce soya et autant de jus de citron, 2 c. à thé (10 ml) d'huile de sésame et 1 c. à thé (5 ml) de sauce au piment fort. Ajoutez 1 tasse (250 ml) de mayonnaise et mélangez bien. Incorporez 1/2 tasse (125 ml) de coriandre fraîche hachée, ou de persil, et 1/4 tasse (60 ml) d'oignons verts hachés. (La sauce se conserve au réfrigérateur pendant 2 jours.) Donne 2 tasses (500 ml).

Roulades au boeuf et aux olives

Voici une façon originale d'apprêter le rôti de boeuf pour un buffet.

8	tortillas de 10 po (25 cm)	8
3/4 tasse	pâte d'olives noires* ou olives noires dénoyautées hachées fin	175 ml
1/2 tasse	mayonnaise	125 ml
1 lb	rôti de boeuf saignant émincé	500 g
4 tasses	laitue romaine en lanières	1 L

Mettre les tortillas en une seule couche sur une surface de travail. Mélanger la pâte d'olives et la mayonnaise; étendre sur les tortillas. Garnir de tranches de boeuf en laissant une bordure de 1 po (2,5 cm) à une extrémité. Couvrir la viande de laitue.

❧ À partir de l'extrémité garnie, rouler serré et sceller la bordure avec la préparation aux olives. Bien envelopper et réfrigérer pendant au moins 4 heures.

❧ Couper chaque rouleau en 6 à 8 tranches; mettre à plat dans un plat de service. Donne 60 bouchées.

* Vendue dans les épiceries fines ou italiennes.

QUELLE BONNE IDÉE !

MERVEILLEUSES TORTILLAS !

Vous trouverez les tortillas dans la section des produits congelés de votre supermarché. Utilisez-les pour un casse-croûte en les garnissant de haricots, de fromage râpé et de salsa, et en les faisant chauffer au four pendant quelques minutes. Ou accompagnez-en la Soupe aux haricots noirs (recette, p. 153) ou une casserole.

Ailes de poulet panées et trempette à la coriandre

Vous pouvez préparer ces amuse-gueule à l'avance et ne les faire cuire, ou même réchauffer, qu'à la dernière minute.

4 lb	ailes de poulet	2 kg
1 1/4 tasse	farine tout usage	300 ml
1 1/4 tasse	farine de maïs	300 ml
2 c. à table	cumin moulu	30 ml
2 c. à thé	sel	10 ml
2 c. à thé	poivre noir	10 ml
1 c. à thé	cayenne	5 ml
4	oeufs	4
1/2 tasse	huile d'olive ou végétale	125 ml

Trempette à la coriandre

1 1/2 tasse	crème aigre	375 ml
1/2 tasse	mayonnaise	125 ml
1 tasse	coriandre ou persil frais haché	250 ml
1/2 tasse	ciboulette ou oignons verts hachés	125 ml
1	boîte de 4 oz/125 g de chilis verts doux, hachés	1
2	piments jalapeño, épépinés et hachés fin	2
1 c. à thé	sel	5 ml

Couper le bout des ailes de poulet; les séparer aux jointures. Réserver.

❧ Dans un plat peu profond, mélanger les deux farines, le cumin, le sel, le poivre et le cayenne.

❧ Dans un autre plat peu profond, battre les oeufs. Rouler les ailes dans les ingrédients secs et secouer pour retirer l'excédent; tremper dans les oeufs battus et laisser égoutter l'excédent. Rouler de nouveau dans les ingrédients secs et presser pour qu'ils adhèrent bien. (*Les ailes de poulet peuvent être préparées jusqu'à cette étape, couvertes et réfrigérées pendant 8 heures.*)

❧ Badigeonner des plaques avec l'huile; mettre les ailes sur les plaques et arroser du reste de l'huile. Cuire au four à 375°F (190°C) pendant 20 minutes; retourner les ailes et cuire pendant 20 à 25 minutes ou jusqu'à ce qu'elles soient dorées et croustillantes.

❧ TREMPETTE À LA CORIANDRE: Dans un bol, mélanger la crème aigre et la mayonnaise; incorporer tous les autres ingrédients.

❧ Servir avec les ailes dressées dans un grand plat. Donne 40 amuse-gueule.

Menu de la Saint-Sylvestre

❧

Savourez ce moment de détente bien
mérité et fêtez le dernier jour de l'année
bien confortablement en partageant
avec des amis ce menu sans
prétention dont vous aurez
préparé tous les plats à l'avance.

Menu

❧

Pâtés, trempettes et tartinades
(Voir Chapitre 5)
❧
Ragoût de boeuf à la bière*
❧
Cassserole d'orge perlé*
❧
Salade de chou à l'orientale*
❧
Salade de verdures
❧
Pain baguette
❧
Gâteau au fromage au chocolat
(recette, p. 106)
❧
Clémentines fraîches

* Voir recette

Ragoût de boeuf à la bière

❧

*Ce plat d'inspiration belge est d'une saveur incomparable.
Cuits lentement avec des oignons et de la bière, les morceaux de
boeuf deviennent tendres et moelleux. La sauce, riche et
onctueuse, se laisse déguster jusqu'à la dernière goutte avec
la casserole d'orge perlé et du pain croustillant.*

3 lb	boeuf (ronde ou paleron)	1,5 kg
2 c. à table	farine tout usage	30 ml
2 c. à thé	paprika et sel (chacun)	10 ml
1 c. à thé	poivre	5 ml
1/4 tasse	beurre ou huile	60 ml
6	gros oignons, tranchés	6
3	gousses d'ail, hachées fin	3
4	carottes, en gros morceaux	4
1/2 tasse	feuilles de céleri hachées	125 ml
1/2 tasse	persil frais haché	125 ml
1/2 c. à thé	thym séché	2 ml
1	feuille de laurier	1
1/3 tasse	farine tout usage	75 ml
2 1/2 tasses	bière	625 ml
3 c. à table	cassonade tassée	45 ml
2 c. à table	vinaigre de cidre	30 ml
1/3 tasse	persil frais haché fin	75 ml

*E*nlever l'excédent de gras de la viande; couper en cubes de 1 po (2,5 cm). Dans un grand bol, mélanger 2 c. à table (30 ml) de farine, le paprika, le sel et le poivre; ajouter la viande et remuer pour bien enrober.

❧ Dans une grande casserole à fond épais, faire fondre la moitié du beurre à feu moyen-vif; faire revenir la viande par petites quantités en ajoutant du beurre au besoin. Retirer et mettre de côté.

❧ Mettre le reste du beurre dans la casserole; cuire les oignons et l'ail, en remuant et en ajoutant 1 c. à table (15 ml) d'eau si les oignons attachent, pendant 5 minutes ou jusqu'à ce qu'ils soient ramollis. Ajouter les carottes, les feuilles de céleri, le persil, le thym et le laurier; incorporer 1/3 tasse (75 ml) de farine.

❧ Remettre la viande dans la casserole; verser la bière. Ajouter le sucre et amener à ébullition. Réduire le feu à doux; couvrir et laisser mijoter pendant 1 1/2 heure. Découvrir et laisser mijoter pendant une autre 1 1/2 heure, jusqu'à ce que la viande soit tendre et la sauce légèrement épaisse.

❧ Incorporer le vinaigre et laisser mijoter à découvert pendant 10 minutes. Retirer la feuille de laurier. *(Le ragoût se conserve pendant 3 jours au réfrigérateur; réchauffer à feu moyen-doux pendant 45 minutes environ.)* Garnir du persil frais haché. Donne 8 portions.

Casserole d'orge perlé

❧

L'orge se prépare comme un charme et il accompagne merveilleusement bien tous les ragoûts. Apprêté avec des petits légumes et des pignes, il remplace agréablement l'habituel plat de riz.

1 c. à table	beurre	15 ml
10	oignons verts, hachés	10
4	grosses gousses d'ail, hachées fin	4
2	tiges de céleri, hachées fin	2
2	carottes, hachées fin	2
1 1/2 tasse	orge perlé	375 ml
1/2 c. à thé	sel et poivre (chacun)	2 ml
4 1/2 tasses	bouillon de poulet	1,125 L
2 c. à table	persil frais haché	30 ml
3/4 tasse	pignes ou amandes en lamelles	175 ml

Dans une grande poêle à fond épais allant au four, faire fondre le beurre à feu moyen; cuire les oignons verts, l'ail, le céleri et les carottes pendant 3 minutes ou jusqu'à ce qu'ils soient ramollis.

❧ Incorporer l'orge, le sel et le poivre. Verser 2 1/2 tasses du bouillon de poulet; couvrir et cuire au four à 350°F (180°C) pendant 30 minutes.

❧ Incorporer le persil et le reste du bouillon; parsemer des pignes. Cuire à découvert pendant 45 minutes ou jusqu'à ce que le bouillon soit absorbé et que l'orge soit tendre. Donne 8 portions.

Salade de chou à l'orientale

❧

Étonnamment croquante, cette salade marie chou vert et chou rouge, germes de haricot mungo et nouilles à chow mein frites.

1/2 tasse	amandes en lamelles	125 ml
1/2 tasse	graines de tournesol	125 ml
1/4 tasse	graines de sésame	60 ml
2 tasses	chou rouge en lanières	500 ml
2 tasses	chou vert en lanières	500 ml
2 tasses	germes de haricot mungo	500 ml
6	oignons verts, hachés	6
1 tasse	nouilles à chow mein frites	250 ml

Vinaigrette

3 c. à table	vinaigre de riz ou de cidre	45 ml
1 c. à table	sucre	15 ml
1 c. à table	sauce soya	15 ml
1 c. à thé	huile de sésame	5 ml
1	gousse d'ail, hachée fin	1
1/4 c. à thé	sel et poivre (chacun)	1 ml
3 c. à table	huile végétale	45 ml

Étendre les amandes, les graines de tournesol et de sésame sur une plaque; cuire au four à 350°F (180°C) pendant 5 à 8 minutes ou jusqu'à ce qu'elles soient dorées et odorantes. Laisser refroidir.

❧ Dans un grand bol, mélanger les choux, les germes de haricot et les oignons verts.

❧ VINAIGRETTE: Dans un petit bol, fouetter ensemble le vinaigre, le sucre, la sauce soya, l'huile de sésame, l'ail, le sel et le poivre; incorporer l'huile en fouettant.

❧ Au moment de servir, ajouter les noix et les graines; incorporer délicatement la vinaigrette et les nouilles frites. Donne 8 portions.

> **Truc**: *Si vous préparez la salade la veille, réfrigérez séparément la salade et la vinaigrette.*

Casserole d'orge perlé

Grand dîner aux chandelles

❧

Linguine aux pétoncles
et sauce au vin blanc*

❧

Bifteck grillé
au vinaigre balsamique*

❧

Haricots verts express
(voir p. 133)

❧

Carottes glacées au romarin

❧

Gâteau glacé au citron
(recette, p. 97)

* *Voir recette*

Linguine aux pétoncles et sauce au vin blanc

Véritable régal pour l'oeil et le palais, ce plat de pâtes aux épinards est nappé d'une onctueuse sauce à la crème et au vin blanc.

3/4 tasse	pain frais émietté	175 ml
1/2 tasse	persil frais haché	125 ml
1/4 tasse	basilic ou aneth frais haché	60 ml
1/4 tasse	ciboulette fraîche ou oignons verts hachés	60 ml
1/4 tasse	huile d'olive	60 ml
1/4 c. à thé	poivre	1 ml
1 1/2 lb	pétoncles	750 g
3	gousses d'ail, hachées fin	3
1 tasse	vin blanc sec	250 ml
1/2 tasse	crème à fouetter	125 ml
	Sel	
1 lb	linguine aux épinards	500 g

*É*tendre les miettes de pain sur une plaque et faire dorer au four à 350°F (180°C) pendant 6 à 8 minutes.

✿ Dans un grand bol, mélanger le persil, le basilic, la ciboulette, 2 c. à table (30 ml) de l'huile et le poivre; incorporer le pain grillé. Ajouter les pétoncles et remuer pour bien enrober.

✿ Dans une grande poêle, chauffer le reste de l'huile à feu moyen; cuire l'ail pendant 1 minute, sans le faire dorer, jusqu'à ce qu'il soit très odorant.

✿ Ajouter les pétoncles enrobés et cuire pendant 2 minutes en remuant constamment. Verser le vin et amener à ébullition; cuire en remuant constamment pendant 2 à 3 minutes ou jusqu'à ce que les pétoncles soient opaques.

✿ Incorporer la crème et amener à ébullition. Saler au goût; retirer du feu. (*La sauce peut être couverte avec du papier ciré et laissée à la température de la pièce pendant 30 minutes. Réchauffer un peu juste avant de l'ajouter aux pâtes.*)

✿ Entretemps, dans une grande marmite d'eau bouillante salée, cuire les pâtes fraîches pendant 3 à 5 minutes, et les pâtes sèches pendant 8 à 10 minutes. Bien égoutter et remuer avec la sauce chaude. Goûter et rectifier l'assaisonnement si désiré. Donne 8 portions.

> **Petit truc**: *Si vous ne pouvez vous procurer de ciboulette, de basilic ou d'aneth frais, augmentez la quantité de persil à 3/4 tasse (175 ml) et ajoutez une pincée de basilic ou d'aneth séché.*

Bifteck grillé au vinaigre balsamique

Ce qu'il y a de merveilleux avec le bifteck, c'est qu'il convient à toutes les occasions. Tout est dans la manière de l'apprêter !

3 lb	morceau de boeuf dans l'aloyau de 2 po (5 cm) d'épaisseur	1,5 kg
2 c. à table	huile d'olive	30 ml
	Sel	

Marinade

1 tasse	vin rouge sec	250 ml
3 c. à table	huile d'olive extra vierge	45 ml
3 c. à table	vinaigre balsamique ou de vin rouge	45 ml
2 c. à table	jus de citron	30 ml
1 c. à table	moutarde de Dijon	15 ml
2	gousses d'ail, hachées fin	2
1 c. à thé	romarin et thym séchés (chacun)	5 ml
1 c. à thé	poivre	5 ml
1/2 c. à thé	origan séché	2 ml

*M*ARINADE: Dans un grand plat peu profond, mélanger le vin, l'huile, le vinaigre, le jus de citron, la moutarde, l'ail, le romarin, le thym, le poivre et l'origan.

✿ Éponger le morceau de boeuf et le mettre dans la marinade en le retournant pour bien l'enrober. Couvrir et laisser mariner au réfrigérateur pendant 1 à 2 heures.

✿ Retirer le morceau de boeuf de la marinade et l'éponger; verser la marinade dans une casserole et réserver. Badigeonner le morceau de boeuf avec l'huile. Faire griller au four, à environ 5 po (12 cm) de la source de chaleur, pendant 7 à 10 minutes sur chaque côté pour une viande saignante, ou jusqu'au degré de cuisson désiré. Laisser reposer pendant 5 minutes et découper en diagonale, dans le sens contraire des fibres, en tranches minces.

✿ Entretemps, amener la marinade à ébullition; laisser bouillir, à découvert, pendant 8 minutes ou jusqu'à ce qu'elle soit épaisse et ait réduit de moitié environ. Goûter et saler si désiré. Napper chaque portion de viande d'un peu de sauce. Donne 8 portions.

Le grand luxe !

❧

*Mettez les petits plats dans les grands et fêtez l'arrivée de la nouvelle
année avec éclat. Dîner fin et champagne, s'il vous plaît !*

Huîtres fraîches

❧

*Pour commencer les célébrations, rien de tel que de succulentes huîtres
fraîches, servies de façon classique, avec du citron et du poivre.*

40 à 60	huîtres	40 à 60
10	quartiers de citron	10
10	gros brins de persil	10
	Poivre	

Étendre de la glace concassée dans 10 assiettes creuses et mettre au congélateur.

❧ Ouvrir les huîtres en gardant le plus d'eau possible dans l'écaille concave. Jeter l'écaille plate. Mettre les huîtres en équilibre sur les lits de glace.

❧ Garnir chaque assiette d'un quartier de citron et d'un brin de persil. Poivrer les huîtres. Donne 10 portions de 4 à 6 huîtres.

LES HUÎTRES

L'ACHAT

❧ Les huîtres sont vendues fraîches dans leur coquille, ou fraîchement écaillées dans leur eau, ou écaillées et congelées, ou fumées et mises en conserve dans l'huile, ou sous forme de soupes en conserve.

❧ Comme les huîtres fraîches s'altèrent rapidement dès qu'elles meurent, il est très important que celles que vous achetez dans leur coquille soient vivantes. Une huître ouverte est toujours morte. Vous pouvez aussi vérifier si

l'huître est morte en frappant la coquille: un son bien net indique qu'elle est vivante, et un son creux, qu'elle est morte.

❧ Si vous préférez acheter les huîtres déjà écaillées, choisissez des huîtres dont l'eau est claire, non laiteuse, et qui dégagent une très faible odeur.

L'ÉCAILLEMENT

❧ Avec une brosse dure, nettoyez les coquilles sous le robinet d'eau froide. Ne les laissez pas tremper dans l'eau, car elles l'absorberaient et perdraient toute leur saveur.

❧ Ouvrez les huîtres au-dessus d'un tamis déposé dans un bol pour filtrer l'eau et retenir les morceaux d'écaille. Utilisez un couteau à huîtres avec une lame courte et robuste, au bout pointu, et avec un manche lourd. Protégez l'autre main avec un gant épais ou un linge.

❧ L'écaille concave en bas, insérez la pointe de la lame dans la charnière et tournez. Une fois le joint brisé, essuyez la lame et insérez-la de nouveau dans la coquille en la faisant glisser le long de l'écaille plate pour en détacher l'huître. Jetez l'écaille plate.

❧ Faites glisser le couteau sous l'huître pour la détacher de l'écaille concave en la tenant le plus droit possible pour garder l'eau de l'huître. Arrosez de l'eau retenue dans le bol. Servez ou faites cuire immédiatement.

Menu
❧
Huîtres fraîches
❧
Agneau rôti
sauce à l'ail
❧
Timbales de couscous
❧
Sauté de
petits légumes
❧
Tiramisu aux framboises
(*recette, p. 99*)
❧
Champagne

Agneau rôti sauce à l'ail

❦

Apprêté avec une sauce à l'ail onctueuse, ce plat d'agneau fond littéralement dans la bouche.

2 1/2 lb	filets d'agneau désossés	1,25 kg
1 c. à thé	poivre	5 ml
3/4 c. à thé	thym séché	4 ml
2 c. à thé	beurre	10 ml
2 c. à thé	huile d'olive	10 ml
	Sauce à l'ail	
2	grosses têtes d'ail	2
1 1/2 tasse	bouillon de poulet	375 ml
3/4 tasse	vin blanc sec	175 ml
3 c. à table	beurre	45 ml
	Sel et poivre	

Parer et éponger l'agneau; assaisonner du poivre et du thym. Couvrir et réfrigérer pendant 1 à 5 heures.

❦ SAUCE À L'AIL: Entretemps, détacher les gousses des têtes d'ail mais ne pas les peler. Rincer et mettre dans une casserole; couvrir d'eau bouillante et amener à ébullition. Réduire le feu et laisser mijoter pendant 20 à 30 minutes ou jusqu'à ce que les gousses soient ramollies. Égoutter et laisser refroidir. Peler et réduire en purée homogène. Réserver. (*La purée se conserve pendant 1 jour au réfrigérateur.*)

❦ Répartir le beurre et l'huile dans deux grandes poêles allant au four; chauffer à feu vif. Faire revenir l'agneau pendant 45 à 60 secondes sur chaque côté. Mettre au four et faire rôtir à 400°F (200°C) pendant 6 à 10 minutes ou jusqu'au degré de cuisson désiré. Mettre l'agneau sur une planche à découper; couvrir de papier d'aluminium pour garder chaud.

❦ Répartir également le bouillon et le vin dans les deux poêles. Amener à ébullition à feu vif en raclant le fond des poêles; passer les deux contenus au tamis dans une casserole. Faire bouillir à grande ébullition pendant 5 minutes, en remuant souvent, jusqu'à ce que le liquide soit réduit du tiers environ. Incorporer la purée d'ail en fouettant et faire bouillir pendant 1 minute. Incorporer le beurre par petites quantités. Saler et poivrer.

❦ Découper l'agneau en diagonale, dans le sens contraire des fibres, en tranches minces. Servir sur des assiettes chaudes et napper de sauce. Donne 10 portions.

Sauté de petits légumes

❦

*Vous préparerez ce plat d'accompagnement comme un chef, en un tournemain,
en blanchissant les légumes avant de les faire sauter.*

2	gros poivrons rouges	2
1	gros poivron jaune	1
1/2 lb	pois mange-tout	250 g
2 c. à table	beurre	30 ml
2 tasses	champignons tranchés	500 ml
2 c. à table	bouillon de poulet	30 ml
	Sel et poivre	

Couper en deux et parer les poivrons. Dans une grande casserole d'eau bouillante, cuire les poivrons pendant 4 à 5 minutes ou jusqu'à ce que la pelure se détache. Égoutter et laisser refroidir un peu; peler et couper en lanières de 1 po (2,5 cm) de largeur.

❦ Parer les pois mange-tout. Blanchir pendant 30 secondes dans une grande casserole d'eau bouillante. Égoutter et passer sous l'eau froide; égoutter de nouveau. (*Les légumes peuvent être conservés, dans des contenants séparés, pendant 4 heures au réfrigérateur.*)

❦ Dans un wok ou une grande poêle, faire fondre le beurre à feu moyen-vif; ajouter les poivrons, les pois mange-tout et les champignons, et remuer pour enrober. Arroser du bouillon; couvrir et cuire pendant 1 à 2 minutes ou jusqu'à ce que les légumes soient tendres-croquants. Saler et poivrer. Donne 10 portions.

Timbales de couscous

Ce merveilleux plat d'accompagnement peut être préparé à l'avance et réchauffé à la dernière minute.
Au lieu de servir le couscous en timbales, vous pouvez le desser simplement dans un joli bol de service.

1/4 tasse	beurre	60 ml
1 tasse	échalotes, poireaux ou oignons hachés fin	250 ml
1 tasse	carottes en petits dés	250 ml
2 1/2 tasses	bouillon de poulet	625 ml
2 tasses	couscous	500 ml
1/4 tasse	pignes ou amandes en lamelles, grillées (voir p. 30)	60 ml
	Sel et poivre	

Dans une casserole, faire fondre le beurre à feu moyen; cuire les échalotes et les carottes pendant 5 minutes ou jusqu'à ce qu'elles soient ramollies. Ajouter le bouillon et amener à faible ébullition; cuire à couvert pendant 5 à 8 minutes ou jusqu'à ce que les carottes soient tendres.

❧ Incorporer le couscous, les noix, du sel et du poivre. Retirer du feu, couvrir et laisser reposer pendant 5 minutes. Remuer avec une fourchette.

❧ Graisser 10 timbales ou ramequins d'une capacité de 1/2 tasse (125 ml). Tapisser le fond de chaque moule d'un cercle de papier ciré, graissé sur le dessus. Remplir les moules de couscous bien tassé. Démouler dans les assiettes individuelles et enlever le papier. Donne 10 portions.

> **Petit truc**: *Les timbales peuvent être préparées à l'avance et gardées au chaud pendant 40 minutes en les mettant dans un plat peu profond rempli d'eau bouillante jusqu'à mi-hauteur des moules et en les couvrant.*

UN TOAST À LA NOUVELLE ANNÉE !

Le champagne est la boisson de prédilection des fêtes et de toutes les célébrations. Pour bien l'apprécier, il faut bien le connaître.

❧ Une bouteille contient six bons verres de champagne. Servez-le dans des flûtes ou des tulipes bien froides. Tenez toujours fermement le verre à champagne par le pied, et non dans la main, ce qui réchaufferait le verre.

❧ Aujourd'hui, il n'y a plus que la France qui produise du champagne, mais aussi le Canada, l'Espagne, l'Allemagne et l'Italie. Ces pays offrent des produits d'un excellent rapport qualité/prix.

❧ Lorsque vous débouchez une bouteille de champagne, dirigez le bouchon de façon à ne blesser personne. En tenant la bouteille à un angle de 45 degrés, retirez la gaine et le muselet. Tenez bien le bouchon avec une serviette et tournez délicatement la bouteille à la base. Retirez le bouchon lentement pour n'émettre qu'un léger bruit. Versez lentement un peu de champagne dans les verres, puis remplissez-les aux deux tiers.

❧ Le champagne brut est très sec; le champagne extra-dry est un peu plus doux, et le sec et le demi-sec encore un peu plus doux.

Les collaborateurs

Les photographes

OTTMAR BIERWAGEN: couverture avant, en haut; pages 2, 60, 67 (médaillon).

FRED BIRD: couverture avant, en bas; couverture arrière, au centre à gauche et en bas à gauche; rabat arrière; pages 1, 6 (en haut à droite et au milieu), 7 (en haut et en bas), 11, 16-17, 21, 23, 24, 27, 29, 30, 33, 35, 36, 38, 41, 62, 63, 64, 66, 75, 76, 79, 81, 82, 84, 85, 86, 88, 90, 92, 95, 96, 99, 100, 102, 103, 105, 106, 109, 113, 119, 122 (médaillon), 124-125, 127, 128, 131, 132, 134, 135, 137, 139, 141, 142, 143, 144, 147, 149, 151, 152, 153, 155, 156, 159, 160, 162, 163, 167, 169, 173, 174, 176, 177, 192.

CHRISTOPHER CAMPBELL: rabat avant, en haut; couverture arrière, en bas; pages 9, 49, 56, 57, 67 (bordure), 68 (en haut), 116, 164.

MICHAEL CREAGEN: page 114.

BOB DION: couverture avant (couronne); pages 3, 42, 44 (en haut).

JIM EAGER: pages 7 (au milieu), 44 (en bas), 45, 47, 111.

FRANK GRANT: rabat avant, en bas; couverture arrière, en bas à droite; pages 6 (en haut à gauche), 43, 51 (en haut), 52 (à gauche), 54, 58, 59, 61, 121 (en haut).

SHERMAN HINES: pages 4-5, 6 (en bas), 50, 55, 123.

PHOTOGRAPHIE JOHN STEPHENS: couverture arrière, en haut; pages 46, 52 (à droite), 53, 68 (en bas), 69 (en bas), 70 (en bas), 72 (en bas à gauche), 73 (en bas).

PETER H. STRANKS: pages 51 (en bas), 67 (en bas), 69 (en haut), 70 (en haut), 72 (en haut et en bas à droite), 73 (en haut), 121 (en bas).

RON TANAKA: page 71.

MIKE VISSER: page 179.

CLIVE WEBSTER: page 14.

TED YARWOOD: page 48.

Remerciements

❧ *Le livre de Noël Coup de pouce* est l'oeuvre de toute une équipe que nous sommes heureuses ici de remercier.

❧ Wanda Nowakowska, chargée de projet à Madison Press Books, a supervisé l'ensemble de la production dans ses moindres détails. Nos remerciements aussi à Beverley Renahan, rédactrice senior au magazine Canadian Living, pour le fini, la précision et l'uniformité, toutes choses importantes tant pour les recettes que pour les bricolages.

❧ Tous nos remerciements à l'équipe des cuisines de *Coup de pouce* pour son travail toujours impeccable: Heather Howe, Janet Cornish, Vicki Burns, Heather Epp et Daphna Rabinovitch, chef cuisinière. Notre reconnaissance également à Joyce George et Margaret Murphy pour avoir partagé leurs recettes avec nous. Nous apprécions la collaboration de tous nos rédacteurs gastronomiques, dont certaines recettes remontent à dix-huit ans et sont devenues des classiques de la cuisine canadienne. Il en est de même pour les créateurs de talent dont les ouvrages apparaissent dans ce livre. Font partie de cette équipe les rédactrices Karen Kirk, Jo Calvert et Jean Scobie qui, au cours des ans, ont apporté leur précieuse contribution aux travaux d'artisanat de *Coup de pouce*. Le service de la Conception graphique de Canadian Living et sa directrice Deborah Fadden sont responsables de la direction artistique de la photographie et ont su recréer l'esprit de Noël, année après année, avec enthousiasme.

❧ Nous désirons enfin rendre hommage à notre rédactrice en chef, Bonnie Cowan, dont le soutien et les qualités de chef nous ont rendu les activités de Noël tout au long de l'année des plus agréables et satisfaisantes.

Elizabeth Baird et Anna Hobbs

INDEX

DIRECTEUR DE LA RÉDACTION:	Hugh Brewster
CHARGÉE DE PROJET:	Marie-Hélène Leblanc
ASSISTANTE À LA RÉDACTION:	Beverley Renahan
DIRECTRICE DE LA PRODUCTION:	Susan Barrable
ASSISTANTE À LA PRODUCTION:	Donna Chong
CONCEPTION ET MISE EN PAGES:	Gordon Sibley Design Inc.
SÉPARATION DE COULEURS:	Colour Technologies
IMPRESSION ET RELIURE:	Friesen Printers

COMITÉ CONSULTATIF DE CANADIAN LIVING:
Robert A. Murray, Kirk Shearer, Bonnie Baker Cowan,
Elizabeth Baird, Anna Hobbs

LE LIVRE DE NOËL COUP DE POUCE
est une production de Madison Press Books
pour The Quantum Book Group Inc.